CURSO DE DIREITOS HUMANOS
SISTEMA INTERAMERICANO

O GEN | Grupo Editorial Nacional – maior plataforma editorial brasileira no segmento científico, técnico e profissional – publica conteúdos nas áreas de concursos, ciências jurídicas, humanas, exatas, da saúde e sociais aplicadas, além de prover serviços direcionados à educação continuada.

As editoras que integram o GEN, das mais respeitadas no mercado editorial, construíram catálogos inigualáveis, com obras decisivas para a formação acadêmica e o aperfeiçoamento de várias gerações de profissionais e estudantes, tendo se tornado sinônimo de qualidade e seriedade.

A missão do GEN e dos núcleos de conteúdo que o compõem é prover a melhor informação científica e distribuí-la de maneira flexível e conveniente, a preços justos, gerando benefícios e servindo a autores, docentes, livreiros, funcionários, colaboradores e acionistas.

Nosso comportamento ético incondicional e nossa responsabilidade social e ambiental são reforçados pela natureza educacional de nossa atividade e dão sustentabilidade ao crescimento contínuo e à rentabilidade do grupo.

FLÁVIA PIOVESAN
JULIA CUNHA CRUZ

CURSO DE DIREITOS HUMANOS
SISTEMA INTERAMERICANO

- O autor deste livro e a editora empenharam seus melhores esforços para assegurar que as informações e os procedimentos apresentados no texto estejam em acordo com os padrões aceitos à época da publicação, e todos os dados foram atualizados pelo autor até a data de fechamento do livro. Entretanto, tendo em conta a evolução das ciências, as atualizações legislativas, as mudanças regulamentares governamentais e o constante fluxo de novas informações sobre os temas que constam do livro, recomendamos enfaticamente que os leitores consultem sempre outras fontes fidedignas, de modo a se certificarem de que as informações contidas no texto estão corretas e de que não houve alterações nas recomendações ou na legislação regulamentadora.

- **Fechamento desta edição:** *22.01.2021*

- O Autor e a editora se empenharam para citar adequadamente e dar o devido crédito a todos os detentores de direitos autorais de qualquer material utilizado neste livro, dispondo-se a possíveis acertos posteriores caso, inadvertida e involuntariamente, a identificação de algum deles tenha sido omitida.

- **Atendimento ao cliente:** (11) 5080-0751 | faleconosco@grupogen.com.br

- Direitos exclusivos para a língua portuguesa
  Copyright © 2021 by
  Editora Forense Ltda.
  Uma editora integrante do GEN | Grupo Editorial Nacional
  Travessa do Ouvidor, 11 – Térreo e 6º andar
  Rio de Janeiro – RJ – 20040-040
  www.grupogen.com.br

- Reservados todos os direitos. É proibida a duplicação ou reprodução deste volume, no todo ou em parte, em quaisquer formas ou por quaisquer meios (eletrônico, mecânico, gravação, fotocópia, distribuição pela Internet ou outros), sem permissão, por escrito, da Editora Forense Ltda.

- Capa: Fabricio Vale

- **CIP – BRASIL. CATALOGAÇÃO NA FONTE.
  SINDICATO NACIONAL DOS EDITORES DE LIVROS, RJ.**

P734c
Piovesan, Flávia, 1968-

    Curso de Direitos Humanos: sistema interamericano / Flávia Piovesan, Julia Cunha Cruz. Rio de Janeiro: Forense, 2021.

Inclui bibliografia e índice
ISBN 978-85-309-9426-6

1. Direitos humanos – Estados Unidos. 2. Corte Interamericana de Direitos Humanos. 3. Comissão Interamericana de Direitos Humanos. I. Cruz, Julia Cunha. II. Título.

21-68743   CDU: 342.7(73)

Camila Donis Hartmann – Bibliotecária – CRB-7/6472

SOBRE AS AUTORAS

Flávia Piovesan

É membro da Comissão Interamericana de Direitos Humanos (2018-2021) e professora doutora de Direito Constitucional e Direitos Humanos na Pontifícia Universidade Católica de São Paulo (PUC-SP). Ela foi visiting fellow do Human Rights Program da Harvard Law School em 1995 e 2000; visiting fellow da Oxford University em 2005; e visiting scholar no Max Planck Institute for Comparative Public Law and International Law de 2007-2019. De 2009 a 2014, foi Georg Forster fellow da Humboldt Foundation. Também foi visiting scholar do David Rockefeller Center for Latin American Studies da Harvard University (DRLCAS) em 2018. Foi membro da UN High Level Task Force for the implementation of the right to development e do Grupo de Trabalho da OEA referente ao Protocolo de San Salvador sobre direitos econômicos, sociais e culturais. Foi Secretária Especial para os Direitos Humanos do Brasil e Presidente da Comissão Nacional para Erradicação do Trabalho Escravo (2016-2017).

Julia Cortez da Cunha Cruz

É mestre em direito pela Harvard Law School, Mestre em Direito Internacional pela Universidade de São Paulo, e Bacharel em Direito pela Universidade de São Paulo. Atualmente, trabalha no Alto Comissariado das Nações Unidas para os Direitos Humanos. Anteriormente, trabalhou na Missão de Administração Interina das Nações Unidas no Kosovo, na organização Conectas Direitos Humanos, no Centro de Direitos Humanos e Empresas da Fundação Getulio Vargas e na Organização dos Estados Americanos. As opiniões aqui expressas são da autora e não refletem necessariamente as opiniões das Nações Unidas.

SUMÁRIO

PARTE I
TEORIA GERAL DOS DIREITOS HUMANOS: CONCEITO, HISTÓRIA E PRINCÍPIOS

Capítulo 1
Introdução

1.1.	O que são Direitos Humanos?...	3
1.2.	O Sistema Multinível: Relação entre a Proteção Nacional e Internacional.............	5
1.3.	O Brasil e o Direito Internacional dos Direitos Humanos..	7
	Questões objetivas...	14
	Questões dissertativas...	15
	Caso prático...	16
	Filmografia...	16

Capítulo 2
A Afirmação Histórica dos Direitos Humanos

2.1.	Origens Históricas e Filosóficas..	17
2.2.	A Internacionalização dos Direitos Humanos...	24
2.3.	O Surgimento dos Sistemas Internacionais de Direitos Humanos............	27
2.4.	A Emergência de um Novo Paradigma..	29
	Questões objetivas...	32
	Questões dissertativas...	33
	Caso prático...	33

Filmografia... 33

Capítulo 3
Princípios de Direitos Humanos

3.1. Dignidade da Pessoa Humana... 35

3.2. Universalidade... 39

3.3. Interdependência e Indivisibilidade.. 44

3.4. Igualdade e Interseccionalidade.. 48

3.5. Indisponibilidade dos Direitos Humanos... 50

3.6. Princípio *Pro Persona* e a Primazia da Norma mais Favorável............ 52

3.7. Normas de Interpretação... 54

3.8. Responsabilidade Internacional do Estado por Violação aos Direitos Humanos... 57

Questões objetivas.. 60

Questões dissertativas.. 61

Caso prático... 61

Filmografia... 62

Capítulo 4
Sistema Global de Direitos Humanos

4.1. Referenciais Normativos.. 63

4.2. Órgãos de Proteção.. 80

4.3. Decisão Paradigmática... 85

Questões objetivas.. 87

Questões dissertativas.. 88

Caso prático... 89

Filmografia... 89

Capítulo 5
Sistemas Regionais de Direitos Humanos

5.1. Sistema Interamericano... 93

5.2. Sistema Europeu.. 95

SUMÁRIO | IX

5.3. Sistema Africano 99

5.4. Outros Sistemas 103

Questões objetivas 104

Questões dissertativas 105

Caso prático 105

PARTE II
SISTEMA INTERAMERICANO DE DIREITOS HUMANOS

Capítulo 6
Referenciais Normativos

6.1. Carta da Organização dos Estados Americanos 109

6.2. Declaração Americana sobre Direitos e Deveres do Homem 111

6.3. Convenção Americana sobre Direitos Humanos 114

6.4. Protocolo de São Salvador 122

6.5. Convenção Interamericana para Prevenir e Punir a Tortura 124

6.6. Protocolo à Convenção Americana sobre Direitos Humanos Referente à Abolição da Pena de Morte 124

6.7. Convenção Interamericana para Prevenir, Punir e Erradicar a Violência Contra a Mulher 125

6.8. Convenção Interamericana sobre o Desaparecimento Forçado de Pessoas 127

6.9. Convenção Interamericana para a Eliminação de todas as Formas de Discriminação contra Pessoas Portadoras de Deficiência 128

6.10. Convenção Interamericana contra o Racismo, a Discriminação Racial e Formas Correlatas de Intolerância 129

6.11. Convenção Interamericana contra toda Forma de Discriminação e Intolerância 131

6.12. Convenção Interamericana sobre a Proteção dos Direitos Humanos das Pessoas Idosas 132

Questões objetivas 133

Questões dissertativas 134

Caso prático 135

Filmografia... 135

Capítulo 7
Órgãos de Proteção

7.1. Comissão Interamericana... 137

7.2. Corte Interamericana.. 144

7.3. Grupo de Trabalho do Protocolo de São Salvador.......................... 152

Questões objetivas.. 153

Questões dissertativas... 154

Caso prático.. 154

Capítulo 8
Controle de Convencionalidade

8.1. Controle de Convencionalidade Externo.. 157

8.2. Controle de Convencionalidade Interno... 159

8.3. Efeitos do Controle de Convencionalidade...................................... 162

8.4. Controle de Convencionalidade na Prática....................................... 165

Questões objetivas.. 167

Questões dissertativas... 168

Caso prático.. 168

Capítulo 9
Casos Emblemáticos

9.1. Direitos Civis e Políticos.. 169

    9.1.1. Direito à vida.. 170

    9.1.2. Direito à integridade.. 172

    9.1.3. Direito à igualdade... 174

    9.1.4. Direito à liberdade pessoal... 175

    9.1.5. Direito à justiça.. 177

    9.1.6. Direito à liberdade de expressão.. 179

9.2. Direitos Econômicos, Sociais, Culturais e Ambientais..................... 180

    9.2.1. Direito ao trabalho digno... 181

9.2.2. Direito à saúde 183

9.2.3. Direito à educação 184

Questões objetivas 185

Questões dissertativas 186

Caso prático 186

Filmografia 187

Capítulo 10
Agenda Contemporânea

10.1. Direitos Humanos e Pobreza 189

10.2. Empresas e Direitos Humanos 194

10.3. Direito ao Desenvolvimento 196

10.4. Direitos Digitais 200

10.5. Direitos Humanos e Corrupção 202

Questões objetivas 204

Questões dissertativas 205

Caso prático 205

Filmografia 205

PARTE III
O IMPACTO DO SISTEMA INTERAMERICANO DE DIREITOS HUMANOS

Capítulo 11
Instituto da Reparação Integral

11.1. Princípio da Reparação Integral 209

11.2. Medidas de Restituição 211

11.3. Medidas de Reabilitação 212

11.4. Medidas de Satisfação 213

11.5. Medidas de Não Repetição 215

CURSO DE DIREITOS HUMANOS – SISTEMA INTERAMERICANO • *Piovesan e Cunha Cruz*

11.6. Obrigação de Investigar, Julgar e, se for o caso, Sancionar 217

11.7. Compensação 218

Questões objetivas 219

Questões dissertativas 220

Caso prático 220

Capítulo 12
Constitucionalismo Regional Transformador

12.1. *Ius Constitucionale Commune* na América Latina 221

12.2. A Interação entre Atores Nacionais e Internacionais 227

12.3. Desafios para o *Ius Constitutionale Commune* na América Latina 231

Questões objetivas 233

Questões dissertativas 234

Caso prático 234

Capítulo 13
Impacto do Sistema Interamericano: Casos Emblemáticos

13.1. Relatório e Visita *In Loco* 237

13.2. Sistema de Petições da Comissão Interamericana 239

13.3. Jurisdição Consultiva da Corte Interamericana 242

13.4. Jurisdição Contenciosa da Corte Interamericana 244

Questões objetivas 246

Questões dissertativas 247

Caso prático 248

Gabarito – Questões Objetivas 249

Referências 251

PARTE I

TEORIA GERAL DOS DIREITOS HUMANOS: CONCEITO, HISTÓRIA E PRINCÍPIOS

Capítulo 1
INTRODUÇÃO

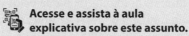

Acesse e assista à aula explicativa sobre este assunto.
> https://uqr.to/q9nh

1.1. O QUE SÃO DIREITOS HUMANOS?

Os direitos humanos são um conjunto de direitos que protege a possibilidade de toda pessoa viver com dignidade. A proteção da dignidade humana, elemento central no conceito de direitos humanos, visa a garantir que todos os indivíduos tenham uma vida livre de arbitrariedade e violência, com condições para se desenvolver de modo pleno e participar da vida política, social e cultural de sua comunidade.

A noção de direitos humanos resulta de um longo processo histórico. Nas palavras de Norberto Bobbio, eles não nasceram de uma vez, nem de uma vez por todas.[1] Ao contrário, a proteção dos direitos humanos é uma construção, uma invenção humana, sujeita a desenvolvimento contínuo conforme os limites da viabilidade política e da razoabilidade intelectual de cada tempo.[2] Ao longo da história, foram necessários processos emancipatórios, frequentemente revolucionários, para que diferentes sociedades passassem a compreender determinado dado social como direito de todos, a ser conquistado e garantido de modo permanente.[3] Emprestando novamente as palavras de Bobbio:

> "os direitos do homem, por mais fundamentais que sejam, são direitos históricos, ou seja, nascidos em certas circunstâncias, caracterizadas por lutas em defesa

---

[1] Norberto Bobbio, *Era dos direitos*, p. 5.
[2] A respeito, veja-se Celso Lafer, *A reconstrução dos direitos humanos: um diálogo com o pensamento de Hannah Arendt*, 1988, p. 123-125.
[3] Nesse sentido, Ignacy Sachs ressalta que o reconhecimento de direitos resulta de um "processo histórico cheio de vicissitudes, por meio do qual as necessidades e as aspirações se articulam em reivindicações e em estandartes de luta antes de serem reconhecidos como direitos". Ignacy Sachs, Desenvolvimento, direitos humanos e cidadania, in *Direitos humanos no século XXI*, p. 156

de novas liberdades contra velhos poderes [...]: a liberdade religiosa é um efeito das guerras de religião; as liberdades civis, da luta dos parlamentos contra os soberanos absolutos; a liberdade política e as liberdades sociais, do nascimento, crescimento e amadurecimento do movimento dos trabalhadores assalariados [...]. [Os direitos] nascem quando devem ou podem nascer".[4]

Assim, se a configuração dos direitos humanos responde a condicionantes históricas, é fundamental compreender tanto os processos que determinaram seus contornos, quanto a sua configuração atual. Esses processos de afirmação histórica de direitos, que serão abordados pelo capítulo II, resultaram em uma concepção contemporânea de direitos humanos marcada pelos valores da dignidade, liberdade e igualdade. Sua pedra fundamental é a Declaração Universal dos Direitos Humanos, adotada em 1948 pela Organização das Nações Unidas, a qual estabelece um rol de direitos que inclui o direito à vida, a proteção contra a tortura e contra a escravidão, a liberdade de expressão e de associação, o direito à família, o direito ao trabalho e à educação e o direito a um padrão de vida capaz de assegurar saúde e bem-estar.

Para além de estabelecer o conteúdo dos direitos humanos, a Declaração expressou também um novo consenso a favor da universalidade destes direitos: o indivíduo passou a ser considerado como sujeito dotado de unicidade existencial, titular de direitos intrínsecos à condição humana, que devem ser reconhecidos e protegidos pela comunidade internacional. Reagindo aos "atos bárbaros que ultrajaram a consciência da humanidade"[5] durante a segunda guerra mundial, os Estados-membros da ONU determinaram que há uma esfera mínima de direitos necessária à dignidade humana, a qual deve ser protegida por todos os Estados. Conferiu, assim, lastro axiológico e unidade valorativa aos direitos humanos, lançando as bases de um sistema internacional de proteção que evoluiu continuamente durante os séculos XX e XXI.

Ao lado universalidade, a Declaração abriu também o caminho para a afirmação da indivisibilidade dos direitos humanos, conceito que seria definitivamente consolidado pela II Conferência Mundial de Direitos Humanos, realizada em Viena em 1993. A indivisibilidade enfatiza que a afirmação da dignidade humana demanda a proteção de todos os direitos. Isto é, direitos de diferentes categorias – civis, políticos, econômicos, sociais, culturais e ambientais – são necessários para que cada pessoa se realize plenamente, não podendo o Estado subjugar uma categoria de direitos em favor de outra. Ademais, diferentes direitos se fortalecem mutuamente. Por exemplo, o direito à educação é a base de uma sociedade informada, capaz de se expressar com qualidade e interpretar criticamente o mundo

---

4   Norberto Bobbio, *Era dos direitos*, p. 5.

5   Declaração Universal dos Direitos Humanos, preâmbulo. Disponível em https://www.unicef. org/brazil/declaracao-universal-dos-direitos-humanos. Acesso em dezembro de 2020.

ao seu redor, de modo que o direito à educação qualifica o exercício do direito à liberdade de expressão. Por sua vez, o direito à liberdade de expressão pode ser utilizado para demandar melhores políticas educacionais e fortalecer o acesso ao direito à educação, criando um ciclo positivo. Por outro lado, o raciocínio inverso também é verdadeiro: pessoas sujeitas a uma determinada violação de direitos humanos tornam-se mais vulneráveis à violação de outros direitos, sujeitando-as a ciclos de violação, discriminação e violência.

Assim, como resultado do processo iniciado pela Declaração Universal, a concepção contemporânea de direitos humanos se baseia na ideia de que tais direitos constituem uma unidade indivisível, interdependente e inter-relacionada, na qual os valores da igualdade e liberdade se conjugam e se completam.[6]

1.2. O SISTEMA MULTINÍVEL: RELAÇÃO ENTRE A PROTEÇÃO NACIONAL E INTERNACIONAL

Ao mesmo tempo em que a comunidade internacional arquitetava e construía o sistema internacional de proteção aos direitos humanos, um movimento complementar ocorria em âmbito nacional. Durante o século XX, emergiu uma nova feição do direito constitucional ocidental, caracterizada pela centralidade da dignidade humana e pela abertura a sistemas internacionais de proteção aos direitos humanos. O direito constitucional e o direito internacional passaram a interagir de modo a resguardar um mesmo valor, a primazia da pessoa humana. Por um lado, os Constituições nacionais abriam os ordenamentos jurídicos domésticos aos tratados internacionais de proteção aos direitos humanos, disciplinando sua incorporação e incidência. Por outro, os sistemas internacionais reforçavam a proteção a valores constitucionais, fornecendo uma camada adicional de proteção aos direitos que constituintes buscavam resguardar contra possíveis impulsos autoritários do futuro.

O resultado desses movimentos paralelos foi a criação de um sistema multinível de proteção aos direitos humanos. O direito nacional e o direito internacional estabeleceram mecanismos complementares de proteção aos direitos humanos, cada um dotado de normas e funcionamento próprios. No âmbito desses arcabouços, tanto o sistema nacional quanto o sistema internacional se desdobram em múltiplas camadas de proteção.

No âmbito doméstico, os Poderes Executivo, Judiciário e Legislativo exercem papéis distintos na proteção aos direitos humanos e, ao mesmo tempo, supervisionam um ao outro pelo sistema de *checks and balances*. Ainda no âmbito doméstico, diferentes entidades federativas detêm competências complementares que contribuem para a proteção de direitos. Completam ainda esse quadro outras

---

[6] Flávia Piovesan, *Direitos Humanos e o Direito Constitucional Internacional*, 2018, p. 91.

instituições estatais dotadas de independência, como Instituições Nacionais de Direitos Humanos, Defensorias, Procuradorias e Conselhos participativos.

Por sua vez, em âmbito internacional se complementam o sistema global de direitos humanos – que, como se verá, faz parte da Organização das Nações Unidas – e sistemas regionais de proteção – como o Sistema Interamericano de Direitos Humanos, criado no bojo da Organização dos Estados Americanos. Assim como o que ocorre nacionalmente, também cada um deste sistema de proteção é formado por múltiplos órgãos, instituições e mecanismos. Como se verá, a Organização das Nações Unidas conta com diferentes órgãos de tratado (por exemplo, o Comitê de Direitos Humanos, que supervisiona o cumprimento do Pacto Internacional dos Direitos Civis e Políticos), especialistas independentes (como os Relatores Especiais do Conselho de Direitos Humanos), mecanismos de avaliação inter-pares (trata-se da Revisão Periódica Universal, por meio da qual Estados revisam a performance de direitos humanos de cada membro da ONU), entre outros. Já no âmbito do Sistema Interamericano, temos a Corte Interamericana e a Comissão Interamericana, que por sua vez também possui mecanismos diversos, incluindo relatorias especiais, sistema de casos e ferramentas de monitoramento e promoção de boas práticas.

Ao longo deste curso, cada um destes mecanismos será descrito e analisado pormenorizadamente. Por ora, o importante é compreender que o sistema de proteção aos direitos humanos é composto por múltiplos mecanismos, sistemas normativos e instituições, tanto em âmbito nacional quanto internacional. Trata--se de um sistema multinível. Como se verá, a relação entre diferentes níveis de proteção é regrada por normas e práticas específicas. Por exemplo, Constituições determinam de que forma tratados internacionais são incorporados ao direito interno e qual seu status normativo. Do mesmo modo, órgãos internacionais de direitos humanos têm competências particulares, determinadas por instrumentos normativos próprios e, em geral, revisam casos apenas quando a matéria não está pendente nem em cortes domésticas, nem perante outros órgãos internacionais. Esta arquitetura normativa organiza o sistema multinível, ditando as formas pelas quais cada mecanismo opera e se relaciona com os demais.

Embora dotados de competências próprias, os múltiplos níveis de proteção aos direitos humanos mantêm diálogo entre si: órgãos de diferentes níveis se comuni-cam direta ou indiretamente, citando uns aos outros como fontes interpretativas, trocando boas práticas e, muitas vezes, empreendendo iniciativas conjuntas. Por isso, é possível dizer que o sistema multinível de proteção aos direitos humanos é poroso, ou seja, aberto a influências advindas de outros órgãos e instituições que compartilham o mesmo objetivo último, qual seja, a proteção da dignidade humana. Isso não quer dizer que por vezes não haja interpretações divergentes sobre um mesmo tema, e até mesmo sobre um mesmo caso. Essas situações existem, como se verá. Porém, é importante compreender que, na contemporaneidade, o direito internacional dos direitos humanos opera a partir de um paradigma de abertura.

Para que este sistema tenha um impacto positivo sobre a proteção de direitos, para que a promessa de proteção da dignidade humana gere melhorias concretas na vida das pessoas, a sociedade civil desempenha um papel fundamental. Entende-se sociedade civil de forma ampla, incluindo defensoras e defensores de direitos humanos, representantes de vítimas de violações, movimentos sociais, organizações não governamentais, jornalistas, instituições de educação e pesquisa, assim como qualquer outro vetor de organização em prol dos direitos humanos que independa de estruturas estatais. No campo dos direitos humanos, a sociedade civil conecta os sistemas de proteção às situações que demandam intervenção, documentando violações de direitos humanos, realizando denúncias e levando casos às instituições de proteção. Dentre outras muitas formas de ação, a sociedade civil também dissemina conhecimento sobre direitos humanos e monitora criticamente os próprios sistemas de proteção, contribuindo para seu aprimoramento contínuo. Via de regra, é por meio da sociedade civil que o direito internacional dos humanos chega às pessoas que precisam dele e é também por meio da atuação da sociedade civil que os sistemas de proteção se mantêm atualizados e relevantes frente à evolução das sociedades, seus problemas e suas demandas.

Portanto, o direito internacional dos direitos humanos é um sistema complexo, multinível, cujos diferentes componentes mantêm diálogo constante a partir de um paradigma de abertura. Seu princípio axiológico central é a primazia da dignidade humana. Ao buscar a proteção dos direitos humanos, as instituições dos diferentes sistemas de proteção são fortalecidas pela sociedade civil, que as conecta às vítimas de violações e à constante evolução das sociedades em que operam.

1.3. O BRASIL E O DIREITO INTERNACIONAL DOS DIREITOS HUMANOS

A Constituição de 1988 foi um verdadeiro marco da abertura do direito constitucional brasileiro aos direitos humanos. Ao romper com o passado autoritário, a promulgação da chamada Constituição Cidadã foi o ápice de um processo de transição democrática que, embora iniciado e parcialmente conduzido ainda pelo regime ditatorial, culminou com o empoderamento da cidadania e a afirmação inequívoca do Estado Democrático de Direito. Ao refazer o pacto político-social do Brasil,[7] a Carta de 1988 estabeleceu também uma nova ordenação para o direito brasileiro, que passou a estar fortemente ancorado em princípios e a se organizar a partir da primazia dos direitos fundamentais.[8]

---

[7] José Afonso da Silva, *Curso de Direito Constitucional Positivo,* p. 80.

[8] A respeito, referir-se a Flávia Piovesan, *Direitos Humanos e o Direito Constitucional Internacional,* 2018, p. 103-115.

Alçada pela Constituição à condição de princípio fundamental da República,[9] a dignidade humana deve orientar todas as ações do Estado brasileiro e servir como baliza para a tomada de decisão e conduta dos agentes estatais. A Constituição reconhece também um extenso rol de direitos humanos, incluindo um capítulo sobre direitos individuais e coletivos que estabelece, entre outros, os direitos à vida, à liberdade, à igualdade, à segurança e à propriedade, assim como um capítulo dedicado a direitos sociais, o qual protege direitos como a educação, a saúde, a alimentação, o trabalho, a moradia, o transporte, o lazer, a segurança e a previdência social.[10] Estes são apenas alguns dos direitos humanos protegidos ao longo da carta constitucional. A lista, ademais, não é exaustiva, pois o parágrafo 2º do artigo 5º estabelece que "os direitos e garantias expressos nesta Constituição não excluem outros decorrentes do regime e dos princípios por ela adotados, ou dos tratados internacionais em que a República Federativa do Brasil seja parte." Trata-se do princípio da não exaustividade dos direitos fundamentais[11], o qual cristaliza a abertura do texto constitucional brasileiro aos direitos humanos, inclusive aqueles de matriz internacional.

Este núcleo axiológico – formado pelo princípio da dignidade humana, direitos fundamentais e direitos humanos internacionalmente reconhecidos – é dotado de força expansiva. Isto significa que esses valores se projetam sobre o texto constitucional, devendo orientar a interpretação de todas as normas estabelecidas pela Constituição e pelo ordenamento jurídico brasileiro. Nesse sentido, a dignidade humana é o núcleo básico e informador do sistema legal, constituindo critério de valoração a orientar a interpretação e aplicação do direito no Brasil.[12]

Além de dispor de conteúdo normativo alinhado ao direito internacional dos direitos humanos, a Constituição de 1988 institucionaliza vetores que permitem a integração do Brasil a sistemas internacionais de proteção. Um desses vetores é a não exaustividade estabelecida pelo artigo 5º, como se mencionou, que abre o texto constitucional a novos direitos estabelecidos por tratados internacionais. Complementarmente, a Constituição de 1988 inova ao determinar que o Brasil se guie, em suas relações internacionais, pela prevalência dos direitos humanos.[13] Assim, se por um lado a Constituição recebe o direito internacional dos direitos humanos, por outro ela também abraça a ideia de um Brasil agente, que atua em foros internacionais em prol do fortalecimento desses direitos.

---

[9] Constituição da República Federativa do Brasil de 1988, art. 1º, III.

[10] Constituição da República Federativa do Brasil de 1988, título II, dos direitos e garantias fundamentais.

[11] André de Carvalho Ramos, *Curso de Direitos Humanos*, 2016, p. 391.

[12] Flávia Piovesan, *Temas de Direitos Humanos*, 2018, p. 71.

[13] Constituição da República Federativa do Brasil de 1988, art. 4º, II.

Esse quadro se completa por dispositivos que determinam a mecânica da integração do Estado brasileiro ao direito internacional dos direitos humanos. Trata-se de disposições sobre a incorporação de tratados internacionais[14] e sobre sua hierarquia normativa.

A Constituição de 1988 trata do processo de formação e incorporação de tratados nos artigos 49, I, e 84, VIII. Seguindo a tradição de constituições brasileiras anteriores, estes dispositivos determinam que é necessária uma conjunção de vontades entre os Poderes Executivo e Legislativo para que um tratado internacional produza efeitos sobre a ordem jurídica nacional. Este processo tem três fases: a celebração pelo Executivo, a aprovação pelo Legislativo e a ratificação pelo Presidente da República. Isto é, primeiramente, o Poder Executivo negocia o tratado na esfera internacional (ou decide a ele aderir, caso o instrumento já tenha sido negociado por outras partes), assina o instrumento, e o encaminha para apreciação pelo Congresso Nacional. O Congresso, que tem competência para decidir de modo definitivo sobre tratados, aprecia então o acordo e, se assim decidir, o aprova mediante emissão de um decreto legislativo. Por fim, o Poder Executivo ratifica o tratado, notificando os demais Estados-parte mediante depósito do instrumento de ratificação no órgão internacional competente para recebê-lo. A partir da ratificação, o tratado passa a ser obrigatório tanto no plano nacional quanto internacional, a menos que o instrumento ainda não tenha entrado em vigor.[15]

Uma vez incorporado ao direito brasileiro, qual a hierarquia de um tratado internacional de direitos humanos? Isto é, se um tratado entrar em conflito com normas nacionais, qual deles deve prevalecer? Essas perguntas geraram um longo debate na doutrina e na jurisprudência brasileiras.[16] Em suma, há quatro posições principais sobre a hierarquia dos tratados internacionais de direitos

---

[14] Tratados são acordos escritos regidos pelo direito internacional. Embora possam ser celebrados também por organizações internacionais, os tratados relevantes para o campo do direito internacional dos direitos humanos são celebrados entre Estados. As diversas denominações deste tipo de instrumento – que pode ser chamado acordo, ato, convenção, convênio, pacto, tratado, entre outros – não têm impacto sobre a natureza do instrumento. Seja qual for seu nome, o cerne de um tratado é estabelecer obrigações entre os Estados-parte que, ao expressar seu consentimento àquela norma, se obrigam a lhe dar cumprimento de boa-fé.

[15] É comum que tratados internacionais estabeleçam condições para sua entrada em vigor, tais como um número mínimo de ratificações. Por exemplo, o artigo 74 da Convenção Americana sobre Direitos Humanos assim estabelece: "[...] Esta Convenção entrará em vigor logo que onze Estados houverem depositado os seus respectivos instrumentos de ratificação ou de adesão. Com referência a qualquer outro Estado que a ratificar ou que a ela aderir ulteriormente, a Convenção entrará em vigor na data do depósito do seu instrumento de ratificação ou de adesão."

[16] Para uma exposição aprofundada sobre o histórico desse debate, referir-se a Flávia Piovesan, *Temas de Direitos Humanos*, 2018, p. 71-83; Flávia Piovesan, *Direitos Humanos e o Direito Constitucional Internacional*, 2018, p. 129-167.

humanos: (i) eles são equiparados às leis federais, tal como os tratados e convenções internacionais sobre outros temas;[17] (ii) eles têm hierarquia supralegal e infraconstitucional, ou seja, os tratados internacionais de direitos humanos estão acima das leis mas não devem prevalecer quando em conflito com a Constituição Federal;[18] (iii) eles têm hierarquia constitucional, integrando o bloco de constitucionalidade;[19] ou (iv) eles são dotados de status supraconstitucional, ou seja, tratados internacionais de direitos humanos devem prevalecer em caso de conflito com a Constituição Federal.[20]

A Emenda Constitucional 45, aprovada em 2004, contribuiu sobremaneira para essa discussão. Por meio desta emenda, o Congresso Nacional adicionou o parágrafo terceiro ao artigo 5º da Constituição, o qual estabelece: "Os tratados e convenções internacionais sobre direitos humanos que forem aprovados, em cada Casa do Congresso Nacional, em dois turnos, por três quintos dos votos dos respectivos membros, serão equivalentes às emendas constitucionais." Desta forma, a emenda contribui ao debate na medida em que esclarece que há uma diferença material entre convenções de direitos humanos e outros tratados internacionais (por exemplo, aqueles de natureza comercial). Isto é, ainda que um tratado comercial fosse aprovado pelo rito especial previsto no parágrafo 3º, este não teria hierarquia constitucional, pois seu conteúdo não a natureza materialmente constitucional dos tratados de direitos humanos.

Contudo, o novo parágrafo 3º do artigo 5º deixou espaço para dúvidas. Se os tratados de direitos humanos aprovados pelo rito ali determinado são equivalentes a emendas constitucionais, qual o status dos tratados aprovados antes da Emenda Constitucional 45/2004? Note-se que, embora não existisse ainda o procedimento de aprovação em dois turnos, muitos instrumentos haviam sido aprovados com votação superior à percentagem de três quintos estabelecida pela emenda. E qual a hierarquia dos tratados internacionais de direitos humanos aprovados após a emenda pelo rito simples?

---

[17] Supremo Tribunal Federal, Habeas Corpus 72.131 – Rio de Janeiro. 1995. Relator Ministro Marco Aurélio.

[18] Supremo Tribunal Federal, Recurso Extraordinário 466.343-1 – São Paulo. 2008. Relator Ministro Cezar Peluso.

[19] Antônio Augusto Cançado Trindade, *A proteção internacional dos direitos humanos: fundamentos jurídicos e instrumentos básicos*, p. 631.

[20] Esta visão decorre do entendimento de que o direito internacional constitui limites aos Estados e que, conforme consagrado pelo artigo 27 da Convenção de Viena sobre o Direito dos Tratados, um Estado "não pode invocar as disposições de seu direito interno para justificar o inadimplemento de um tratado." A respeito, veja-se: André Gonçalves Pereira e Fausto de Quadros, *Manual de Direito Internacional Público*, p. 103 e 117.

Desde 2008, o Supremo Tribunal Federal vem respondendo a estas questões da seguinte forma: os tratados internacionais de direitos humanos adotados após a Emeda Constitucional 45/2004 mediante o procedimento estabelecido pelo artigo 5º, § 3º, têm status constitucional; já os tratados internacionais de direitos humanos aprovados antes da emenda, assim como aqueles aprovados após a emenda pelo rito simples (aprovação por ambas as Casas do Congresso Nacional, em turno único, por maioria simples), são dotados de hierarquia supra legal e infraconstitucional.[21] Este entendimento foi adotado pela primeira vez em caso paradigmático sobre a prisão do depositário infiel, concluindo a Suprema Corte que, embora a legislação civil do Brasil permitisse a prisão civil nessas circunstâncias, o Pacto Internacional sobre Direitos Civis e Políticos e a Convenção Americana sobre Direitos Humanos são claros ao determinar que ninguém poderá ser preso por descumprimento de obrigação contratual ou por possuir dívidas.[22] Como estes dois tratados possuem status normativo superior à lei interna, o Supremo Tribunal Federal determinou que as disposições legais domésticas que permitem a prisão do depositário infiel são inaplicáveis.[23]

Embora reconhecendo a importância dos avanços que o Supremo Tribunal Federal tem promovido em matéria de direitos humanos, inclusive em relação à hierarquia dos tratados, entendemos que essa posição da Corte merece ser revisada.[24] Como se mencionou, o parágrafo 2º do artigo 5º estabelece claramente que os direitos e garantias expressos na Constituição *não excluem* outros decorrentes do regime e dos princípios por ela adotados, ou dos tratados internacionais em que o Brasil seja parte. Isto significa que a Constituição de 1988 consagra um bloco de constitucionalidade, composto por três grupos de direitos humanos: (i) os direitos expressamente previstos na Constituição; (ii) os direitos implicitamente previstos por decorrerem dos princípios constitucionais; e (iii) os direitos expressos nos tratados internacionais de direitos humanos. A Constituição de

---

[21] Supremo Tribunal Federal, Recurso Extraordinário 466.343-1 – São Paulo. 2008. Relator Ministro Cezar Peluso.

[22] Pacto Internacional dos Direitos Civis e Políticos, artigo 11, Convenção Americana sobre Direitos Humanos, artigo 7. Note-se que a Convenção Americana sobre Direitos Humanos excetua as dívidas de natureza alimentar.

[23] Veja-se, a respeito a Súmula Vinculante 25: "É ilícita a prisão civil de depositário infiel, qualquer que seja a modalidade de depósito."

[24] Ressalte-se que no próprio RE 466.343-1 houve um grupo de quatro ministros que se posicionou pelo status constitucional dos tratados de direitos humanos (Ministros Celso de Mello, Cezar Peluso, Ellen Gracie e Eros Grau). Embora esta posição tenha sido vencida, ela pode vir a inspirar novos julgados do Supremo Tribunal Federal, como já ocorrido na discussão sobre a hierarquia dos tratados internacionais de direitos humanos. Nesse sentido, no RHC 79.785–RJ, o Ministro Sepúlveda Pertence havia defendido a tese da supralegalidade dos tratados de direitos humanos. Embora sua visão tenha sido vencida naquela ocasião, veio a ser retomada e adotada pela Corte no RE 466.343-1.

1988, portanto, consagrou importante inovação, conferindo aos tratados de direitos humanos o mesmo valor jurídico das normas constitucionais, já que completam o catálogo de direitos expressos no texto constitucional. Em outras palavras, os três grupos de direitos que compõem o boco de constitucionalidade, incluindo aqueles consagrados por tratados internacionais, possuem natureza materialmente constitucional.[25] Esta conclusão advém não apenas do artigo 5º, § 2º, mas também da leitura sistemática e teleológica do texto constitucional, que se orienta a partir da priorização dos direitos fundamentais e da força expansiva do princípio da dignidade humana.

Porém, ao criar um rito para que tratados adquiram formalmente status constitucional, a Emenda Constitucional 45 estabelece uma distinção: embora todos os direitos humanos tenham natureza materialmente constitucional, apenas alguns deles têm hierarquia constitucional do ponto de vista formal. Partindo dessa distinção, tem-se que os tratados de direitos humanos aprovados pelo Congresso Nacional após a Emenda Constitucional 45 por meio do rito especial (aprovação por ambas as Casas do Congresso Nacional, em dois turnos, por três quintos dos votos) têm status material e formalmente constitucional, enquanto que aqueles aprovados após a Emenda Constitucional 45 pelo rito simples têm natureza constitucional apenas da perspectiva material. Já os tratados aprovados antes da Emenda Constitucional 45 possuem natureza constitucional tanto da perspectiva material quanto formal, pois a distinção ora mencionada ainda não havia sido criada, e a redação do artigo 5º que vigorava então deve ser interpretada conforme o princípio da máxima efetividade das normas constitucionais sobre direitos fundamentais.

Por fim, discutida a questão da hierarquia, cabe ressaltar os principais tratados internacionais de direitos humanos que fazem parte do ordenamento jurídico brasileiro. Embora a diplomacia brasileira tenha desempenhado relevante papel na construção de sistemas internacionais de direitos humanos, foi somente a partir do processo de redemocratização que o país passou a ratificar de modo sistemático tratados internacionais de direitos humanos. Após a promulgação da Constituição de 1988, o Estado brasileiro progressivamente ratificou relevantes instrumentos internacionais do campo, tanto em âmbito universal quanto regional, que se somaram a algumas poucas convenções ratificadas nas décadas anteriores, como se vê nas tabelas abaixo. Adicionalmente, em 1998, o Brasil reconheceu a jurisdição contenciosa da Corte Interamericana de Direitos Humanos e, em 2002, a jurisdição do Tribunal Penal Internacional.

---

[25] A respeito do bloco de constitucionalidade, veja-se a doutrina portuguesa: José Joaquim Gomes Canotilho, *Direito Constitucional*, p. 982; Jorge Miranda, *Manual de Direito Constitucional*, v. 4, p. 153.

Cap. 1 · INTRODUÇÃO | 13

Tabela 1 Principais tratados internacionais de direitos humanos ratificados pelo Brasil (sistema regional)

TRATADO	ANO DE RATIFICAÇÃO PELO BRASIL
Convenção Interamericana para Prevenir e Punir a Tortura	1989
Convenção Americana sobre Direitos Humanos	1992
Convenção Interamericana para Prevenir, Punir e Erradicar a Violência contra a Mulher	1995
Protocolo à Convenção Americana referente à Abolição da Pena de Morte	1996
Protocolo à Convenção Americana referente aos Direitos Econômicos, Sociais e Culturais	1996
Convenção Interamericana para Eliminação de todas as formas de Discriminação contra Pessoas Portadoras de Deficiência	2001
Convenção Interamericana sobre o Desaparecimento Forçado de Pessoas	2014

Fonte: Elaboração própria a partir de informações públicas.

Tabela 2 Principais tratados internacionais de direitos humanos ratificados pelo Brasil (sistema global)

TRATADO	ANO DE RATIFICAÇÃO PELO BRASIL
Convenção para a Prevenção e a Repressão do Crime de Genocídio	1952
Convenção Relativa ao Estatuto dos Refugiados	1960
Convenção Internacional sobre a Eliminação de todas as Formas de Discriminação Racial	1968
Protocolo sobre o Estatuto dos Refugiados	1972
Convenção sobre a Eliminação de Todas as Formas de Discriminação contra a Mulher	1983
Convenção contra a Tortura e outros Tratamentos, Cruéis, Desumanos ou Degradantes	1989
Convenção sobre os Direitos da Criança	1990
Pacto Internacional sobre Direitos Civis e Políticos	1992
Pacto Internacional dos Direitos Econômicos, Sociais e Culturais	1992
Estatuto de Roma do Tribunal Penal Internacional	2002
Protocolo Facultativo à Convenção sobre Eliminação de Todas as Formas de Discriminação contra a Mulher	2002
Protocolo Facultativo à Convenção sobre os Direitos da Criança relativo ao Envolvimento de Crianças em Conflitos Armados	2004
Protocolo Facultativo à Convenção sobre os Direitos da Criança sobre a Venda, Prostituição e Pornografia Infantis	2004

TRATADO	ANO DE RATIFICAÇÃO PELO BRASIL
Protocolo Facultativo à Convenção contra a Tortura e Outros Tratamentos ou Penas Cruéis, Desumanos ou Degradantes	2007
Convenção sobre os Direitos da Pessoas com Deficiência[26]	2008
Protocolo Facultativo à Convenção sobre os Direitos das Pessoas com Deficiência[27]	2008
Protocolo Facultativo ao Pacto Internacional sobre Direitos Civis e Políticos	2009
Segundo Protocolo Facultativo ao Pacto Internacional dos Direitos Civis e Políticos com vistas à Abolição da Pena de Morte	2009
Convenção Internacional para a Proteção de Todas as Pessoas contra o Desaparecimento Forçado	2010
Protocolo Facultativo à Convenção sobre os Direitos da Criança relativo ao procedimento de comunicações	2017

Fonte: Elaboração própria a partir de informações públicas.

Questões objetivas

1. Qual das alternativas abaixo melhor reflete a concepção contemporânea de direitos humanos?

   a) Direitos humanos são garantias que buscam assegurar a harmonia das sociedades contemporâneas, determinando regras de coexistência que respondem ao interesse superior da maioria.

   b) Direitos humanos são um conjunto de garantias universais e indivisíveis que conjugam os valores da igualdade e liberdade visando à proteção da dignidade humana.

   c) Direitos humanos correspondem ao mínimo essencial da experiência humana, sendo identificados como direitos que foram assegurados de modo constante por todas as sociedades ao longo da história da humanidade.

   d) Direitos humanos são aquilo que cada Estado estabelece como valor central de sua Constituição e de sua legislação interna.

---

[26] Aprovado com status de emenda constitucional, conforme o rito estabelecido pelo artigo 5º, § 3º da Constituição Federal. Veja-se: Decreto Legislativo n.º 186, de 2008 e Decreto nº 6.949, de 25 de agosto de 2009.

[27] Aprovado com status de emenda constitucional, conforme o rito estabelecido pelo artigo 5º, § 3º da Constituição Federal. Veja-se: Decreto Legislativo n.º 186, de 2008 e Decreto nº 6.949, de 25 de agosto de 2009.

2. **Os sistemas nacionais de proteção aos direitos humanos e os mecanismos internacionais de direitos humanos são complementares?**

   a) Não. O direito internacional dos direitos humanos estabelece um sistema hierarquicamente superior ao direito nacional, detendo competência exclusiva sobre matérias de direitos humanos.

   b) Não. A concepção contemporânea de direitos humanos superou a tese da complementariedade, consolidando um sistema de governança internacional único e exclusivo.

   c) Sim. O direito internacional dos direitos humanos é um sistema complexo, multinível, que opera a partir de um paradigma de abertura e dialoga constantemente com mecanismos nacionais e internacionais orientados à proteção da dignidade humana.

   d) Sim. Os sistemas internacionais respondem à quase totalidade das questões de direitos humanos, com os sistemas nacionais ocupando um papel complementar, porém secundário.

3. **Segundo a Constituição de 1988, qual o procedimento para formação e incorporação dos tratados internacionais de direitos humanos ao ordenamento jurídico?**

   a) É necessária uma conjunção de vontades do Poder Executivo e o Poder Legislativo, com a celebração do tratado pelo Executivo, sua aprovação pelo Congresso Nacional e sua ratificação pelo Presidente da República.

   b) O procedimento é conduzido pelo Ministério das Relações Exteriores e chancelado pelo Presidente da República, por meio do encaminhamento de projeto de lei complementar ao Senado Federal.

   c) O Presidente da República possui competência exclusiva sobre a matéria, devendo encaminhar o tratado ratificado ao Congresso Nacional para fins de informação e publicação.

   d) O procedimento se inicia na Comissão de Relações Exteriores do Senado Federal, passa pela negociação do tratado por parte do Poder Executivo, e se encerra com a ratificação pelas assembleias legislativas estaduais.

Questões dissertativas

4. Descreva os principais valores protegidos pela concepção contemporânea de direitos humanos.

5. Por que se pode dizer que o direito internacional dos direitos humanos é um sistema multinível?

6. Qual a hierarquia dos tratados internacionais de direitos humanos no ordenamento jurídico brasileiro? Descreva as principais teorias.

Caso prático

Maria Carolina Cabral é uma pessoa surda que se comunica principalmente utilizando a língua de sinais. Com 14 anos, Maria Carolina se mudou para uma nova cidade e seus pais procuraram matriculá-la em uma nova escola. Contudo, nenhuma das instituições de ensino da cidade aceitou a matrícula de Maria Carolina, argumentando que não dispunham de meios para integrá-la ao cotidiano escolar. Com base na concepção contemporânea de direitos humanos, discuta a situação. Você pode se referir à Constituição Federal e à Convenção sobre os Direitos das Pessoas com Deficiência para discutir os deveres do Estado e os direitos de Maria Carolina.

Filmografia

Uma noite de doze anos (2018)
https://uqr.to/q9lg

Sérgio (2009)
https://uqr.to/q9li

O ano em que meus pais saíram de férias (2006)
https://uqr.to/q9lk

Capítulo 2
A AFIRMAÇÃO HISTÓRICA DOS DIREITOS HUMANOS

2.1. ORIGENS HISTÓRICAS E FILOSÓFICAS

A noção de direitos humanos – ou seja, a proteção de um núcleo básico de dignidade do qual nenhum ser humano deve ser privado – resulta de um longo processo. Desde os primórdios da história, diferentes tradições políticas, religiosas e filosóficas contribuíram para a construção dessa ideia e, posteriormente, para sua implementação por meio de sistemas jurídicos e políticos. Esse processo de afirmação dos direitos humanos não foi linear, tendo sido marcado por avanços e retrocessos, idas e vindas, que formaram o substrato da concepção contemporânea de direitos humanos.

Falar de direitos humanos antes da modernidade seria anacrônico. Porém, já na Antiguidade diferentes povos passaram a refletir sobre elementos que hoje associamos à ideia de dignidade humana. Nesse sentido, Comparato chama a atenção para a coexistência, entre 600 e 480 a.C., de alguns dos maiores pensadores da história: Zaratustra, na Pérsia, Buda na Índia, Lao-Tsé e Confúcio na China, Pitágoras na Grécia e Dêutero-Isaías em Israel. Embora integrantes de tradições diferentes, estes pensadores simbolizam uma transição epistemológica, afastando-se da mitologia em direção à reflexão sobre a condição humana. Para Comparato, essa transição lançou "os fundamentos intelectuais para a compreensão da pessoa humana e para a afirmação da existência de direitos universais, porque a ela inerentes".[1] Isto é, lançaram-se as bases para compreender o ser humano como agente e ser moral, em um processo que retirou o homem da cadeia de causalidades da natureza e o afastou do império natural da força e da sobrevivência. Ao distinguir

---

[1] Fábio Konder Comparato, *A Afirmação Histórica dos Direitos Humanos*, 1999.

o ser humano nesses termos, conferiu-se à qualidade de pessoa um sentido próprio que, posteriormente, resultaria na ideia de que ela tem direitos específicos.

Ao lado do substrato filosófico, outro advento da Antiguidade foi importante para a evolução da ideia que um dia se tornaria o conceito de direitos humanos: a lei como instrumento para orientar as sociedades para o bem comum e estabelecer valores de justiça. Já tendo sido codificado por diferentes sociedades,[2] em Atenas o direito passou a ser visto como instrumento da democracia, expressando o governo pelo povo e, portanto, contraposto à tirania dos déspotas.[3] Embora a democracia ateniense fosse restrita se comparada às atuais formas de governo democrático,[4] a participação direta dos cidadãos no governo da *polis* foi um antecedente importante para a concepção de que o direito democraticamente estabelecido é uma forma de avançar os interesses da coletividade.

Ao lado das regras que cada sociedade estabelecia para si, seja democraticamente ou porque impostas pelo soberano, os gregos reconheciam também a existência de valores superiores, comuns a diferentes grupos e comunidades. Na célebre peça Antígona, composta por Sófocles no século V a.C., a personagem principal argumenta que embora o governante Creonte tenha proibido o sepultamento de seu irmão, essa decisão "infringe as leis divinas, que nunca foram escritas, mas são irrevogáveis." Evocando o conflito da peça, mas já distanciando-se da referência à divindade, Aristóteles argumentou que há coisas que por natureza sabemos serem justas ou injustas e que essas leis, que são comuns a todos, se distinguem das normas que cada povo decide estabelecer como seu direito particular.[5] Nesse contexto clássico, já se vê a presença de uma discussão que ecoaria ao longo dos séculos, sobre normas aplicáveis a todas as pessoas, derivadas de um senso de justiça comum, distintas do direito que cada sociedade decide estabelecer para si.

Qual seria o fundamento dessas leis comuns? Enquanto Antígona evocou aos deuses e Aristóteles se baseava na prudência, no período final da Antiguidade se

---

[2]   Ao reconstituir o aparecimento dos direitos humanos na história, André de Carvalho Ramos inclui a codificação de Menes (3100-2850 a.C.), no Antigo Egito; o Código de Hamurabi (1792-1750 a.C.), na Babilônia; e o Cilindro de Ciro (século VI a.C.), na região da Suméria e Pérsia. André de Carvalho Ramos, *Curso de Direitos Humanos,* 2016, p. 34.

[3]   Nesse sentido, Comparato chama atenção para trecho da peça As Suplicantes, de Eurípedes, em que Teseu argumenta que "uma vez escritas as leis, o fraco e o rico gozam de um direito igual; o fraco pode responder ao insulto do forte, e o pequeno, caso esteja com a razão, vencer o grande". Fábio Konder Comparato, *A Afirmação Histórica dos Direitos Humanos,* 1999. O trecho da peça é revelador, pois a argumentação em favor da lei escrita é parte da crítica de Teseu a governos despóticos. Teseu está a defender sua cidade, Atenas, que ele descreve como uma cidade livre, governada pelo povo, onde há igualdade entre homens pobres e ricos.

[4]   A participação direta no governo estava restrita a homens atenienses livres. Excluíam-se, portanto, as mulheres, estrangeiros e escravos, além das crianças.

[5]   Veja-se, a respeito, Celso Lafer, *A Reconstrução dos Direitos Humanos,* 1988, p. 35.

Cap. 2 · A AFIRMAÇÃO HISTÓRICA DOS DIREITOS HUMANOS | 19

fortaleceram os filósofos estoicos, que baseavam sua filosofia na existência de uma razão universal natural. Quando surgiu essa corrente filosófica, já havia terminado a era das cidades-estados. Para os estoicos, o mundo era uma única cidade; a humanidade, portanto, deveria ser entendida como uma comunidade universal, com um direito igualmente universal, derivado da racionalidade e das leis da natureza.[6] Não obstante as diferenças de cada sociedade e o papel que cada indivíduo desempenha nelas, os estoicos enxergavam todas as pessoas como igualmente dotadas de dignidade. Defendiam a igualdade natural de todos os seres humanos que, como membros de uma mesma comunidade universal, deveriam se amar e se apoiar mutuamente.

Os estoicos foram centrais para a filosofia cristã. Inspirados nas ideias estoicas e nos ensinamentos judaicos sobre a unidade do gênero humano[7], os cristãos baseavam sua crença na igualdade espiritual de todas as pessoas.[8] Para os cristãos, todos os seres humanos são filhos de Deus e todos foram chamados para a salvação. Além da ideia de igualdade, essa concepção também é relevante por colocar o foco na imortalidade do *indivíduo*. Trata-se de uma mudança importante: enquanto os filósofos clássicos se orientavam para o bem da *polis*, progressivamente, começou-se a focar na pessoa.[9]

---

[6] Ibid., p. 119.

[7] Ao tratar do tema, explica Celso Lafer: "Quem suprime uma existência – afirma o Talmud – é como se destruísse o mundo na sua inteireza. Na elaboração judaica deste ensinamento isto se traduz numa visão da unidade do gênero humano, apesar da diversidade de nações, que se expressa através do reconhecimento e da afirmação das Leis de Noé. Estas (*Gênesis*, 9, 6-17) são um direito comum a todos, pois constituem a aliança de Deus com a humanidade e representam um conceito próximo do *jus naturae et gentium*, inspirador dos ensinamentos do cristianismo e, posteriormente, de Grócio e Seldem, que são uma das fontes das Declarações de Direitos das Revoluções Americana e Francesa." *A Reconstrução dos Direitos Humanos*, 1988, p. 119.

[8] Conforme ressaltado por Comparato, não se pode esquecer que a ideia de igualdade espiritual conviveu em muitos momentos com eventos históricos que hoje reconhecemos como profundamente desiguais: "o cristianismo continuou admitindo, durante muitos séculos, a legitimidade da escravidão, a inferioridade natural da mulher em relação ao homem, bem como a dos povos americanos, africanos e asiáticos colonizados, em relação aos colonizadores europeus. Ao se iniciar a colonização moderna com a descoberta da América, grande número de teólogos sustentou que os indígenas não podiam ser considerados iguais em dignidade ao homem branco. No famoso debate que o opôs a Bartolomeu de Las Casas, no concílio de Valladolid em 1550, perante o imperador Carlos V, Juan Ginés de Sepúlveda sustentou que os índios americanos eram 'inferiores aos espanhóis, assim como as crianças em relação aos adultos, as mulheres em relação aos homens, e até mesmo, pode-se dizer, como os macacos em relação aos seres humanos." *A Afirmação Histórica dos Direitos Humanos*, 1999.

[9] A respeito dessa transição, André de Carvalho Ramos ressalta que o foco na *polis* e não no indivíduo teve consequências que distanciavam os sistemas éticos e políticos da Antiguidade da noção moderna de direitos humanos. Retomando Benjamin Constant, Carvalho Ramos observa "[...] os antigos viam a liberdade composta pela possibilidade de participar da vida social na cidade; já os modernos [...] entendiam a liberdade como sendo a possibilidade de atuar sem amarras na vida privada. Essa visão de liberdade na Antiguidade resultou na ausência de discussão sobre a

Durante a Idade Média, essa transição em direção ao indivíduo não chegou a seu ápice. Embora o cristianismo pregasse a igualdade espiritual, essa igualdade só chegava com a morte: aquilo que um indivíduo poderia ou não fazer na sociedade dependia de sua posição social dentro de uma rígida hierarquia. Ainda assim, a ideia de igualdade das almas presente na teologia cristã se ramificaria e favoreceria a defesa da dignidade, inclusive de outros povos. Frei Bartolomeu de Las Casas e, no Brasil, Padre Antônio Vieira opuseram-se ao genocídio e à escravização dos povos indígenas com base nesses preceitos.

Foi na modernidade que o indivíduo passou a ser o dado fundamental da realidade: a sociedade passou a ser compreendida não mais como um todo orgânico, e sim como um grupo de indivíduos.[10] Essa concepção, que está na base da formação dos Estados modernos, foi substancialmente influenciada pela Reforma e pelas guerras religiosas, que contribuíram para o fortalecimento da ideia que todo indivíduo deve ter direito a gozar de algumas liberdades fundamentais – sobretudo a liberdade de crença – independentemente da vontade do governante.[11]

No campo da filosofia e da teoria política, esse giro em direção ao indivíduo se consolidou com o surgimento do contratualismo dos séculos XVII e XVIII. Para os contratualistas, o Estado resulta de um acordo ente indivíduos que, exercendo sua liberdade, decidem submeter-se a regras comuns para seu benefício e segurança. A consequência lógica dessa elaboração teórica é a limitação dos poderes do Estado: como a vontade individual é o fundamento do Estado, os poderes do governante são necessariamente limitados, pois as pessoas não aceitariam se submeter a uma ordem social abusiva, que lhes tolhesse a liberdade de modo excessivo. Pensadores como Locke defendiam, por isso, que o poder do Estado era limitado por direitos naturais dos indivíduos, como a vida, a liberdade e a propriedade. Assim, no campo do direito, se fortaleceu a ideia de direitos do indivíduo contra o Estado, direitos estes que seriam inerentes à condição humana.[12]

---

limitação do poder do Estado, um dos papéis tradicionais do regime jurídico dos direitos humanos. As normas que organizam o Estado pré-constitucional não asseguravam ao indivíduo direitos de contenção ao poder estatal. Por isso, na visão de parte da doutrina, não há efetivamente regras de direitos humanos na época pré-Estado Constitucional. Porém, essa importante crítica doutrinária – que deve ser ressaltada – não elimina a valiosa influência de culturas antigas na afirmação dos direitos humanos. Como já enfatizado acima, há costumes e instituições sociais das inúmeras civilizações da Antiguidade que enfatizam o respeito a valores que estão contidos em normas de direitos humanos, como a justiça e igualdade." *Curso de Direitos Humanos*, 2016, p. 37.

[10] Norberto Bobbio, *A Era dos Direitos*, p. 4.

[11] Ibid.

[12] A afirmação de direitos contra o Estado tinha antecedentes, como a Declaração das Cortes de Leão (1188) e a Magna Carta (1215), que impunham limites ao poder do soberano. Nos séculos XVI e XVII, pensadores jusnaturalistas como Hugo Grócio defenderam que os limites ao poder do Estado advinham de direitos naturais de todos os seres humanos, aos quais se podia chegar por meio do exercício da razão.

Cap. 2 • A AFIRMAÇÃO HISTÓRICA DOS DIREITOS HUMANOS | 21

A ideia de que o Estado é resultado de um contrato entre indivíduos surge novamente em Rousseau, já no contexto do Iluminismo do século XVIII. Para o pensador, o Estado deve ser visto como a soma das vontades individuais. Isso traz consequências que não se limitam ao campo teórico: pelo contrário, o governo deve se orientar, de modo prático, para a o exercício da vontade geral. De fato, ao lado das teorias elaboradas pelos demais pensadores Iluministas – marcadas pela defesa da prevalência da razão, da luta contra o absolutismo e da laicização do Estado – o pensamento de Rousseau esteve na base da Revolução Francesa, que estabeleceu instituições de governo que visavam representar a vontade popular.

Já ao final do século XVIII, Kant acrescentou mais uma peça importante ao substrato teórico que um dia seria a base da noção de direitos humanos. Kant defendeu que todo ser racional – portanto, toda pessoa – é um fim em si, não podendo servir como mero instrumento da vontade de outrem. Reconheceu, assim, que todo ser humano tem uma dignidade intrínseca, distinguindo-se das coisas por ser dotado de vontade racional e autonomia. A liberdade seria justamente a fruição dessa capacidade intelectual, de uma vontade racional que separa os homens dos animais, como seres cuja razão abre uma série de possibilidades sobre as potências de sua ação.

Foi no contexto de propagação desses ideais que ocorreram as revoluções liberais dos séculos XVII e XVIII. Influenciadas pelo contratualismo, jusnaturalismo e iluminismo, as Revoluções Inglesa, Americana e Francesa geraram sistemas de governos que visavam restringir os poderes do Estado (substituindo o absolutismo pela separação de poderes e por sistemas constitucionais) e, ao mesmo tempo, salvaguardar os direitos individuais contra ameaças futuras. A *Bill of Rights* (adotada na Inglaterra em 1689), a Declaração de Direitos do Homem e do Cidadão (adotada na França em 1789) e as dez primeiras emendas da Constituição dos Estados Unidos da América (ratificadas em 1791) estabeleceram listas de direitos que protegiam as liberdades do indivíduo contra o Estado. Os direitos proclamados nessas declarações (como a liberdade, a legalidade e a propriedade) evidenciam que seu objetivo era proteger os interesses de uma determinada classe de indivíduos contra interferências do Estado.

Portanto, embora usassem termos que transmitem a ideia de universalidade, os direitos proclamados pelas revoluções liberais não eram desfrutados igualmente por todas as pessoas. A demonstração mais forte desses limites talvez seja a convivência do liberalismo com a escravidão: a Constituição adotada pelos Estados Unidos após a Revolução Americana, por exemplo, preservou a escravidão,[13]

---

[13] Para uma análise da relação entre a Constituição dos Estados Unidos e a escravidão, veja-se Tâmis Peixoto Parron, *A política da escravidão na era da liberdade: Estados Unidos, Brasil e Cuba, 1787-1846*, 2015.

chegando a determinar que escravizados seriam contados como "três quintos de uma pessoa" na determinação da população dos estados.[14] Foi ao longo do século XIX que abolicionistas passaram a apontar a flagrante incompatibilidade das ideias propagadas pelos ideais liberais com a violação cotidiana da dignidade das pessoas escravizadas. Frederick Douglass, líder abolicionista norte-americano, defendia que a Constituição dos Estados Unidos, *se interpretada como dever ser*, é um instrumento antiescravista, pois seus princípios e propósitos são inteiramente hostis à escravidão.[15]

Um movimento paralelo ocorreu com as ideias de inspiração cristã. A Igreja católica havia convivido com a escravidão – e inclusive se beneficiado dela – por séculos. Na modernidade, porém, ideais da doutrina cristã foram recuperados e reinterpretados como fundamento para movimentos abolicionistas. Nessa interpretação, a liberdade dos escravizados era incompatível com a igualdade da criação, pois todos as pessoas são filhas de Deus e todas têm as mesmas capacidades morais.

No Brasil, o movimento abolicionista combinava ideais de liberdade e igualdade como justificativas morais para o fim do escravismo. Último país ocidental a abolir a escravidão, o Brasil teve movimentos abolicionistas diversos, que incluíam desde manifestações culturais até a formação de grupos armados para libertar pessoas escravizadas.[16] O abolicionismo, tanto no Brasil como no exterior, foi uma peça importante para que o ideal de universalidade da dignidade humana, já articulado por diferentes tradições do pensamento, trouxesse consequências concretas para um dos grupos mais oprimidos de então.

Também no século XIX, outras ideias vieram questionar o sistema de valores das revoluções liberais. O socialismo e o comunismo, baseados sobretudo nas teorias de Karl Marx, viam as sociedades e seus sistemas políticos a partir do prisma da luta de classes. Para Marx, a sociedade capitalista – que atingira seu ápice com a revolução industrial – se divide em duas classes: o proletariado, ou seja, a massa

---

[14] O artigo 1, seção 2, cláusula 3 da Constituição dos Estados Unidos tinha a seguinte redação: "*Representatives and direct Taxes shall be apportioned among the several States which may be included within this Union, according to their respective Numbers, which shall be determined by adding to the whole Number of free Persons, including those bound to Service for a Term of Years, and excluding Indians not taxed, three fifths of all other Persons.*" O termo "todas as outras pessoas" referia-se à população escravizada. Isto é, para determinar a representação de cada estado no congresso, assim como para fins tributários, se contariam as pessoas livres, se excluiria a população indígena não tributada, e se adicionaria 3/5 do número total de pessoas escravizadas. Muitos líderes abolicionistas dos Estados Unidos rejeitavam a Constituição por ser um documento escravista.

[15] Veja-se, por exemplo, o discurso proferido por Frederick Douglass em 5 de julho de 1852 em Rochester. Frederick Douglass, *Oration Delivered In Corinthian Hall, Rochester*, 1852.

[16] Veja-se, a respeito: Angela Alonso, *Flores, votos e balas: o movimento abolicionista brasileiro (1868-1888)*, 2015.

Cap. 2 · A AFIRMAÇÃO HISTÓRICA DOS DIREITOS HUMANOS | 23

de trabalhadores que vende sua força de trabalho, e os detentores dos meios de produção, que explora o proletariado visando a obtenção de lucro. Segundo esta concepção, o Estado liberal serve aos interesses da classe proprietária, e os direitos que proclama são promessas vazias frente à exploração material dos trabalhadores. Em outras palavras: de que adianta proclamar o direito humano à propriedade, protegendo-a de interferências indevidas do Estado, se a grande maioria do povo é desprovida de qualquer bem e muitos sequer têm meios para garantir seu sustento? Denunciando essas limitações da declaração meramente formal da liberdade do povo e condenando sua apropriação ideológica como instrumento da classe dominante, Marx defendia a expansão do projeto de liberdade, para incorporar a igualdade material como necessária para a dignidade dos indivíduos.

Muitas vezes inspirados pelo socialismo e pelo comunismo, trabalhadores de diferentes países se organizaram para exigir condições de vida mais dignas, levando a consequências diversas. No início do século XX, a Revolução Russa demonstrou que a organização trabalhadora poderia levar à mudança completa do Estado, que passaria a se organizar por valores orientados ao comunismo. Em outras circunstâncias, a luta por melhores condições levou a reformas do Estado, agregando as demandas da classe trabalhadora aos sistemas políticos e jurídicos existentes. Nessa perspectiva, os direitos humanos deixaram de ser entendidos apenas como garantias da liberdade privada individual, visto que a proteção da dignidade de todos demanda também atuação estatal para regular as relações de trabalho, assim como para prover saúde, educação e assistência social. Marcos desse processo incluem a Constituição Mexicana de 1917 (que estabeleceu o direito ao trabalho e à previdência social) e a Constituição de Weimar, na Alemanha (que protegeu direitos sociais).[17]

Durante o século XX e início do século XXI, a concepção de que há direitos essenciais que devem ser protegidos em nome da dignidade humana, assim como o rol de direitos abarcados por essa ideia, continuou a se expandir. Ao lado dos direitos associados à liberdade privada e dos direitos relacionados a conquistas sociais, os contínuos efeitos da degradação ambiental provocaram a proclamação do direito a um meio ambiente saudável. Reflexões advindas de sociedades não ocidentais levaram à afirmação de direitos dos povos, como o direito coletivo à propriedade de terras indígenas. Ao mesmo tempo, demandas de países em desenvolvimento levaram à elaboração da ideia de *direito ao desenvolvimento*, de titularidade coletiva, que expressa a ideia de que "toda pessoa e todos os povos

---

[17] Embora estas constituições mexicana e alemã sejam consideradas marcos da consolidação dos direitos sociais, há precedentes anteriores. A Constituição da França de 1791, por exemplo, previa a criação de um "estabelecimento geral de socorros públicos" que proveria serviços de assistência a crianças e enfermos, além de trabalho àqueles que não pudessem encontrá-lo por seus próprios meios.

estão habilitados a participar do desenvolvimento econômico, social, cultural e político, para ele contribuir e dele desfrutar".[18]

Essa expansão do rol de direitos foi acompanhada também pelo desenvolvimento de instrumentos, ferramentas e mecanismos destinados a proteger esses direitos. Esse processo ocorreu não apenas no interior dos Estados, que incorporaram garantias fundamentais a suas constituições, mas também em âmbito internacional.

2.2. A INTERNACIONALIZAÇÃO DOS DIREITOS HUMANOS

Como se viu, a ideia de que há direitos essenciais à condição humana, inerentes ao ser humano independentemente de sua condição, nacionalidade ou localização (ou seja, direitos universais) não é nova. Esta ideia universalista esteve presente em diferentes correntes teóricas e políticas ao longo da história. Com a criação do Estado constitucional, a proteção desses direitos ganhou corpo, mas, ainda que sua fundamentação fosse universalista, sua proclamação e proteção se davam no âmbito do Estado nacional. Contudo, em diversas circunstâncias, a proteção nacional de direitos universais mostrou-se insuficiente. Durante o século XX, a percepção dessa insuficiência deu origem ao processo de internacionalização da proteção aos direitos humanos.

No início da era moderna, o direito internacional público era campo dominado quase exclusivamente por atores estatais, que utilizavam o direito internacional como ferramenta para afirmar seus interesses soberanos. Tratava-se do direito das fronteiras, do comércio, da paz e da guerra. A possibilidade de usar esse ferramental para proteger o indivíduo – muitas vezes contra a vontade do Estado que sobre ele exerce soberania – requereu a redefinição de concepções sobre soberania estatal e sobre quem são os sujeitos do direito internacional.

Os primeiros precedentes dessa redefinição surgiram antes mesmo do século XX. No século XIX, os tratados proibindo o tráfico de escravizados eram justificados, ao menos retoricamente, com base em ideais de dignidade. Ainda que se limitassem à faceta internacional da questão (os tratados de proibição do tráfico não impunham o fim da escravidão no interior dos Estados, pois esta era considerada uma questão doméstica), trata-se de um precedente de permeabilidade do direito internacional a valores hoje associados aos direitos humanos. Digno de nota, esses tratados tinham fortes mecanismos de implementação. Em países onde a escravidão era sistêmica e resistente, incluindo o Brasil, chegaram a ser criadas comissões mistas internacionais para fiscalizar as regras que concediam liberdade aos escravizados traficados ilegalmente.[19]

---

[18] Declaração sobre o Direito ao Desenvolvimento, 1986.

[19] Veja-se, a respeito: Beatriz G. Mamigonian. *Africanos livres: A abolição do tráfico de escravos no Brasil*, 2017.

Em 1864, Estados europeus celebraram a Convenção de Genebra para Melhoria das Condições dos Feridos e Enfermos das Forças Armadas em Campanha, conhecida como Primeira Convenção de Genebra. Por meio desse tratado, os Estados signatários se comprometeram a poupar e proteger soldados feridos, assim como as pessoas que lhes prestavam socorro e os equipamentos utilizados nessa tarefa. A Convenção é considerada como marco do nascimento do direito humanitário moderno, ramo do direito internacional que estabelece limites para a atuação dos Estados durante a guerra. Ao proteger populações civis e soldados postos fora de combate, o direito humanitário limita a soberania do Estado frente a direitos de pessoas que se encontram sob seu poder imediato.

A Liga das Nações, criada após a primeira guerra mundial para promover a cooperação entre países e a segurança internacional, também buscou traçar limites ao poder dos Estados sobre indivíduos e povos sob sua jurisdição. O Pacto da Liga das Nações, documento que a fundou, determinou que os Estados deveriam garantir condições de trabalho justas e humanas para homens, mulheres e crianças, tanto em seus territórios quanto nos países com os quais mantinham relações comerciais e industriais.[20] O Pacto também estabeleceu que Estados deveriam garantir tratamento justo às populações nativas dos territórios sob seu controle,[21] além de determinar a liberdade de consciência e religião nos territórios sujeitos ao sistema de mandatos.[22] Ainda, a organização criou mecanismos que visavam a proteção de minorias nacionais, estabelecendo direitos para aqueles cuja etnia, língua ou religião os diferenciava da maior parte dos habitantes de seus países. A Liga das Nações rapidamente se demonstrou incapaz de realizar muitos de seus objetivos, inclusive aqueles relacionados à proteção da dignidade humana. Ainda assim, os sistemas de proteção que estabeleceu, principalmente os relacionados às minorias nacionais, inspirariam o desenvolvimento de outras formas de proteção internacional durante o século XX.

Com o fim da Primeira Guerra Mundial, também foi criada a Organização Internacional do Trabalho (OIT). Ao criar a OIT, os Estados reconheciam que a melhoria das condições de trabalho ao redor do mundo era necessária não só por motivo de justiça social, mas também porque a exploração de trabalhadoras e trabalhadores levava à instabilidade, ameaçando a paz internacional. Além disso, já no início do século XX, a crescente interligação das economias do mundo dificultava a ação isolada de cada Estado neste tema – agindo coordenadamente, os Estados buscavam evitar que alguns países tivessem vantagens competitivas por submeterem seus trabalhadores a condições mais degradantes. Desde sua

---

[20] Pacto da Liga das Nações, artigo 23(a).
[21] Pacto da Liga das Nações, artigo 23(b).
[22] A Liga das Nações estabeleceu um sistema de "mandatos", por meio do qual determinados Estados administravam territórios e colônias que haviam deixado de estar sob a soberania dos países que os governavam antes da guerra. Veja-se: Pacto da Liga das Nações, artigo 22.

criação até os dias de hoje, a OIT reúne representantes de Estados, trabalhadores e empregadores, estabelecendo normas internacionais de proteção ao trabalhador e atuando em prol de sua implementação.

Cada um a sua maneira, estes precedentes indicavam a erosão da ideia de que o Estado tem poder absoluto sobre as pessoas em sua jurisdição. O direito internacional começava a indicar que a dignidade, igualdade e justiça social eram de interesse da comunidade internacional e deveriam ser protegidos por ela.

Essas ideias se fortaleceram após a Segunda Guerra Mundial. As barbáries dos anos 1930 e 1940 escancararam o horror que pode resultar do poder absoluto dos Estados sobre indivíduos em seu território, com a eliminação completa não apenas da existência digna, mas também da própria existência física de populações inteiras. A ideia de valor intrínseco da pessoa humana, elaborada ao longo de séculos por diferentes tradições do pensamento, sofreu uma ruptura absoluta com o holocausto. Conforme discutido por Hannah Arendt, o campo de concentração, expressão máxima do totalitarismo, reduziu populações à condição de seres supérfluos e descartáveis, sem qualquer valor.[23] Por um lado, essa ruptura levou à necessidade de reconstrução da ideia de direitos humanos, a partir da reafirmação do valor intrínseco da pessoa e da afirmação do *direito a ter direitos*.[24] Por outro, o holocausto demonstrou os riscos de uma proteção meramente nacional dos direitos humanos: tratar as relações entre governantes e governados como tema exclusivamente doméstico abre espaço para a barbárie de um governo contra seu próprio povo, para crimes como o genocídio, que por sua natureza destroem não apenas as vítimas mas também agridem a humanidade, além de gerar riscos para a paz e a segurança internacionais. Assim, no pós-guerra, a proteção dos direitos humanos se consolidou como questão de legítimo interesse da comunidade internacional.

Este reconhecimento de que a preocupação de atores estatais e não estatais com a dignidade dos habitantes de outros Estados é legítima e necessária é a base do processo de internacionalização dos direitos humanos.[25] Sobre esta premissa, formaram-se sistemas normativos e quadros institucionais destinados a combater, em nome da comunidade internacional, violações de direitos cometidas por Estados contra pessoas por eles governadas – ou, ainda, violações que o Estado não comete diretamente mas tolera, se omitindo ou falhando na proteção de direitos. Ao instituir mecanismos de monitoramento e responsabilização dos Estados por sua conduta na área de direitos humanos, o sistema internacional se constituiu

---

[23] Hannah Arendt, *As origens do totalitarismo*, 10ª reimpressão, 2012. Veja-se especialmente o capítulo III.3: O Totalitarismo no Poder.

[24] Veja-se, a respeito, Celso Lafer, *A Reconstrução dos Direitos Humanos*, 1988, p. 35.

[25] Kathryn Sikkink, Human Rights: principles issue-networks and sovereignty in Latin America. In: International Organizations, 1993, p. 413.

como uma garantia adicional de proteção, complementando a proteção nacional quando esta se demonstra falha, insuficiente ou inexistente.

Tais mecanismos, portanto, abandonam a ideia de poder absoluto do Estado sobre aquilo que se passa em seu território. O conceito de soberania, porém, não foi deixado de lado. Ao ingressar em sistemas internacionais de proteção, os Estados se comprometem a proteger os direitos humanos e consentem com o monitoramento da comunidade internacional a esse respeito. Assim, a criação de uma camada complementar de proteção aos direitos humanos, que vai além da esfera nacional, é, em si, uma manifestação da vontade do Estado, que concorda em submeter-se a ela em prol da proteção dos direitos das pessoas sob sua jurisdição, caso no futuro estes se vejam ameaçados ou violados.

A internacionalização dos direitos humanos também contribuiu para um processo de democratização da esfera internacional. Se antes os Estados eram os únicos atores, aos poucos, o cenário internacional foi admitindo outros sujeitos. Ao longo do século XX, o aumento expressivo do número de organizações internacionais e a independência de um grande número de Estados recém-saídos de situações de colonialismo provocaram mudanças nos sujeitos desse espaço. Com a internacionalização dos direitos humanos, o indivíduo passou a ser titular de direitos na esfera internacional, ganhando voz e possibilidades de atuação. Paralelamente, as organizações não governamentais também passaram a ter espaço, especialmente em instituições internacionais de direitos humanos, que passaram a se constituir como verdadeiros fóruns de diferentes atores engajados com a proteção de direitos. Dessa forma, com a proteção internacional dos direitos humanos, fortaleceu-se também a *sociedade civil internacional*, um grupo heterogêneo de atores não estatais engajados com as relações internacionais e a comunidade global.

2.3. O SURGIMENTO DOS SISTEMAS INTERNACIONAIS DE DIREITOS HUMANOS

A criação dos sistemas internacionais de proteção aos direitos humanos ocorreu paralelamente em âmbito *global* e em âmbito *regional*.

O termo *sistema global de direitos humanos* se refere às normas e mecanismos desenvolvidos no âmbito da Organização das Nações Unidas, abertos à participação de todos os Estados do mundo, sem restrições associadas à geografia ou outros fatores sociais, políticos e culturais. O marco inaugural do sistema global é a Carta das Nações Unidas, adotada em 1945 em São Francisco, Estados Unidos (por isso, ela também é conhecida como Carta de São Francisco).

A Carta da ONU criou a Organização das Nações Unidas, estabelecendo seus propósitos, suas regras e sua estrutura. A criação da ONU instaurou um novo modelo para as relações internacionais, marcado pela cooperação em prol da paz e da segurança coletiva, assim como de objetivos amplos da comunidade global (incluindo a solução de disputas, o desenvolvimento socioeconômico, a proteção da saúde, a preservação do meio ambiente e a promoção dos direitos humanos). Reconhecendo que os direitos humanos são fundamentais para a manutenção de uma ordem internacional justa e pacífica, a Carta inclui dispositivos diretamente relacionados à sua proteção. Já em seu preâmbulo, reafirma "a fé nos direitos fundamentais do homem, na dignidade e no valor do ser humano, na igualdade de direito dos homens e das mulheres"; posteriormente, em seus parágrafos operativos, inclui a garantia aos direitos humanos como um de seus propósitos e estabelece o compromisso dos Estados em cooperar para favorecer "o respeito universal e efetivo dos direitos humanos e das liberdades fundamentais para todos".

Completando esses compromissos, os Estados membros da organização adotaram uma declaração de direitos que define e detalha o que são direitos humanos. A Declaração Universal dos Direitos Humanos, adotada em Paris em 1948, é um reflexo do consenso entre os Estados que a redigiram sobre quais são os direitos universais das pessoas. Trata-se de uma lista ampla, que inclui tanto os direitos associados à tradição liberal, como a propriedade e a liberdade religiosa, quanto os direitos que haviam se fortalecido com as lutas sociais dos séculos XIX e XX, como o direito à segurança social e a condições dignas de trabalho. Ainda, a declaração inclui direitos cuja importância havia sido tragicamente demonstrada pelos eventos da Segunda Guerra Mundial, como o direito à nacionalidade, à não discriminação, e a buscar asilo em caso de perseguição.

Paralelamente a estes acontecimentos, países americanos desenvolveram iniciativas semelhantes em âmbito regional. Assim como a Liga das Nações precedera a formação das Nações Unidas, os Estados das Américas já vinham desenvolvendo iniciativas de cooperação regional há décadas, por meio da realização de uma série de conferências regionais e da criação de instituições como a União Pan-Americana. Em 1948, reunidos em Bogotá, os países deram o próximo passo nessa experiência por meio da adoção da Carta da OEA, que criou a Organização dos Estados Americanas. A Carta, que seria emendada quatro vezes ao longo das décadas seguintes, já então trazia disposições sobre a proteção aos direitos humanos.

Mesmo antes da adoção da Declaração Universal dos Direitos Humanos, os Estados das Américas adotaram sua própria declaração de direitos, a Declaração Americana dos Direitos e Deveres do Homem. As delegações de países americanos foram importantes no processo de negociação da declaração universal, de modo que a elaboração de ambos os documentos pode se beneficiar de influências mútuas. Assim como a Declaração Universal, a Declaração Americana também estabelece um amplo leque de direitos fundamentais, incluindo direitos civis, políticos, econômicos, sociais e culturais.

A Carta da ONU, a Declaração Universal, a Carta da OEA e a Declaração Americana foram os marcos iniciais do Sistema Global de Direitos Humanos e do Sistema Interamericano de Direitos Humanos, respectivamente. Como se verá no capítulo 4 e subsequentes, esses sistemas cresceram e se consolidaram progressivamente por meio da adoção de uma série de instrumentos normativos, da instauração

Cap. 2 • A AFIRMAÇÃO HISTÓRICA DOS DIREITOS HUMANOS | 29

de mecanismos e instituições, e da evolução contínua em resposta às mudanças e exigências de cada tempo. Como também se verá, o Sistema Interamericano não é o único sistema regional, tendo importantes pares em outras regiões do globo.

2.4. A EMERGÊNCIA DE UM NOVO PARADIGMA

Durante o século XX, paralelamente à criação e ao fortalecimento de sistemas internacionais de direitos humanos, os sistemas de proteção nacionais também se transformaram. Ao se somarem a mecanismos internacionais de proteção, os Estados se vincularam a normas internacionalmente estabelecidas e aderiram a formas de monitoramento e responsabilização internacionais. De diferentes maneiras, os sistemas jurídicos nacionais incorporaram essas fontes internacionais do direito, e desenvolvem mecanismos para interagir com os órgãos internacionais de proteção. Em países latino-americanos, incluindo o Brasil, esse processo resultou na consolidação de ordens jurídicas permeáveis, que se abrem para a influência de sistemas internacionais de direitos humanos. Quebra-se, assim, a rígida pirâmide normativa kelseniana, que concebia o direito de cada país como um sistema puro e auto-referenciado, fechado a influências externas.

No âmbito normativo, essa permeabilidade se consubstancia de duas formas principais. A primeira é por meio da incorporação de tratados internacionais ao ordenamento jurídico interno. Embora seja um processo tradicional do direito internacional, a incorporação de tratados é um primeiro sinal de abertura da ordem doméstica a fontes internacionais, já que o processo legislativo deixa de ser uma atividade puramente nacional, aceitando como fonte regras elaboradas externamente. Ao invés de criar, desenvolver e negociar normas, os órgãos legislativos aceitam que, no caso de tratados internacionais, seu papel é apenas aceitar – ou não – a incorporação de regras pré-estabelecidas ao ordenamento jurídico doméstico. A segunda forma, mais incisiva, é por meio da adoção de cláusulas constitucionais abertas ao direito internacional dos direitos humanos.[26] Essas cláusulas conferem status constitucional a direitos humanos internacionalmente estabelecidos. Diz-se que elas são cláusulas abertas pois não há um rol pré-determinado de direitos ou tratados incluídos ao texto constitucional: ao adotá-las, os Constituintes referem-se tanto a normas estabelecidas e incorporadas no passado quanto a possíveis tratados futuros em matéria de direitos humanos. Assim, abrem o texto constitucional a uma interlocução contínua com a esfera internacional, vinculando-se a uma visão internacionalista da proteção de direitos humanos.

---

[26] Além do Brasil, vários países latino-americanos também adotaram cláusulas constitucionais dessa natureza. Como exemplo, cita-se a Constituição Argentina, tal qual modificada pela reforma constitucional de 1994; as Constituições de 1979 e de 1993 do Peru; a Constituição Colombiana de 1991, reformada em 1997; a Constituição do Chile de 1980, conforme reforma de 1989; a Constituição de 2009 da Bolívia; e a Constituição de 2008 do Equador. Veja-se, a respeito: Flávia Piovesan, *Temas de Direitos Humanos*, 2018, p. 152.

Além da elaboração de normas, outro foco de permeabilidade dos ordenamentos jurídicos ao direito internacional dos direitos humanos está nas decisões judiciais. O diálogo jurisdicional entre cortes domésticas e internacionais, assim como entre cortes nacionais de diferentes países, resulta em decisões nacionais que fazem referência a precedentes judiciais externos, que utilizam argumentos desenvolvidos em outras jurisdições, e mesmo que implementam estratégias e mecanismos elaborados em outros locais.[27]

O diálogo entre cortes não é um fenômeno exclusivo de decisões judiciais relacionadas ao direito internacional dos direitos humanos. É frequente, por exemplo, a referência do Supremo Tribunal Federal a outras cortes constitucionais em decisões sobre diferentes temas.[28] Além disso, esse diálogo pode se dar de formas variadas, que vão desde citações passageiras em *obter dictum* até a formação da razão de decidir. Dentre essas formas diversas de diálogo, há uma, contudo, que é particularmente relevante para o direito internacional dos direitos humanos e, mais especificamente, para o Sistema Interamericano de Direitos Humanos: o controle de convencionalidade.[29]

O controle de convencionalidade consiste na análise da compatibilidade entre uma norma ou conduta estatal e os deveres estabelecidos por parâmetros internacionais. Trata-se de análise similar ao controle de constitucionalidade, com a diferença que o parâmetro para um é a Constituição e, para o outro, uma convenção ou norma internacional. A atividade das cortes internacionais de direitos humanos consiste em um exercício contínuo do controle de convencionalidade, uma vez que suas decisões determinam se os Estados agiram ou não em conformidade com as convenções aplicáveis.

Além desse controle de convencionalidade realizado pelas cortes internacionais, também juízes nacionais devem incorporar normas internacionais como parâmetros em sua análise. Sendo as convenções internacionais ratificadas pelo Estado e, por tanto, incorporadas ao ordenamento jurídico doméstico, o juiz nacional tem o dever de aplicá-las em suas decisões. Esse exercício do controle de convencionalidade por juízes domésticos amplia o alcance e efetividade das normas internacionais. Por isso,

---

[27] Um exemplo é a doutrina do *estado de coisas inconstitucional,* desenvolvida pelo sistema judicial colombiano e aplicada no Brasil pelo Supremo Tribunal Federal na ADPF 347. Veja-se: Supremo Tribunal Federal, Arguição de Descumprimento de Preceito Fundamental n. 347 – Distrito Federal. 2015. Relator Ministro Marco Aurélio.

[28] Sobre o assunto, veja-se: Virgílio Afonso da Silva, Integração e diálogo constitucional na América do Sul in Armin von Bogdandy, Flávia Piovesan, Mariela Morales Antoniazzi (orgs.), *Direitos humanos, democracia e integração jurídica na América do Sul,* Rio de Janeiro: Lumen Juris, 2010, p. 515-530.

[29] Para mais detalhes sobre o controle de convencionalidade, veja-se Claudio Nash Rojas, Control de convencionalidad. Precisiones conceptuales y desafíos a la luz de la jurisprudencia de la Corte Interamericana de Derechos Humanos, *Anuario de Derecho Constitucional Latinoamericano,* Año XIX, Bogotá, 2013, p. 489-509.

atores do Sistema Interamericano de Direitos Humanos têm buscado fortalecê-lo, seja desenvolvendo normativamente a doutrina do controle de convencionalidade, seja realizando atividades de cooperação e formação com judiciários locais, para aumentar o conhecimento e a consequente implementação de parâmetros interamericanos.

Ao realizar o controle de convencionalidade, é importante que os juízes não apenas recorram ao texto dos tratados internacionais, mas também à interpretação que as cortes internacionais fazem dele. No caso do Sistema Interamericano, a Corte Interamericana é intérprete autêntico dos dispositivos da Convenção Americana, conforme determinado pelo texto do próprio tratado. Por isso, ao referir-se à Convenção, os juízes devem estar atentos para a forma como a Corte Interamericana a interpreta. Caso contrário, corre-se o risco de que cada país desenvolva sua própria interpretação do instrumento internacional, esvaziando o projeto de internacionalização dos direitos humanos.[30] No sentido contrário, ao aplicar o tratado tal qual interpretado pelos órgãos internacionais competentes para tanto, o juiz fortalece a proteção universal dos direitos e evidencia a permeabilidade da ordem jurídica ao direito internacional dos direitos humanos.

De modo ainda mais direto, ao ratificar tratados internacionais e aceitar a competência de cortes internacionais de direitos humanos, os Estados se abrem para a possibilidade de terem que implementar decisões tomadas por estes órgãos. Os ordenamentos jurídicos nacionais variam na forma como realizam esta tarefa: em alguns casos, há leis e mecanismos estabelecendo claramente como deve ocorrer a implementação de uma decisão internacional; em outros, o Judiciário lidera este processo; e há ainda locais, como o Brasil, em que o Poder Executivo exerce essa função, criando arranjos *ad hoc* para implementar cada decisão internacional.

Por fim, o paradigma da ordem jurídica permeável se verifica não apenas nas leis e decisões judiciais, mas também na sociedade. Como padrão de conduta, o direito estabelece expectativas e define interações sociais, ainda que estas jamais cheguem às cortes ou outras instituições formais. Na ordem jurídica permeável, também estas esferas sociais de normatividade estão abertas ao direito internacional dos direitos humanos. As normas internacionais permeiam discursos, são utilizadas como argumentos, e influenciam condutas. Isto ocorre dentro do Estado, por exemplo, por meio de esforços intra e interinstitucionais para implementar parâmetros internacionais de direitos humanos; mas também na sociedade civil, com o direito internacional dos direitos humanos fornecendo ferramentas de pressão para movimentos sociais e organizações não governamentais, por exemplo. De modo ainda mais difuso, as normas internacionais fazem-se presentes no debate público: nos jornais, nas instituições de ensino, nas discussões políticas, e em inúmeras outras formas de interação social.

---

[30] Sobre a interpretação internacionalista, veja-se: André de Carvalho Ramos, *Teoria Geral dos Direitos Humanos*, 2013, p. 292-302.

 Questões objetivas

1. Qual das frases abaixo sobre as origens filosóficas e históricas dos direitos humanos está *incorreta*?

   a) Na Antiguidade, a democracia ateniense já se baseava na ideia de que a participação dos cidadãos na formação do direito é uma forma de avançar os interesses da coletividade.

   b) Para os estoicos, o grau de bem-estar de cada pessoa devia ser determinado pela sociedade em que vive e por sua posição nela.

   c) A modernidade foi marcada pelo giro em direção ao indivíduo, que está na base de correntes filosóficas como o contratualismo.

   d) Marxistas, comunistas e socialistas consideravam que direitos de liberdade individual eram promessas vazias frente às realidades da classe trabalhadora.

2. Após a Segunda Guerra Mundial, a comunidade internacional criou sistemas internacionais de proteção aos direitos humanos. Houve precedentes do processo de internacionalização dos direitos humanos *anteriores* a esse momento histórico?

   a) Sim. Os tratados relacionados ao tráfico de escravos, as convenções de direito internacional humanitário, alguns mecanismos da Liga das Nações e a criação da Organização Internacional do Trabalho são precedentes do processo de internacionalização dos direitos humanos.

   b) Não. O processo de internacionalização dos direitos humanos se iniciou somente com a criação da Organização das Nações Unidas, em 1945.

   c) Sim. As constituições advindas das revoluções liberais e a Revolução Russa de 1917 são precedentes do processo de internacionalização dos direitos humanos.

   d) Sim. O fortalecimento dos Estados-nação e a consolidação da soberania estatal a partir dos Tratados de Vestfália foram os primeiros sinais da centralidade do direito internacional dos direitos humanos nas relações internacionais da era moderna.

3. A Declaração Universal dos Direitos Humanos:

   a) Foi o primeiro documento internacional a listar direitos humanos de modo detalhado.

b) Protege apenas direitos relacionados a liberdades privadas, como o direito à propriedade.

c) Foi adotada em 1945 na cidade de São Francisco, Estados Unidos.

d) Resulta do consenso entre os Estados que a redigiram sobre quais são os direitos universais das pessoas.

 Questões dissertativas

4. Tradições filosóficas da Antiguidade colaboram com a ideia que um dia se tornaria o conceito de direitos humanos? Explique.

5. O que é o processo de internacionalização dos direitos humanos?

6. Descreva formas de permeabilidade das ordens jurídicas nacionais ao direito internacional dos direitos humanos.

 Caso prático

Juliana dos Santos é juíza federal em uma cidade brasileira localizada no Amazonas. No dia 3 de agosto de 2020, Juliana recebeu uma Ação Civil Pública do Ministério Público Federal sobre a construção de uma hidroelétrica de grandes proporções. Segundo o Ministério Público, a construção da usina afetará os direitos de uma comunidade indígena que habita terras localizadas à jusante da futura hidroelétrica. Além da Constituição Federal e das leis brasileiras, a decisão de Juliana deve considerar normas internacionais de direitos humanos? Por quê?

 Filmografia

 Antígona (1961)
https://uqr.to/q9lm

Germinal (1993)
https://uqr.to/q9lp

A Lista de Schindler (1993)
https://uqr.to/q9lq

O Julgamento de Nuremberg (2000)
https://uqr.to/q9lr

Hannah Arendt - Ideias que Chocaram o Mundo (2012)
https://uqr.to/q9ls

Capítulo 3
PRINCÍPIOS DE DIREITOS HUMANOS

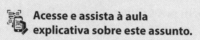

Acesse e assista à aula explicativa sobre este assunto.
> https://uqr.to/q9nr

3.1. DIGNIDADE DA PESSOA HUMANA

No capítulo 2, discutimos a formação da ideia de direitos humanos, assim como suas bases históricas e filosóficas. Como visto, parte fundamental dessa ideia é o conceito de *dignidade da pessoa humana*. Seguindo a lição kantiana de que todo ser racional – portanto, toda a pessoa – é um fim em si, a dignidade reflete o valor intrínseco desse ser, que se revela em sua unidade ético-espiritual e em seu desejo de se autodeterminar e se desenvolver.[1] A dignidade humana se materializa quando o indivíduo e sua comunidade têm a possibilidade de realizar plenamente suas capacidades, o que demanda não apenas uma vida livre de opressão, violência e discriminação, mas também condições materiais, sociais e culturais. Em outras palavras, a concretização da dignidade humana depende da realização do espectro completo dos direitos humanos, incluindo tanto o direito à vida, à liberdade e outros direitos civis, como também a possibilidade de participar da determinação dos rumos da sociedade (direitos políticos), condições justas de trabalho e subsistência (direitos econômicos), o acesso à educação, à saúde e a outras formas de apoio e proteção social (direitos sociais), assim como o acesso à cultura e o desfrute de um meio ambiente saudável.

A dignidade humana é o fundamento valorativo de onde irradiam esses direitos. Não se trata de um direito autônomo, mas sim do princípio central em que se baseiam todos os direitos humanos, constituindo o centro axiológico de sistemas jurídicos baseados em direitos, sejam eles nacionais ou internacionais.[2]

---

[1] José Afonso da Silva, *A dignidade da pessoa humana como valor supremo da democracia*, R. Dir. Adm., Rio de Janeiro, 212, abr./jun. 1998, p. 93.
[2] André de Carvalho Ramos, *Curso de Direitos Humanos,* 2016, p. 77.

Essa posição da dignidade humana como centro e origem dos direitos humanos está consagrada nos principais instrumentos internacionais de proteção.[3] De modo ilustrativo, a primeira disposição do documento inaugural do sistema global de direitos humanos, a Declaração Universal dos Direitos Humanos, dispõe que "o reconhecimento da dignidade inerente a todos os membros da família humana e de seus direitos iguais e inalienáveis é o fundamento da liberdade, da justiça e da paz no mundo". Os preâmbulos do Pacto Internacional dos Direitos Civis e Políticos e do Pacto Internacional dos Direitos Econômicos, Sociais e Culturais também se iniciam com menções ao princípio, reconhecendo que os direitos estabelecidos por estes tratados "decorrem da dignidade inerente à pessoa humana". Disposições desta natureza são encontradas também nos primeiros parágrafos preambulares da Convenção sobre a Eliminação de Todas as Formas de Discriminação contra a Mulher, da Convenção Internacional sobre a Eliminação de todas as Formas de Discriminação Racial e da Convenção sobre os Direitos das Crianças, assim como de outros instrumentos do sistema global de proteção aos direitos humanos. Sendo o preâmbulo uma das fontes a que se deve recorrer para interpretar um tratado internacional,[4] o princípio da dignidade humana se projeta sobre todo o texto dessas convenções. Dessa forma, o princípio não apenas é fundamento teleológico para o sistema global de proteção aos direitos humanos, mas também condiciona a interpretação de suas principais normas.

No âmbito doméstico, Constituições elaboradas desde o pós-Guerra são, em geral, dotadas de elevada carga axiológica, se abrindo à força normativa dos princípios e à centralidade do princípio da dignidade humana.[5] Os princípios fundamentais de cada uma destas Constituições revelam seu núcleo, de onde se extrai toda sua força normativa e, por isso, estes mandamentos moldam todo o ordenamento jurídico subjacente. Em particular, na América Latina, a abertura das Constituições a princípios e a incorporação do valor da dignidade humana como centro do ordenamento são marcas das Constituições promulgadas durante processos de democratização política.

---

[3] Vale ressaltar que, para além dos sistemas de direitos humanos, o princípio da dignidade humana também é central para o sistema internacional contemporâneo de modo mais amplo. Nesse sentido, o preâmbulo da Carta das Nações Unidas dispõe: "NÓS, OS POVOS DAS NAÇÕES UNIDAS, RESOLVIDOS a preservar as gerações vindouras do flagelo da guerra, que por duas vezes, no espaço da nossa vida, trouxe sofrimentos indizíveis à humanidade, e **a reafirmar a fé nos direitos fundamentais do homem, na dignidade e no valor do ser humano, na igualdade de direito dos homens e das mulheres,** assim como das nações grandes e pequenas, e a estabelecer condições sob as quais a justiça e o respeito às obrigações decorrentes de tratados e de outras fontes do direito internacional possam ser mantidos, e a promover o progresso social e melhores condições de vida dentro de uma liberdade ampla." (grifos nossos).

[4] Convenção de Viena sobre direito dos tratados, artigo 31.2.

[5] Veja-se, a respeito: Flávia Piovesan e Renato Stanziola Vieira, *A força normativa dos princípios constitucionais fundamentais: a dignidade da pessoa humana* in: Flávia Piovesan Temas de Direitos Humanos, 2018, pp. 611-615.

No Brasil, a Constituição de 1988 estabeleceu sistema dessa natureza, privilegiando e potencializando a força normativa dos princípios fundamentais. Sem entrar na discussão sobre o conceito de princípio e sua operacionalização no sistema jurídico,[6] vale recordar a lição de Celso Antônio Bandeira de Mello, segundo quem um princípio "é, por definição, mandamento nuclear de um sistema, verdadeiro alicerce dele, disposição fundamental que se irradia sobre diferentes normas compondo-lhes o espírito e servindo de critério para sua exata compreensão e inteligência, exatamente por definir a lógica e a racionalidade do sistema normativo, no que lhe confere a tônica e lhe dá sentido harmônico".[7] Isto é, os princípios conferem racionalidade, unidade e sentido para o ordenamento jurídico, devendo ser considerados desde a formulação de normas em abstrato até a decisão de casos concretos.[8]

Entre os princípios fundamentais da ordem brasileira, o princípio da dignidade humana possui força deontológica predominante. A doutrina o caracteriza como "princípio fundamental da ordem jurídica"[9] e, para José Afonso da Silva, ele chega a extrapolar o âmbito do direito, constituindo-se como valor supremo da ordem política, social, econômica e cultural.[10] Assim, se os princípios fundamentais perpassam o ordenamento jurídico, a dignidade humana constitui-se como verdadeiro centro do direito brasileiro, que deve se orientar de forma sistêmica para a proteção dos direitos humanos.

De modo concreto, a dignidade humana é expressamente descrita pela Constituição Federal como um dos fundamentos da República Federativa do Brasil,[11] e o texto constitucional usa o conceito de dignidade para definir tanto os rumos do país,[12] quanto os direitos de seus cidadãos.[13] Adicionalmente a estas menções

---

[6]   Veja-se, a respeito, Ronald Dworkin, *Levando os direitos a sério,* 1977; Robert Alexy, *Teoria dos Direitos Fundamentais,* 1985.

[7]   Celso Antônio Bandeira de Mello, *Curso de Direito Administrativo,* 1995, p. 545.

[8]   Veja-se, a respeito: Flávia Piovesan e Renato Stanziola Vieira, *A força normativa dos princípios constitucionais fundamentais: a dignidade da pessoa humana* in: Flávia Piovesan, Temas de Direitos Humanos, 2018, pp. 611-643.

[9]   Ana Paula de Barcellos, *A eficácia jurídica dos Princípios Constitucionais,* 2002, p. 206,

[10]   José Afonso da Silva, *A dignidade da pessoa humana como valor supremo da democracia,* R. Dir. Adm., Rio de Janeiro, 212, abr./jun. 1998, p. 92.

[11]   Constituição Federal, artigo 1º, III.

[12]   Por exemplo, o artigo 170 da Constituição dispõe: "A ordem econômica, fundada na valorização do trabalho humano e na livre iniciativa, tem por fim assegurar a todos existência digna, conforme os ditames da justiça social (...)".

[13]   Por exemplo, o artigo 226, que trata da especial proteção à família, assim estabelece: "§ 7º Fundado nos princípios da dignidade da pessoa humana e da paternidade responsável, o planejamento familiar é livre decisão do casal, competindo ao Estado propiciar recursos educacionais e científicos para o exercício desse direito, vedada qualquer forma coercitiva por parte de instituições oficiais ou privadas."

expressas, a dignidade age como princípio orientador e fundamento dos direitos estabelecidos ao longo de toda a Constituição, especialmente em seu título II ("Dos Direitos e Das Garantias Fundamentais").

Aplicando estes ditames a casos concretos, a jurisprudência brasileira utiliza o conceito de dignidade humana de modo extensivo. Segundo André de Carvalho Ramos, os tribunais nacionais se baseiam no princípio da dignidade humana como fundamento para tomar decisões de quatro tipos principais: decisões que utilizam o princípio para criar novos direitos, decisões que o usam para colocar limites na ação estatal, decisões nas quais a dignidade é utilizada como fundamento para interpretar direitos existentes, e decisões que a usam para ponderar diferentes direitos.[14]

A primeira destas quatro formas de uso habitual do princípio da dignidade humana pela jurisprudência, a criação de direitos, se baseia na ideia de que há direitos implícitos no ordenamento jurídico. Isto é, embora não estejam expressamente determinados pelo texto da Constituição e das leis, há direitos que existem pois são decorrências do princípio da dignidade humana. Com base nesta premissa, os tribunais utilizam o princípio para declarar e formular o conteúdo de novos direitos derivados da dignidade. Trata-se da chamada eficácia positiva do princípio da dignidade humana.[15]

Ao lado da eficácia positiva, há também a eficácia negativa do princípio da dignidade humana. Trata-se de decisões judiciais que se baseiam na dignidade humana para determinar limites à atuação do Estado. Além de restrições diretamente estabelecidas por direitos autônomos (por exemplo, a proibição da tortura limita a ação estatal para preservar a dignidade da pessoa potencialmente exposta a esse risco), a dignidade surge como fundamento também para estabelecer limites a agentes do Estado em situações concretas, não necessariamente englobadas textualmente pelo rol de direitos humanos. Por exemplo, o Supremo Tribunal Federal determinou que o uso desnecessário de algemas viola a dignidade da pessoa detida.[16]

---

[14]   André de Carvalho Ramos, *Curso de Direitos Humanos*, 2016, p. 78-80.

[15]   Ibid., p. 79.

[16]   Veja-se trecho de uma das decisões do tribunal sobre o tema: "Segundo o artigo 1º da Carta Federal, *a própria República tem como fundamento a dignidade da pessoa humana*. Da leitura do rol das garantias constitucionais - artigo 5º -, depreende-se a preocupação em resguardar a figura do preso. A ele é assegurado o respeito à integridade física e moral - inciso XLIX. (...) Ora, estes preceitos - a configurarem garantias dos brasileiros e dos estrangeiros residentes no país - repousam no inafastável tratamento humanitário do cidadão, *na necessidade de lhe ser preservada a dignidade*. Manter o acusado em audiência, com algema, sem que demonstrada, ante práticas anteriores, a periculosidade, significa colocar a defesa, antecipadamente, em patamar inferior, *não bastasse a situação de todo degradante*" (grifos nossos). Supremo Tribunal Federal, Habeas Corpus 91.952-9 – São Paulo. 2008. Relator Ministro Marco Aurélio.

Cap. 3 • PRINCÍPIOS DE DIREITOS HUMANOS | 39

Por fim, completando as quatro formas de utilização identificadas por Carvalho Ramos, estão as decisões que usam a dignidade da pessoa humana como base para realizar a interpretação de um direito e as decisões que utilizam o princípio durante a ponderação entre direitos. Por exemplo, o Supremo Tribunal Federal se baseou no princípio da dignidade humana para interpretar o significado do direito à razoável duração do processo[17] em casos concretos.[18] Já no chamado caso Ellwanger,[19] a Corte utilizou o princípio da dignidade humana como uma das fontes interpretativas para resolver um conflito entre o direito à liberdade de expressão[20] e a proibição do racismo.[21] Trava-se do caso de uma pessoa condenada por escrever, editar, divulgar e comercializar material antissemita. Nessa ocasião, a Corte estabeleceu que "as liberdades públicas não são incondicionais, por isso devem ser exercidas de maneira harmônica", concluindo que, naquele caso, os princípios da dignidade da pessoa humana e o direito à igualdade justificavam a imposição de limites ao direito à liberdade de expressão.

3.2. UNIVERSALIDADE

Direitos humanos são universais porque são de titularidade de todas as pessoas, independentemente de sua localização, nacionalidade, raça, etnia, religião, opiniões políticas, situação socioeconômica, gênero, orientação sexual, idade ou qualquer outra condição social. Em outras palavras, o princípio da universalidade significa que todas as pessoas do mundo têm direitos humanos e que esses

---

[17] O direito à razoável duração do processo é estabelecido pelo artigo 5º da Constituição Federal nos seguintes termos: "LXXVIII - a todos, no âmbito judicial e administrativo, são assegurados a razoável duração do processo e os meios que garantam a celeridade de sua tramitação."

[18] Por exemplo, na Reclamação 5.758, a relatora estabeleceu que a dignidade do jurisdicionado era incompatível com uma suspensão do processo, visto que a pessoa já aguardava o resultado do trâmite judicial há mais de trinta anos. Segundo a relatora: "*a prestação jurisdicional é (...) uma das formas de se concretizar o princípio da dignidade humana, o que torna imprescindível que seja ela realizada de forma célere, plena e eficaz*. Não é por outro motivo que o legislador constituinte derivado inseriu o inciso LXXVIII no art. 5º da Constituição da República e explicitou que a todos 'são assegurados a razoável duração do processo e os meios que garantam a celeridade de sua tramitação'. Por esses motivos, (...) entendo não ser razoável, no caso vertente, que se determine a suspensão do Processo n. 640/1977 e se imponha a parte que aguarde o julgamento de mérito da Ação Declaratória de Constitucionalidade n. 11/DF." (grifos nossos). Supremo Tribunal Federal, Reclamação 5.758-5 – São Paulo. 2009. Relatora Ministra Cármen Lúcia.

[19] Supremo Tribunal Federal, Habeas Corpus 82.424-2 – Rio Grande do Sul. 2003. Relator Ministro Moreira Alves.

[20] Constituição Federal, artigo 5º, IV ("é livre a manifestação do pensamento, sendo vedado o anonimato") e IX ("é livre a expressão da atividade intelectual, artística, científica e de comunicação, independentemente de censura ou licença").

[21] Constituição Federal, artigo 5º, XLII: "a prática do racismo constitui crime inafiançável e imprescritível, sujeito à pena de reclusão, nos termos da lei".

40 | CURSO DE DIREITOS HUMANOS – SISTEMA INTERAMERICANO • *Piovesan e Cunha Cruz*

direitos devem ser protegidos e resguardados pelos Estados e, subsidiariamente, pela comunidade internacional, independentemente de quaisquer circunstâncias particulares aplicáveis.

O princípio da universalidade é uma decorrência lógica do próprio conceito de direitos humanos, uma vez que, se estes são direitos inerentes à condição humana, então devem ser de titularidade de todos os seres humanos. Contudo, quando se sai do campo abstrato em direção à configuração concreta dos direitos, percebe-se que a universalidade traz desafios. Diferentes sociedades e culturas possuem perspectivas distintas sobre quais são os elementos essenciais da condição humana, assim como sobre a forma como estes elementos devem ser protegidos e sobre quais os contornos dessa proteção. Dada a diversidade da experiência humana, como é possível identificar e resguardar um mesmo conjunto de direitos para pessoas cujas culturas e demandas são diversas?

Essa pergunta está na base da discussão entre *universalistas* e *relativistas*. Por um lado, universalistas defendem que há um conjunto de direitos universais cuja proteção não deve ser limitada por circunstâncias locais específicas, já que decorrem da própria condição de ser humano. Por outro, relativistas argumentam que cada sociedade tem visões próprias sobre a condição humana, e que essas perspectivas devem ser respeitadas, pois não é possível separar noções de moral e direito dos contextos socioculturais em que elas surgiram e sobre os quais produzem efeitos.

Para muitos relativistas, o direito internacional dos direitos humanos reflete uma visão ocidental sobre a dignidade humana, que resulta de processos filosóficos e históricos particulares à experiência da Europa ocidental e dos Estados Unidos da América, ignorando ou suprimindo perspectivas do Sul Global e de comunidades não ocidentais. Nesse sentido, Makau Mutua argumenta que embora os direitos humanos se apresentem como universais e neutros do ponto de vista cultural, político e ideológico, esse discurso é apenas uma máscara para uma ideologia específica: o liberalismo democrático ocidental.[22] Por isso, ainda segundo Mutua, o projeto de direitos humanos traria em seu seio uma contradição, ou inconsistência, que o enfraquece: embora se diga comprometido com a igualdade, diversidade e respeito às diferenças, o direito internacional dos direitos humanos protege esses valores *desde que* eles não interfiram com o modelo liberal ocidental, *legitimando* intervenções externas e supressão cultural em sociedades que não se encaixem nessa moldura.[23]

---

[22] Makau W. Mutua, *The Ideology of Human Rights*, 36 Va. J. Int'l L. 589, 1996.

[23] Ibid., pp. 654-657.

Cap. 3 · PRINCÍPIOS DE DIREITOS HUMANOS | 41

A identificação do direito internacional dos direitos humanos com o liberalismo ocidental embasa uma série de críticas relativistas.[24] Do ponto de vista histórico, argumenta-se que não apenas os direitos humanos estão ligados a processos históricos centrados no Ocidente, como também a Declaração Universal dos Direitos Humanos –marco inaugural e base normativa do sistema internacional de proteção – foi adotada quando muitas sociedades ainda estavam sob jugo colonial, excluindo boa parte do mundo das etapas formativas do direito internacional dos direitos humanos. À essa origem excludente, se somaria o fato contínuo de que, ao analisar a prática de diferentes sociedades ao redor do globo, não seria possível identificar direitos universalmente valorizados e protegidos. Ainda, contaria contra a universalidade dos direitos humanos o fato de que muitos Estados recorrem aos direitos humanos de modo seletivo, condenando as violações de direitos humanos de regimes adversários enquanto aceitam violações cometidas por seus aliados e/ou cometem violações em seu próprio território. De uma perspectiva cética, os direitos humanos não apenas refletiriam uma visão eurocêntrica do mundo, como também seriam apenas uma ferramenta retórica até mesmo em Estados que são parte da tradição ocidental.

A discussão sobre relativismo e universalismo foi central na II Conferência Mundial de Direitos Humanos, realizada em Viena em 1993. A Conferência contou com a participação de delegações representando 171 Estados, incluindo diversos países que haviam se tornado independentes ao longo do século XX e, portanto, não haviam participado da elaboração de documentos de direitos humanos adotados previamente pela comunidade internacional. A Conferência também teve participação substancial da sociedade civil, com acadêmicos, órgãos nacionais e internacionais de direitos humanos e mais de 800 organizações não governamentais participando oficialmente da Conferência, além de cerca de duas mil organizações reunidas no "Fórum das ONGS", organizado em paralelo. Nesse ambiente, uma parte dos Estados adotou posição relativista, argumentando que a configuração contemporânea dos direitos humanos não poderia ser mera ferramenta para imposição de valores ocidentais, devendo considerar as diferenças históricas, religiosas e culturais de cada sociedade.[25] Mais ainda, defendeu que tanto essas condições sociais quanto o grau de desenvolvimento econômico de cada país condicionam

---

[24] A obra de Pollis e Schwab é um exemplo dessas críticas, tendo evoluído ao longo do tempo e impactado significativamente a discussão sobre a universalidade dos direitos humanos. Veja-se: Adamantia Pollis e Peter Schwab, *Human Rights: Cultural and Ideological Perspectives*, 1979; Peter Schwab e Adamantia Pollis (eds.), *Toward a human rights framework*, 1982; Adamantia Pollis e Peter Schwab (eds.), *Human Rights: new perspectives, new realities*, 2000. Para uma sistematização sobre críticas relativistas, referir-se a André de Carvalho Ramos, *Teoria Geral dos Direitos Humanos*, 2013, pp. 157-177.

[25] Alberto do Amaral Jr., *Entre ordem e desordem: o direito internacional em face da multiplicidade de culturas*, Revista de Direito Constitucional e Internacional, São Paulo, v. 8, n. pp. 27-38, 2000.

a implementação local do direito internacional dos direitos humanos.[26] Conforme relatado por José Augusto Lindgren Alves:

> "Não havendo participado da elaboração e da aprovação da Declaração Universal e, em função de seus sistemas culturais, religiosos e ideológicos diferentes daqueles do Ocidente, muitos países asiáticos e africanos insurgiram-se, no processo preparatório, contra a própria ideia dos direitos humanos que inspirou o texto [da Declaração Universal de Direitos Humanos] de 48. Algumas delegações chegaram a declarar, no Plenário e nas discussões de trabalho da Conferência, que ela correspondia a uma tentativa de imposição de valores ocidentais sobre o resto do mundo. Sua aceitação de tais direitos seria, pois, sempre condicionada à adaptabilidade de cada um desses direitos aos respectivos sistemas".[27]

Essas declarações foram contrastadas com o princípio da universalidade, com diferentes delegações de Estados e organizações da sociedade civil defendendo que circunstâncias locais não poderiam justificar violações a direitos humanos. Ainda segundo Lindgren Alves, a afirmação da universalidade ganhou impulso de organizações da sociedade civil afro-asiática, sobretudo aquelas dedicadas à defesa dos direitos da mulher, que demonstraram de modo concreto que os direitos humanos encontram fundamento nas mais diversas tradições e podem ser a elas incorporados sem sacrificar a diversidade cultural.[28]

Ao final das discussões, a Declaração e Programa de Ação de Viena reafirmou o princípio da universalidade dos direitos humanos. Assim, os Estados participantes da Conferência reconheceram que "a natureza universal desses direitos e liberdades é inquestionável",[29] assim como que "embora se deva ter em mente o significado das particularidades nacionais e regionais e dos vários contextos históricos, culturais e religiosos, é dever dos Estados, independentemente dos seus sistemas políticos, econômicos e culturais, promover e proteger todos os direitos humanos e liberdades fundamentais".[30] Embora a Declaração de Viena não seja vinculante, ela é significativa por consolidar o consenso internacional quanto à universalidade dos direitos humanos, um consenso formado com participação abrangente da comunidade internacional e da sociedade civil. Além disso, a Declaração está alinhada à Convenção de Viena sobre Direito dos Tratados, que

---

[26] Ibid.

[27] José Augusto Lindgren Alves, *Direitos Humanos: o significado político da Conferência de Viena*, Lua Nova, n. 32, 1994, p. 173.

[28] Ibid.

[29] Declaração e Programação de Ação de Viena, adotada pela Conferência Mundial de Direitos Humanos em 25 de junho de 1993, artigo I.1.

[30] Ibid., artigo I.5.

Cap. 3 · PRINCÍPIOS DE DIREITOS HUMANOS | 43

possui natureza vinculante, segundo a qual não se pode invocar normas internas para justificar o inadimplemento de obrigações internacionais.[31]

A reafirmação do princípio da universalidade dos direitos humanos na Declaração e Programa de Ação de Viena se soma à adesão de um conjunto diverso de Estados aos principais tratados e convenções de direitos humanos. A partir da concordância expressa dos Estados-parte, esses tratados estabelecem normas vinculantes de direitos humanos, de inspiração universalista, que se aplicam aos mais diferentes contextos sociais, sistemas político-econômicos e perspectivas culturais. A Convenção sobre o Direito das Crianças, por exemplo, conta com 196 Estados-parte, que participaram de sua elaboração e/ou livremente optaram por aderir ao tratado universal.[32]

Os sistemas regionais de proteção aos direitos humanos também são indicação contundente de que o direito internacional dos direitos humanos se constrói a partir do aprendizado com as experiências e desafios de cada região e da complementariedade de diferentes perspectivas regionais. Como se verá, as Américas, a Europa e a África criaram suas próprias normas e instituições de direitos humanos. Estes sistemas foram desenvolvidos com base na premissa da universalidade dos direitos humanos, mas foram construídos por atores de cada região, a partir de suas próprias perspectivas.

A relação entre os sistemas regionais, assim como entre eles e o sistema global, indica que tais sistemas se complementam mutuamente, com diálogos e casos constantes de fertilização cruzada.[33] Por exemplo, respondendo a violações sistemáticas de direitos humanos por ditaduras latino-americanas, o Sistema Interamericano de Direitos Humanos desenvolveu rica jurisprudência sobre justiça de transição, que viria a inspirar decisões da Corte Europeia de Direitos Humanos.[34] De modo similar, ao decidir seu primeiro caso sobre discriminação baseada em orientação sexual, a Corte Interamericana se referiu à interpretação realizada por sua contraparte europeia e por órgãos do sistema global, que já haviam decidido que esta forma de discriminação estava proibida ainda que não houvesse sido expressamente mencionada no texto dos tratados aplicáveis.[35] A partir destas aberturas mútuas e influências recíprocas, os sistemas regionais demonstram que a diversidade das

---

[31]   Convenção de Viena sobre o Direito dos Tratados, artigo 27.

[32]   A quase universalidade da ratificação à Convenção aos Direitos da Criança tem por exceção os Estados Unidos da América, que não ratificou o tratado.

[33]   Sobre diálogo jurisdicional, veja-se: Flávia Piovesan, *Direitos humanos e diálogo jurisdicional no contexto Latino Americano*, in: Flávia Piovesan, Temas de Direitos Humanos, 2018, pp. 149-163.

[34]   Veja-se, por exemplo, Corte Europeia de Direitos Humanos, Marguš vs. Croatia, n°. 4455/10, 27/05/14, Grand Chamber.

[35]   Corte Interamericana de Direitos Humanos, *caso Atala Riffo e crianças vs. Chile*, sentença de 24 de fevereiro de 2012, par. 87-89.

experiências humanas não contradiz a universalidade dos direitos humanos – pelo contrário, ela pode fortalecer a capacidade de responder a violações de direitos e aumentar a efetividade da proteção às vítimas.

Por isso, ainda que a história contemporânea dos direitos humanos de fato esteja ligada, inicialmente, à experiência do liberalismo ocidental, processos posteriores da comunidade internacional (tais como a Conferência de Viena e os diálogos jurisdicionais inter-regionais) demonstram que o projeto dos direitos humanos se reconstrói e reafirma continuamente, a partir de processos cada vez mais inclusivos e perspectivas cada vez mais diversas. Ao mesmo tempo, organizações locais, movimentos sociais e grupos oprimidos se apropriam da linguagem de direitos humanos e das ferramentas do sistema internacional para promover mudanças emancipatórias em diversas sociedades, demonstrando que esse processo de reconstrução contínua pode ser conduzindo *de baixo para cima*, a partir da perspectiva da sociedade civil e de grupos marginalizados.

Na doutrina, há uma tendência cada vez maior de recolocar a discussão sobre o princípio da universalidade dos direitos, focando não mais na oposição entre relativistas e universalistas, mas sim na possibilidade de construir uma perspectiva multicultural de direitos humanos.[36] Nesse sentido, Boaventura de Souza Santos defende que se deve reconceptualizar os direitos humanos reconhecendo que as sociedades têm concepções diferentes sobre a dignidade humana e que todas essas concepções são incompletas. Segundo o autor, a partir do reconhecimento dessas incompletudes, seria possível construir um diálogo intercultural que resultaria em uma concepção multicultural de direitos.[37]

3.3. INTERDEPENDÊNCIA E INDIVISIBILIDADE

A Conferência de Viena de 1993 também foi central para a afirmação dos princípios da interdependência e da indivisibilidade dos direitos humanos.[38]

Interdependência significa que os direitos não podem ser implementados de modo isolado, já que sua completa realização depende da efetividade de outros direitos. Por exemplo, o direito de acessar e disseminar informação (liberdade de expressão) se esvazia se a população não tiver acesso à educação, pois não possui os meios para interpretar a informação recebida e analisá-la criticamente. Por outro lado, a liberdade de expressão é fundamental para que a população discuta o sistema educacional em uma determinada localidade e demande melhorias. O acesso à livre

---

[36] Sobre a construção de concepções multiculturais de direitos humanos, referir-se a Flávia Piovesan, *Direitos Humanos e Justiça Internacional*, 2017, pp. 58-62.

[37] Boaventura de Souza Santos, *Uma concepção multicultural de direitos humanos*, Lua Nova, n. 39, 1997, pp. 105-124.

[38] Declaração e Programação de Ação de Viena, adotada pela Conferência Mundial de Direitos Humanos em 25 de junho de 1993, artigo I.5.

Cap. 3 · PRINCÍPIOS DE DIREITOS HUMANOS | 45

informação também é fundamental para o processo educacional em si, já que expõe a pessoa educanda a perspectivas diversas e possibilita que ela amplie seu conhecimento. Assim, o direito à liberdade de expressão e o direito à educação se fortalecem mutuamente; por outro lado, a não implementação de um deles enfraquece o outro. Pode-se fazer raciocínios semelhantes em relação a praticamente todo o rol de direitos humanos: por exemplo, direitos políticos podem parecer insignificantes para uma população sem acesso a condições de subsistência, sujeita à exploração e manipulação daqueles que detêm poder; a efetividade do direito ao trabalho digno muitas vezes depende da liberdade de associar-se para demandar melhorias nas condições laborais; e todos os direitos dependem de sua afirmação por um sistema de justiça independente, ressaltando a importância do direito à prestação jurisdicional efetiva.

A indivisibilidade dos direitos humanos está intrinsecamente ligada à sua interdependência. Se a realização efetiva de um direito – ou de uma categoria de direitos – depende da efetividade dos demais direitos humanos, então todos esses direitos devem ser protegidos de modo equivalente, sem separações ou hierarquias. Na prática, o princípio da indivisibilidade dos direitos humanos é invocado para relembrar aos Estados que não se pode justificar a violação de determinados direitos com base na efetivação de outros, tampouco escolher determinados direitos para serem realizados antes dos demais. Por exemplo, sob a perspectiva dos direitos humanos, um país não pode defender que a opressão de vozes dissidentes é necessária para dar continuidade à efetivação dos direitos sociais da população. Tampouco pode justificar a falta de acesso de parte da população a meios de subsistência dizendo que todas as pessoas têm acesso a liberdades formais.

A interdependência e a indivisibilidade dos direitos humanos foram afirmadas pelo direito internacional desde os seus primeiros documentos normativos. Tanto a Declaração Universal dos Direitos Humanos quanto a Declaração Americana dos Direitos e Deveres do Homem estabelecem um rol amplo de direitos, incluindo direitos civis, políticos, econômicos, sociais e culturais, sem estabelecer distinções ou hierarquias. Seguindo nessa direção, tratados subsequentes contêm disposições proclamando que "o ideal do ser humano livre, no gozo das liberdades civis e políticas e liberto do temor e da miséria, não pode ser realizado a menos que se criem as condições que permitam a cada um gozar de seus direitos civis e políticos, assim como de seus direitos econômicos, sociais e culturais."[39]

---

[39] Conforme parágrafos preambulares do Pacto Internacional de Direitos Civis e Políticos e do Pacto Internacional dos Direitos Econômicos, Sociais e Culturais. O texto da Convenção Americana sobre Direitos Humanos e o Protocolo de São Salvador trazem disposições similares: "Reiterando que, de acordo com a Declaração Universal dos Direitos do Homem, só pode ser realizado o ideal do ser humano livre, isento do temor e da miséria, se forem criadas condições que permitam a cada pessoa gozar dos seus direitos econômicos, sociais e culturais, bem como dos seus direitos civis e políticos".

Contudo, a comunidade internacional estabeleceu ferramentas de proteção diferentes para direitos civis e políticos, de um lado, e para direitos econômicos, sociais e culturais, de outro. No sistema global, cada uma dessas categorias de direitos é protegida por um Pacto Internacional específico (respectivamente, o Pacto Internacional dos Direitos Civis e Políticos e o Pacto Internacional dos Direitos Econômicos, Sociais e Culturais). No Sistema Interamericano, a Convenção Americana sobre Direitos Humanos dedica apenas um artigo a todos os direitos econômicos, sociais e culturais,[40] levando à posterior adoção de um protocolo complementar para detalhar e incrementar a proteção destes direitos (Protocolo de São Salvador).

Essa divisão dos direitos humanos em categorias se relaciona com a sua própria história, acompanhando os movimentos de formação dos Estados modernos, das lutas por direitos e de desenvolvimento econômico e social. Nesse sentido, os direitos civis e políticos são associados às revoluções liberais, enquanto os direitos econômicos, sociais e culturais, às fases posteriores de aumento do papel do Estado como protetor e provedor de acesso a bens públicos essenciais. Durante a Guerra Fria, período em que foram elaborados e adotados alguns dos principais instrumentos de direito internacional dos direitos humanos, a categorização se fortaleceu, com os países capitalistas enfatizando a proteção de direitos civis e políticos, países comunistas focando em direitos econômicos, sociais e culturais, e Estados não alinhados levantando a importância de direitos de titularidade coletiva, como o direito ao meio ambiente saudável. Ainda assim, mesmo durante a Guerra Fria, o princípio da indivisibilidade não foi abandonado. Por exemplo, em 1968, os Estados reunidos na I Conferência Mundial de Direitos Humanos proclamaram que "[c]omo os direitos humanos e as liberdades fundamentais são indivisíveis, a realização dos direitos civis e políticos sem o gozo dos direitos econômicos, sociais e culturais resulta impossível."[41] No mesmo sentido, a Declaração sobre o Direito ao Desenvolvimento, adotada pela Assembleia Geral da ONU em 1986, estabelece:

> "[T]odos os direitos humanos e as liberdades fundamentais são indivisíveis e interdependentes, e [...], para promover o desenvolvimento, devem ser dadas atenção igual e consideração urgente à implementação, promoção e proteção dos direitos civis, políticos, econômicos, sociais e culturais, e [...], por conseguinte,

---

[40] Trata-se do artigo 26, que estabelece: "Desenvolvimento progressivo. Os Estados Partes comprometem-se a adotar providências, tanto no âmbito interno como mediante cooperação internacional, especialmente econômica e técnica, a fim de conseguir progressivamente a plena efetividade dos direitos que decorrem das normas econômicas, sociais e sobre educação, ciência e cultura, constantes da Carta da Organização dos Estados Americanos, reformada pelo Protocolo de Buenos Aires, na medida dos recursos disponíveis, por via legislativa ou por outros meios apropriados."

[41] Proclamação de Teerã, artigo 13.

Cap. 3 · PRINCÍPIOS DE DIREITOS HUMANOS | 47

a promoção, o respeito e o gozo de certos direitos humanos e liberdades fundamentais não podem justificar a negação de outros direitos humanos e liberdades fundamentais."[42]

Por sua vez, a sociedade civil criticava a categorização dos direitos humanos e denunciava a existência de assimetrias no monitoramento a diferentes direitos. Isto porque nesse período, em regra, os direitos econômicos, sociais e culturais eram monitorados apenas por meio de relatórios, submetidos pelos próprios Estados, relatando os progressos realizados na proteção desses direitos.[43] Assim, o monitoramento focava em situações que afetavam a população em geral, sendo raro o acesso direto de indivíduos a órgãos internacionais para discutir casos específicos. Como casos relacionados a direitos civis e políticos já eram analisados pelos órgãos de proteção, fortaleceu-se a percepção de que os Estados poderiam se esquivar mais facilmente de suas obrigações em matéria de direitos econômicos, sociais e culturais.

Com o fim da Guerra Fria, a Conferência de Viena simbolizou a reafirmação da interdependência e indivisibilidade dos direitos humanos.[44] Abandonado o prévio alinhamento dos antigos blocos comunista e capitalista a determinadas categorias de direitos, a Conferência marcou o retorno dos direitos humanos enquanto tema global, entendido como conjunto e de modo abrangente.[45] A partir de então,

---

[42] Declaração sobre o Direito ao Desenvolvimento, adotada pela Resolução n.º 41/128 da Assembleia Geral das Nações Unidas, 4 de dezembro de 1986, preâmbulo.

[43] A princípio, o monitoramento de todos os direitos humanos ocorria por meio da apresentação de relatórios. Com o desenvolvimento progressivo dos mecanismos de supervisão internacional, alguns órgãos internacionais passaram a permitir o acesso direito de indivíduos, que passaram a poder apresentar situações de violações de direitos humanos, obter um pronunciamento do órgão internacional acerca da responsabilidade internacional do Estado envolvido, e obter reparações. Esse desenvolvimento ocorreu primeiro em relação a direitos civis e políticos. No Sistema Global de Direitos Humanos, o Primeiro Protocolo Facultativo ao Pacto Internacional dos Direitos Civis e Políticos, que autoriza o Comitê de Direitos Humanos a receber petições individuais, entrou em vigor em 1976. Desenvolvimento equivalente para direitos econômicos, sociais e culturais ocorreria apenas em 2013, com a entrada em vigor do Protocolo Facultativo ao Pacto Internacional dos Direitos Econômicos, Sociais e Culturais. No âmbito do Sistema Interamericano, esse desenvolvimento ocorreria principalmente por meio de precedentes jurisprudenciais. Embora a Comissão e a Corte Interamericano tenham abordado direitos econômicos, sociais e culturais de diferentes maneiras ao longo de sua história, a partir de 2017 identifica-se uma virada jurisprudencial na Corte Interamericana, que passou então a analisar de modo direto e inequívoco diversos casos relacionados a violações de direitos econômicos, sociais, culturais e ambientais.

[44] Nesse sentido, o artigo I.5 da Declaração e Programa de Ação de Viena estabelece: "Todos os Direitos Humanos são universais, indivisíveis, interdependentes e interrelacionados. A comunidade internacional deve considerar os Direitos Humanos, globalmente, de forma justa e equitativa, no mesmo pé e com igual ênfase."

[45] Celso Lafer, *Direitos humanos: um percurso no Direito do século XXI*, 2015, p. 113.

a indivisibilidade e a interdependência dos direitos humanos vêm se fortalecendo por vias normativas e jurisprudências. Tanto convenções de direitos humanos quanto seus órgãos de monitoramento têm dado vida a estes princípios por meio da afirmação da inter-relação dos direitos humanos e da adoção de métodos integrados de proteção. Por exemplo, a Convenção dos Direitos das Pessoas com Deficiência, adotada em 2006, estabelece direitos híbridos, que simultaneamente possuem aspectos comumente associados a diferentes categorias de direitos.[46] Ao mesmo tempo, consolidou-se a possibilidade de acesso direto de indivíduos a órgãos internacionais de proteção aos direitos humanos para discutir violações de direitos econômicos, sociais e culturais, seja em âmbito universal (com a adoção do Protocolo Facultativo ao Pacto Internacional dos Direitos Econômicos, Sociais e Culturais) ou regional (com a consolidação da possibilidade de litígio direto de direitos econômicos, sociais, culturais e ambientais perante a Comissão e a Corte Interamericanas de Direitos Humanos).[47]

3.4. IGUALDADE E INTERSECCIONALIDADE

Como vimos, a universalidade dos direitos humanos remete à *extensão* da proteção. Isto é, os direitos humanos protegem todas as pessoas, independentemente de sua nacionalidade, raça, etnia, religião, opiniões políticas, situação socioeconômica, gênero, orientação sexual, idade ou qualquer outra condição social. O princípio da universalidade, portanto, se relaciona ao princípio da igualdade e não discriminação, que ocupa papel central no direito internacional dos direitos humanos. Para a Corte Interamericana de Direitos Humanos, o princípio da igualdade não apenas permeia o campo dos direitos humanos como um todo, mas constitui a base sobre a qual se ergue a estrutura jurídica da ordem pública nacional e internacional.[48] Por isso, ainda segundo a Corte Interamericana, o princípio é uma norma de *jus cogens*, ou seja, norma peremptória de direito internacional, que não pode ser revogada, salvo por outra norma de status equivalente.[49]

A igualdade se afirma tanto quanto como princípio, a orientar o desenvolvimento e a implementação de normas de direitos humanos, quanto como direito

---

[46] Amita Dhanda, *Constructing a new Human Rights lexicon: Convention on the Rights of Persons with Disabilities*, Sur: Revista Internacional de Direitos Humanos, v. 5, n. 8, jun. 2008, p. 49.

[47] Veja-se, por exemplo: Comissão Interamericana de Direitos Humanos, *Empregados da Fábrica de Fogos de Santo Antônio de Jesus e seus Familiares vs. Brasil*, 2 de março de 2018; Corte Interamericana de Direitos Humanos, *caso Lagos del Campo vs. Peru*, sentença de 31 de agosto de 2017.

[48] Corte Interamericana de Direitos Humanos, *caso Atala Riffo e crianças vs. Chile*, sentença de 24 de fevereiro de 2012, par. 79.

[49] Corte Interamericana de Direitos Humanos, Parecer Consultivo OC-18/03, *A Condição Jurídica e os Direitos dos Migrantes Indocumentados*, 17 de setembro de 2003, par. 101.

autônomo, consagrado em praticamente todos os instrumentos internacionais de proteção. O Pacto Internacional dos Direitos Civis e Políticos, o Pacto Internacional dos Direitos Econômicos, Sociais e Culturais e a Convenção Americana sobre Direitos Humanos, todos proíbem a discriminação. Ademais, há uma série de instrumentos internacionais especificamente dedicados a combater a discriminação contra grupos específicos, como a Convenção sobre a Eliminação de Todas as Formas de Discriminação contra a Mulher e a Convenção Internacional sobre a Eliminação de todas as Formas de Discriminação Racial.

Garantir igualdade no acesso e na fruição de direitos – e, portanto, garantir a universalidade dos direitos humanos – não é tarefa simples. A discriminação é um fenômeno complexo, podendo ocorrer de modo direto ou indireto. Casos de discriminação direta ocorrem quando uma pessoa ou grupo é submetida a tratamento menos favorável com base em determinada característica, sem que haja uma justificativa objetiva e razoável para tal distinção.[50] Já a discriminação indireta consiste em políticas e práticas aparentemente neutras que trazem consequências negativas para uma pessoa ou grupo.[51] Os Estados têm o dever de não adotar medidas que causem discriminação, seja de modo direto ou indireto. Mais ainda, têm também a obrigação de adotar medidas positivas para reverter situações de discriminação existentes na sociedade, especialmente se estas ocorrem com a tolerância ou aquiescência de agentes estatais.[52]

Por isso, a afirmação prática do direito à não discriminação envolve a análise das desigualdades existentes na sociedade, de modo a identificar diferenças no acesso a direitos, assim como suas causas. A partir desse diagnóstico, o Estado deve elaborar estratégias para mitigar essas diferenças, e levá-las em consideração sempre que implementar ações que possam ter consequências sobre o grupo discriminado.

Os Estados devem também estar atentos a casos de discriminação múltipla e interseccional. A discriminação múltipla ocorre quando uma pessoa está sujeita simultaneamente a diferentes formas de discriminação. Já a discriminação interseccional se materializa quando essas múltiplas formas de discriminação interagem de modo a produzir uma situação única, que vai além da soma de todos os tratamentos discriminatórios. Uma situação desta natureza foi analisada pela Corte Interamericana no caso Gonzales Lluy e família vs. Equador, a respeito de uma menina infectada pelo vírus HIV que esteve sujeita a múltiplos fatores de vulnerabilidade e formas de discriminação por ser criança, mulher, vivendo em situação de pobreza e infectada

---

[50] Corte Interamericana de Direitos Humanos, *caso Artavia Murillo e outros ("Fecundação in Vitro") vs. Costa Rica*, sentença de 28 de novembro de 2012, par. 285.

[51] Corte Interamericana de Direitos Humanos, *caso Nadege Dorzema e outros vs. República Dominicana*, sentença de 24 de outubro de 2012, par. 234.

[52] Corte Interamericana de Direitos Humanos, *caso Atala Riffo e crianças vs. Chile*, sentença de 24 de fevereiro de 2012, par. 80.

pelo vírus. Ao longo de sua vida, todas estas condições interagiram, criando barreiras específicas ao exercício dos direitos à vida, à integridade pessoal, à educação e a garantias judiciais. Nas palavras da Corte Interamericana:

> "A discriminação que viveu Talía não somente foi ocasionada por diversos fatores, senão derivou em uma forma específica de discriminação que resultou da intersecção de ditos fatores, quer dizer, se algum dos ditos fatores não houvessem existido, a discriminação teria uma natureza diferente. De fato, a pobreza impactou no acesso inicial a um atendimento em saúde que não foi de qualidade e que, pelo contrário, gerou o contágio por HIV. A situação de pobreza impactou também nas dificuldades para encontrar um melhor acesso ao sistema educativo e ter uma moradia digna. Posteriormente, sendo uma menina com HIV, os obstáculos que sofreu Talía no acesso à educação tiveram um impacto negativo para seu desenvolvimento integral, que é também um impacto diferenciado considerando o papel da educação para superar os estereótipos de gênero."[53]

Para lidar adequadamente com situações dessa natureza, deve-se adotar uma *abordagem interseccional*. Os Estados, que possuem responsabilidade primária sobre a proteção de direitos humanos, devem não apenas diagnosticar desigualdades e agir sobre elas, mas também considerar formas interseccionais de discriminação, dedicando especial atenção a pessoas sujeitas a situação de vulnerabilidade agravada devido à intersecção de diferentes circunstâncias e fatores de risco. Da mesma forma, os órgãos internacionais de proteção e demais atores do campo dos direitos humanos também devem incorporar um olhar interseccional sobre todas suas ações, sob pena de ignorar as circunstâncias vividas pelos grupos nas situações de maior vulnerabilidade. A produção de conhecimento relevante para esta tarefa depende da colheita de dados desagregados, assim como da participação protagônica das pessoas sujeitas a discriminação interseccional. A partir dessas informações, é possível incorporar a interseccionalidade na elaboração de análises, práticas e políticas, assim como desenvolver ações específicas voltadas à afirmação de direitos ameaçados por formas interseccionais de discriminação.

3.5. INDISPONIBILIDADE DOS DIREITOS HUMANOS

A indisponibilidade dos direitos humanos consiste na impossibilidade de derrogar esses direitos, mesmo que o titular consinta com a derrogação. Isto é, os direitos humanos não estão sujeitos a negociação e uma pessoa ou grupo não pode abrir mão de seus direitos, ainda que voluntariamente.

---

[53] Corte Interamericana de Direitos Humanos, *caso Gonzales Lluy vs. Equador*, sentença de 1 de setembro de 2015, par. 290.

Cap. 3 · PRINCÍPIOS DE DIREITOS HUMANOS | 51

A indisponibilidade é especialmente importante para resguardar direitos em situações de assimetria de poder. Pessoas em situação de vulnerabilidade podem se ver compelidas a aceitar situações que firam a sua dignidade devido à ausência de alternativas viáveis para assegurar sua subsistência. Por exemplo, em situações de trabalho análogas à escravidão em que o empregador submete o empregado a jornada exaustiva ou condições degradantes, é irrelevante a concordância prévia da vítima com a situação (a vítima pode, inclusive, ter voluntariamente se deslocado ao local de trabalho e ali ter permanecido).[54] Como garante de direitos, o Estado tem o dever de intervir para assegurar o fim das condições de exploração e reparar os danos causados. Deve, ainda, adotar medidas positivas para impedir a repetição de situações semelhantes no futuro, implementando políticas que ataquem as causas estruturais do problema.[55] Ao analisar questões estruturais que levam à violação do direito a não ser reduzido à condição de escravidão,[56] o Estado se confrontará com sua inter-relação com outros direitos humanos, como o direito à vida digna e a condições justas de trabalho.

A indisponibilidade dos direitos humanos não significa, porém, que todos os direitos humanos sejam absolutos. É possível estabelecer limitações ao exercício de alguns direitos, especialmente quando estes estejam em situação de conflito com outros direitos humanos. Tais limites precisam respeitar estritamente as exigências do direito internacional dos direitos humanos, que estabelece que quaisquer restrições devem ser estabelecidas em lei, buscar um objetivo legítimo e ser necessárias em uma sociedade democrática.[57] Por exemplo, o direito à liberdade de expressão pode ser submetido a limitações para evitar discursos de ódio e incitação à violência contra grupos em situação de vulnerabilidade, desde que tais limitações obedeçam a essas três condições (previsão legal, objetivo legítimo e necessidade em uma sociedade democrática).[58] Em direção semelhante, circunstâncias excepcionais – como guerras, pandemias e desastres naturais – podem autorizar a suspensão

---

[54] A jornada exaustiva e as condições degradantes são duas das quatro possibilidades de configuração de trabalho análogo ao de escravo na legislação brasileira, conforme definido pelo artigo 149 do Código Penal: "Art. 149. Reduzir alguém a condição análoga à de escravo, quer submetendo-o a trabalhos forçados ou a jornada exaustiva, quer sujeitando-o a condições degradantes de trabalho, quer restringindo, por qualquer meio, sua locomoção em razão de dívida contraída com o empregador ou preposto".

[55] Veja-se, a respeito, o caso Fazenda Brasil Verde: Corte Interamericana de Direitos Humanos, *caso Trabalhadores da Fazenda Brasil Verde vs. Brasil*, sentença de 20 de outubro de 2016.

[56] A proibição da escravidão está estabelecida pelo artigo IV da Declaração Universal de Direitos Humanos, pelo artigo 6 da Convenção Americana sobre Direitos Humanos e pelo artigo 8 do Pacto Internacional dos Direitos Civis e Políticos.

[57] Declaração Universal dos Direitos Humanos, artigo XXIX.2; Convenção Americana sobre Direitos Humanos, artigo 30.

[58] Veja-se, a respeito: Comissão Interamericana de Derechos Humanos, *Informe Anual de la Relatoría Especial para la Libertad de Expresión*, 2015, cap. IV, par. 16.

CURSO DE DIREITOS HUMANOS – SISTEMA INTERAMERICANO • *Piovesan e Cunha Cruz*

temporária de alguns direitos, desde que sejam obedecidas as rígidas normas de direito internacional aplicáveis a estados de emergência.[59]

A possibilidade de estabelecer limites legítimos ao exercício dos direitos humanos e mesmo de suspendê-los em caso de perigo público não se confunde, contudo, com a indisponibilidade. Limites e suspensões conformes ao direito internacional dos direitos humanos decorrem de uma avaliação abrangente sobre como garantir o conjunto dos direitos humanos, que inclui a análise sobre os níveis aceitáveis de restrição ao direito limitado, e estão sujeitos a rígidas exigências. Por tanto, são substancialmente diversos da simples renúncia a determinada garantia.

3.6. PRINCÍPIO *PRO PERSONA* E A PRIMAZIA DA NORMA MAIS FAVORÁVEL

O princípio *pro persona*, também chamado princípio pró ser humano ou princípio *pro homine*, estabelece que, em casos de omissão, conflito normativo ou dúvida interpretativa, deve-se adotar a interpretação mais abrangente do direito estabelecido, ou seja, aquela que oferece a maior proteção ao titular de direito. Uma das consequências do princípio *pro persona* e a *primazia da norma mais favorável*. Isto é, quando houver duas normas de direitos humanos sobre a mesma matéria, deve prevalecer aquela que estabelece o maior grau de proteção ao direito em questão.

Assim, o princípio *pro persona* é especialmente relevante para situações nas quais há diferenças entre as normas nacionais e internacionais de direitos humanos. Destarte, se uma lei doméstica estabelecer normas mais protetivas do que aquelas determinadas por um tratado internacional, o tratado não pode ser utilizado para justificar restrições ao direito nacionalmente garantido. Essa garantia está expressa nos próprios tratados internacionais. Por exemplo, tanto o Pacto Internacional dos Direitos Civis e Políticos quanto o Pacto Internacional dos Direitos Econômicos, Sociais e Culturais esclarecem:

> "Artigo 5. 1. Nenhuma disposição do presente Pacto poderá ser interpretada no sentido de reconhecer a um Estado, grupo ou indivíduo qualquer direito de dedicar-se a quaisquer atividades ou praticar quaisquer atos que tenham por objetivo destruir os direitos ou liberdades reconhecidos no presente Pacto ou impor-lhe limitações mais amplas do que aquelas nele previstas. 2. Não se admitirá qualquer restrição ou suspensão dos direitos humanos fundamentais reconhecidos ou vigentes em qualquer Estado-parte no presente Pacto em virtude de leis, convenções, regulamentos ou costumes, sob pretexto de que o presente Pacto não os reconheça ou os reconheça em menor grau."

---

[59] Convenção Americana sobre Direitos Humanos, artigo 27; Pacto Internacional dos Direitos Civis e Políticos, artigo 4.

Cap. 3 · PRINCÍPIOS DE DIREITOS HUMANOS | 53

Disposições semelhantes são encontradas nos principais tratados e normas de direitos humanos,[60] garantindo que a proteção conferida por estes instrumentos constitua um piso, em relação ao qual os Estados podem estabelecer normas mais protetivas.

A mesma lógica se aplica na situação inversa: caso o tratado internacional contenha disposições mais favoráveis do que aquelas dispostas em normas domésticas, aplica-se o tratado. O princípio *pro persona* foi aplicado nesse sentido, por exemplo, no já mencionado caso da prisão do depositário infiel. Confrontados com o fato de que a lei brasileira permitia prisão civil em hipótese proibida por normas internacionais de direitos humanos, diferentes ministros do Supremo Tribunal Federal relembraram que deveria prevalecer a norma mais favorável à proteção dos direitos humanos. O Ministro Joaquim Barbosa, por exemplo, concluiu seu voto ressaltando: "a primazia conferida em nosso sistema constitucional à proteção à dignidade da pessoa humana faz com que, na hipótese de eventual conflito entre regras domésticas e normas emergentes de tratados internacionais, a prevalência, sem sombra de dúvidas, há de ser outorgada à norma mais favorável ao indivíduo."[61]

Em sentido semelhante, havendo duas normas internacionais sobre o mesmo tópico, aplica-se a mais protetiva. Foi a situação analisada pela Corte Interamericana na Opinião Consultiva 5/85, mediante a qual a Costa Rica consultou a Corte a respeito da compatibilidade da Convenção Americana com uma lei interna exigindo o registro profissional obrigatório de jornalistas. Ao comparar o artigo 13 da Convenção Americana com disposições equivalentes na Convenção Europeia de Direitos Humanos e no Pacto Internacional dos Direitos Civis e Políticos, a Corte observou que "as garantias da liberdade de expressão incluídas na Convenção Americana foram elaboradas para serem as mais generosas e para reduzir ao mínimo as restrições à livre circulação das ideias."[62] A respeito, a Costa Rica sugeriu que a interpretação do direito à liberdade de expressão deveria ser realizada levando em consideração as disposições

---

[60] Veja-se, por exemplo: Declaração Universal dos Direitos Humanos, artigo XXX; Convenção Americana sobre Direitos Humanos, artigo 29; Protocolo Adicional à Convenção Americana sobre Direitos Humanos em Matéria de Direitos Econômicos, Sociais e Culturais, artigo 4; Convenção sobre a Eliminação de Todas as Formas de Discriminação contra a Mulher, artigo 23; Convenção Internacional sobre os Direitos das Pessoas com Deficiência, artigo 4.4; Convenção contra a Tortura, artigo 16.2.

[61] Supremo Tribunal Federal, Recurso Extraordinário 466.343-1 – São Paulo. 2008. Relator Ministro Cezar Peluso, p. 1201.

[62] Corte Interamericana de Direitos Humanos, Parecer Consultivo OC-5/85, *O Registro Profissional Obrigatório de Jornalistas (Artigos 13 e 29 da Convenção Americana sobre Direitos Humanos)*, 13 de novembro de 1985, par. 50.

de outros tratados de direitos humanos, ainda que mais restritivos.[63] A Corte Interamericana rejeitou veementemente o argumento costarriquenho, esclarecendo que a referência a outros instrumentos internacionais, embora comum no direito internacional dos direitos humanos e na prática da própria Corte, jamais pode ser realizada para incorporar à Convenção Americana restrições que não se depreendam diretamente de seu texto.[64]

3.7. NORMAS DE INTERPRETAÇÃO

O princípio *pro persona* é uma das normas de interpretação utilizadas por órgãos internacionais de direitos humanos. Como tal, ele é parte de um conjunto de técnicas utilizados por estes órgãos para analisar as implicações das disposições abstratas dos tratados e normas internacionais e aplicá-las em casos concretos. Esses métodos podem ser sistematizados em quatro técnicas principais: (i) a interpretação conforme o sentido comum dos termos; (ii) a interpretação teleológica; (iii) a análise sistêmica e histórica; e (iv) a interpretação evolutiva.[65] Embora nem todas essas técnicas possam ser consideradas *princípios,* é importante conhecê-las para entender a forma como a principiologia dos direitos humanos interage com os variados enunciados normativos do campo, determinando os contornos e o impacto do direito internacional dos direitos humanos.

Em primeiro lugar, a interpretação dos tratados de direitos humanos deve ocorrer de boa-fé, de acordo com o *sentido comum dos termos* utilizados na norma interpretada. Segundo a Convenção de Viena sobre Direito dos Tratados, para determinar o sentido comum atribuível a determinado termo, deve-se levar em consideração o seu contexto, ou seja, o restante do texto do tratado internacional, incluindo seu preâmbulo, seus anexos e acordos adicionais relativos a ele.[66] Deve-se considerar também acordos posteriores, práticas e regras de direito internacional que indiquem a intenção das partes em relação à definição e interpretação do termo analisado.[67] Em casos em que esses meios não esclarecem a dúvida interpretativa, órgãos de direitos humanos por vezes recorrem a outras fontes para determinar o sentido comum dos termos do tratado. Por exemplo, no caso Artavia Murillo vs. Costa Rica, acerca da proibição à fertilização in vitro, a Corte Interamericana recorreu à definição da palavra "concepção" estabelecida pela Real Academia da

---

[63] Ibid., par. 51.

[64] Ibid.

[65] A descrição de métodos e técnicas de intepretação proposta nessa seção se baseia na sistematização realizada pela Corte Interamericana de Direitos Humanos no caso Artavia Murillo (Fertilização in vitro). Veja-se: Corte Interamericana de Direitos Humanos, *caso Artavia Murillo e outros ("Fecundação in Vitro") vs. Costa Rica,* sentença de 28 de novembro de 2012.

[66] Convenção de Viena sobre Direito dos Tratados, artigo 31.1.

[67] Ibid.

Cap. 3 · PRINCÍPIOS DE DIREITOS HUMANOS | 55

Língua Espanhola no ano da assinatura da Convenção Americana, assim como a artigos científicos que pudessem esclarecer o sentido médico do termo.[68]

Complementarmente, a interpretação dos tratados internacionais deve ocorrer de *modo teleológico, ou seja, à luz do objeto e finalidade da convenção analisada.*[69] No caso de normas de direitos humanos, seu propósito é a proteção dos direitos fundamentais das pessoas por elas abrangidas, frente a possíveis ameaças e violações cometidas pelos Estados-parte do instrumento internacional.[70] Em virtude dessa finalidade, a interpretação dos tratados de direitos humanos se diferencia dos demais instrumentos de direito internacional que possuem natureza transacional. No direito internacional dos direitos humanos, não há interesses particulares dos Estados-partes, apenas um interesse comum em razão do qual todas as partes se obrigam, coletivamente, à garantia coletiva dos direitos das pessoas submetidas a suas jurisdições.[71] A interpretação das normas de direitos humanos, por tanto, deve conferir máxima efetividade à proteção da dignidade dos titulares de direito, tendo em vista ter sido este o objetivo dos Estados-parte ao celebrar o instrumento internacional em questão. Nesse sentido, a interpretação teleológica se relaciona ao princípio *pro persona*, indicando que, em caso de dúvidas interpretativas ou omissões do tratado internacional, deve-se considerar o objetivo da norma e, assim, adotar a interpretação mais protetiva.

Um terceiro método de interpretação consiste na *análise sistêmica e histórica da norma*. A análise sistêmica significa que a norma deve ser interpretada "como parte de um todo cujo significado e alcance devem ser determinados em função do sistema jurídico ao qual pertence [...], isto é, o Direito Internacional dos Direitos Humanos."[72] Aplicando esta forma de interpretação, é comum que órgãos internacionais de direitos humanos se refiram ao *corpus juris* internacional para esclarecer o sentido de determinada disposição normativa, ou seja, que busquem esclarecer dúvidas analisando a forma como outros sistemas internacionais de direitos humanos interpretam determinada matéria.[73] A interpretação sistêmica,

---

[68] Corte Interamericana de Direitos Humanos, *caso Artavia Murillo e outros ("Fecundação in Vitro") vs. Costa Rica*, sentença de 28 de novembro de 2012, pars. 178-190.

[69] Convenção de Viena sobre Direito dos Tratados, artigo 31.

[70] Corte Interamericana de Direitos Humanos, Parecer Consultivo OC-2/82, *O Efeito das Reservas sobre a Entrada em Vigência da Convenção Americana*, 24 de setembro de 1982, par. 29.

[71] Corte Interamericana de Direitos Humanos, *caso Ivcher Bronstein vs. Perú*, sentença de 24 de setembro de 1999, pars. 43-45.

[72] Corte Interamericana de Direitos Humanos, *caso Artavia Murillo e outros ("Fecundação in Vitro") vs. Costa Rica*, sentença de 28 de novembro de 2012, par. 191.

[73] Contudo, como visto, a referência a outras normas não pode ser utilizada para limitar direitos. Veja-se Corte Interamericana de Direitos Humanos, Parecer Consultivo OC-5/85, *O Registro Profissional Obrigatório de Jornalistas (Artigos 13 e 29 da Convenção Americana sobre Direitos Humanos)*, 13 de novembro de 1985, par. 51.

além de possibilitar a interpretação coerente de normas de direitos humanos, se constitui como veículo de diálogo jurisdicional entre diferentes órgãos de proteção, promovendo a interação do campo e aprendizados mútuos.

Caso a análise sistêmica não seja suficiente para esclarecer o sentido da norma, deixando dúvidas em aberto ou levando a um resultado manifestamente absurdo, pode-se recorrer a fontes históricas como meios suplementares de interpretação.[74] Para esta análise histórica, o intérprete pode considerar os trabalhos preparatórios da norma, ou seja, os registros das negociações do instrumento, as diferentes propostas de texto e as discussões travadas quando de sua elaboração e adoção.

Por fim, embora a análise histórica possa ser útil para esclarecer questões obscuras, o intérprete de normas de direitos humanos deve considerar que os tratados de direitos humanos são instrumentos vivos, portanto, sua interpretação deve acompanhar a evolução dos tempos e das condições de vida. Trata-se da chamada *interpretação evolutiva*, que há décadas vem sendo implementada por tribunais regionais.[75] A interpretação evolutiva está autorizada pela Convenção de Viena sobre Direito dos Tratados,[76] na medida em que esta orienta o intérprete a se referir a práticas posteriores dos Estados-parte como forma de interpretação de normas internacionais, assim como a a "quaisquer regras de direito internacional aplicáveis".[77] Assim, ao interpretar determinada norma de direitos humanos, o órgão competente deve considerar a evolução da matéria ao longo do tempo. Nessa tarefa, o direito comparado se apresenta como ferramenta particularmente útil, pois as leis e a jurisprudência nacionais são indicadores da evolução do campo e da posição dos Estados sobre a matéria.[78]

---

[74] Convenção de Viena sobre Direito dos Tratados, artigo 32.

[75] Veja-se: Corte Europeia de Direitos Humanos, *Tyrer vs. the United Kingdom,* 25 de abril de 1978, par. 31; Corte Interamericana de Direitos Humanos, Parecer Consultivo OC-16/99, *O Direito à Informação sobre a Assistência Consular no Marco das Garantias do Devido Processo Legal,* 1 de outubro de 1999, par. 112-115.

[76] A respeito, veja-se: Magnus Killander, *Interpretação dos tratados regionais de direitos humanos,* SUR Revista Internacional de Direitos Humanos, v. 7, n. 13, p. 148-175, 2010.

[77] Convenção de Viena sobre Direito dos Tratados, artigo 31.3.

[78] Analisando a importância do direito comparado para a intepretação evolutiva com base em sua própria prática, a Corte Interamericana observou que "no Caso Kawas Fernández vs. Honduras, a Corte teve em consideração para sua análise que se adverte que um número considerável de Estados partes da Convenção Americana adotaram disposições constitucionais reconhecendo expressamente o direito a um meio ambiente saudável. Nos Casos Heliodoro Portugal vs. Panamá e Tiu Tojín vs. Guatemala, a Corte teve em consideração sentenças de tribunais internos da Bolívia, Colômbia, México, Panamá, Peru, e Venezuela sobre a imprescritibilidade de crimes permanentes como o desaparecimento forçado. Além disso, no Caso Anzualdo Castro vs. Peru, a Corte utilizou pronunciamentos de tribunais constitucionais de países americanos para apoiar a delimitação que realizou ao conceito de desaparecimento forçado. Outros exemplos são os Casos Atala Riffo e Crianças vs. Chile e o Caso do Povo Indígena Kichwa de Sarayaku vs. Equador." Corte Interamericana de Direitos Humanos, *caso Artavia Murillo e outros ("Fecundação in Vitro") vs. Costa Rica,* sentença de 28 de novembro de 2012, notas 385 e 386.

3.8. RESPONSABILIDADE INTERNACIONAL DO ESTADO POR VIOLAÇÃO AOS DIREITOS HUMANOS

A responsabilidade internacional do Estado é um instituto geral de direito internacional público. Ela surge sempre que um Estado violar suas obrigações, gerando danos a outrem. Tradicionalmente, o instituto se aplicava primordialmente às relações entre países, de modo a garantir que, se um Estado descumprisse normas de direito internacional e este descumprimento prejudicasse outro Estado, o primeiro deveria reparar o segundo pelos danos sofridos.[79] Trata-se de uma consequência do princípio da igualdade soberana dos Estados, assim como do imperativo que estes cumpram, de boa-fé, os compromissos assumidos perante a ordem internacional.[80]

A prática internacional indica três elementos constitutivos do instituto da responsabilidade internacional do Estado: a existência de um ilícito internacional, ou seja, a violação a uma norma estabelecida por tratado, costume ou outras fontes de direito internacional público; o resultado lesivo, materializado na ocorrência de dano; e o nexo de causalidade entre a conduta estatal ilícita e o dano ocorrido.[81]

No campo do direito internacional dos direitos humanos, as normas estabelecem compromissos de cada Estado perante a comunidade internacional visando à proteção das pessoas sob sua jurisdição. No caso de violação às obrigações estatais, não são os outros Estados-parte que sofrem danos diretos, mas sim as pessoas, grupos e comunidades cujos direitos foram violados. Portanto, a declaração de responsabilidade internacional resulta de qualquer ação ou omissão imputável a um Estado, que consista em violação às obrigações de direitos humanos assumidas mediante a ratificação de tratados internacionais, ou ainda decorrentes do costume internacional ou outras fontes de direito internacional, e resulte em danos materiais ou imateriais para pessoas sob sua jurisdição.

As obrigações de direitos humanos – que, se violadas, dão origem à responsabilidade internacional do Estado – impõem três tipos de deveres. Em primeiro lugar, está o dever de *respeitar* os direitos humanos, ou seja, de não interferir indevidamente com o exercício dos direitos internacionalmente protegidos. Esta obrigação é violada, por exemplo, quando um agente estatal comete uma execução extrajudicial, violando, portanto, o direito à vida. Eventuais restrições a direitos são permitidas somente se forem previstas em lei,

---

[79] Veja-se, por exemplo, Corte Permanente de Justiça Internacional, *Case of the S.S. Wimbledon*, 17 de agosto de 1923, p. 30.

[80] André de Carvalho Ramos, Responsabilidade Internacional do Estado por Violação de Direitos Humanos, *R. CEJ*, n. 29, 2005, p. 54.

[81] Ibid., p. 55.

58 | CURSO DE DIREITOS HUMANOS – SISTEMA INTERAMERICANO • *Piovesan e Cunha Cruz*

tiverem fins legítimos e forem necessárias em uma sociedade democrática,[82] sendo de qualquer forma proibidas as restrições que atinjam a essência do direito em questão.[83]

Em segundo lugar, está a obrigação de *proteger* direitos humanos. Além de não interferir indevidamente com o exercício dos direitos, este segundo dever geral obriga os Estados a garantir que terceiros tampouco o façam, tomando todas as medidas necessárias para prevenir ações de particulares que restrinjam direitos e para sancionar e reparar eventuais restrições. Por fim, os Estados têm a obrigação de *realizar* direitos humanos, adotando as medidas que se façam necessárias, incluindo prestações positivas, para materializar direitos que os indivíduos não seriam capazes de exercer sem o envolvimento estatal.

De modo a cumprir de boa-fé suas obrigações[84] e evitar a responsabilização internacional, os Estados devem organizar todo o aparato estatal para cumprir os deveres de respeitar, proteger e realizar os direitos humanos. Isto inclui a adoção de medidas legislativas, judiciais, administrativas, educativas, e quaisquer outras ações que se façam necessárias para dar efetividade aos direitos internacionalmente protegidos. Em particular, os Estados têm o dever de alinhar o ordenamento jurídico interno às obrigações de direito internacional dos direitos humanos, dando efeito legal aos direitos proclamados por tratados internacionais dos quais seja parte.[85] A depender das regras legislativas e constitucionais de cada país, isto pode ocorrer pela incorporação direta da norma internacional à ordem jurídica interna ou pela adoção de normas domésticas correspondentes.[86] Caso haja inconsistência entre norma doméstica e norma internacional, o Estado têm a obrigação de modificar o ordenamento jurídico interno para sanar tal discrepância.[87] O direito doméstico deve ainda disponibilizar recursos para que indivíduos e grupos reivindiquem o respeito a seus direitos e busquem reparações por eventuais violações.[88]

---

[82]   Declaração Universal dos Direitos Humanos, artigo 29.

[83]   Comitê de Direitos Humanos, *The Nature of the General Legal Obligation Imposed on States Parties to the Covenant,* Comentário Geral 31, 29 de março de 2004, par. 6.

[84]   Conforme o princípio *pacta sunt servanda*, "todo tratado em vigor obriga as partes e deve ser cumprido por elas de boa-fé". Convenção de Viena sobre o Direito dos Tratados, artigo 26.

[85]   Veja-se, entre outros, Convenção Americana sobre Direitos Humanos, artigo 2; Pacto Internacional dos Direitos Civis e Políticos, artigo 2.2.

[86]   Veja-se, a respeito, Comitê de Direitos Humanos, *The Nature of the General Legal Obligation Imposed on States Parties to the Covenant,* Comentário Geral 31, 29 de março de 2004, par. 13.

[87]   Ibid.

[88]   A respeito da obrigação de disponibilizar remédios efetivos, o Comitê de Direitos Humanos observou: "O artigo 2, parágrafo 3, exige que, além da proteção efetiva dos direitos do Pacto, os Estados Partes devem assegurar que os indivíduos também tenham recursos acessíveis e eficazes para reivindicar esses direitos. Tais recursos devem ser adequadamente adaptados para levar em conta a vulnerabilidade especial de certas categorias de pessoas, incluindo em particular

Para fins de responsabilidade internacional do Estado, podem ser imputadas ao Estado a conduta de agentes do Executivo, inclusive se atuarem *ultra vires,* atos legislativos e decisões judiciais.[89] Também pode gerar a responsabilização do Estado a omissão de qualquer destes Poderes frente às obrigações de proteger e realizar direitos humanos. Por exemplo, caso um particular cometa uma violação aos direitos humanos e fique impune, o Estado pode ser responsabilizado por ter deixado de prevenir a violação, assim como por não a ter investigado, não ter levado o caso a julgamento, ou não ter punido o responsável.[90] Embora o Poder Executivo represente o Estado internacionalmente, este não pode se eximir da responsabilidade internacional alegando que as ações e omissões são atribuíveis aos Poderes Legislativo e Judiciário, ou ainda a outros órgãos dotados de independência, como o Ministério Público.[91] Tampouco pode apontar para divisões federativas para alegar a inexistência de

---

as crianças. O Comitê considera importante que os Estados Partes estabeleçam mecanismos judiciais e administrativos adequados para tratar de reclamações de violações de direitos por meio do direito interno. O Comitê observa que o exercício dos direitos reconhecidos pelo Pacto pode ser efetivamente assegurado pelo Judiciário de muitas maneiras diferentes, inclusive aplicabilidade direta do Pacto, aplicação de disposições constitucionais comparáveis ou outras disposições legais, ou efeito interpretativo do Pacto na aplicação da lei nacional. Os mecanismos administrativos são particularmente necessários para dar efeito à obrigação geral de investigar as alegações de violações de forma rápida, completa e eficaz através de órgãos independentes e imparciais. As instituições nacionais de direitos humanos, dotadas de poderes apropriados, podem contribuir para este fim. O fracasso de um Estado Parte em investigar alegações de violações poderia, por si só, dar origem a uma violação separada do Pacto. A cessação de uma violação contínua é um elemento essencial do direito a um recurso efetivo." Comitê de Direitos Humanos, *The Nature of the General Legal Obligation Imposed on States Parties to the Covenant,* Comentário Geral 31, 29 de março de 2004, par. 15. Tradução livre.

[89] André de Carvalho Ramos, Responsabilidade Internacional do Estado por Violação de Direitos Humanos, *R. CEJ,* n. 29, 2005, p. 55.

[90] No caso *González e outras (Campo Algodoeiro) vs. México,* a Corte esclareceu: "conforme a jurisprudencia de la Corte es claro que un Estado no puede ser responsable por cualquier violación de derechos humanos cometida entre particulares dentro de su jurisdicción. En efecto, las obligaciones convencionales de garantía a cargo de los Estados no implican una responsabilidad ilimitada de los Estados frente a cualquier acto o hecho de particulares, pues sus deberes de adoptar medidas de prevención y protección de los particulares en sus relaciones entre sí se encuentran condicionados al conocimiento de una situación de riesgo real e inmediato para un individuo o grupo de individuos determinado y a las posibilidades razonables de prevenir o evitar ese riesgo. Es decir, aunque un acto u omisión de un particular tenga como consecuencia jurídica la violación de determinados derechos humanos de otro particular, aquél no es automáticamente atribuible al Estado, pues debe atenderse a las circunstancias particulares del caso y a la concreción de dichas obligaciones de garantía". Corte Interamericana de Direitos Humanos, *González e outras (Campo Algodoeiro) vs. México,* 16 de novembro de 2009, par. 280.

[91] Veja-se, por exemplo, Comitê de Direitos Humanos, *The Nature of the General Legal Obligation Imposed on States Parties to the Covenant,* Comentário Geral 31, 29 de março de 2004, par. 4.

responsabilidade internacional.[92] Ao assumir compromissos internacionais, o Estado vincula todos os seus agentes e todas as instituições que exercem o poder público, não podendo se escusar de violações devido a divisões de competência, modelo federativo, ou quaisquer razões de direito interno.[93]

 Questões objetivas

1. Assinale a alternativa *incorreta* sobre a II Conferência Mundial dos Direitos Humanos (Conferência de Viena):

   a) A Conferência de Viena foi um marco da superação das divisões ideológicas da Guerra Fria em relação aos direitos humanos, as quais fortaleciam a categorização de direitos.

   b) A Declaração e Programa de Ação de Viena consagrou importantes princípios de direito internacional dos direitos humanos, incluindo a universalidade e a indivisibilidade.

   c) A Conferência de Viena determinou que os tribunais nacionais devem utilizar o princípio da dignidade humana de quatro formas principais: para criar novos direitos, para colocar limites na ação estatal, para interpretar direitos existentes, e para ponderar diferentes direitos.

   d) A Conferência de Viena contou com a participação expressiva da comunidade internacional, incluindo a sociedade civil.

2. A interseccionalidade se refere:

   a) À extensão da proteção conferida pelo direito internacional dos direitos humanos, que abarca todas as pessoas.

   b) À soma de vários fatores de risco e vulnerabilidades.

   c) Ao reconhecimento de que a realização dos direitos humanos não pode ocorrer de modo categorizado, já que os diferentes direitos se fortalecem mutuamente.

   d) À interação de vários fatores de risco e formas de discriminação, produzindo formas únicas de vulnerabilidade.

---

[92] Ibid.
[93] Convenção de Viena sobre o Direito dos Tratados, artigo 27.

3. A indisponibilidade dos direitos humanos:

   a) É particularmente relevante para proteger a parte mais vulnerável em relações de poder assimétricas.

   b) Significa que todos os direitos humanos são absolutos, não podendo ser restritos mesmo em casos de calamidade pública.

   c) É uma consequência da interpretação evolutiva aplicada por órgãos internacionais de direitos humanos.

   d) É um desenvolvimento recente do direito internacional, consolidado com a adoção da Convenção dos Direitos das Pessoas com Deficiência, em 2006.

 Questões dissertativas

4. Disserte sobre a centralidade do princípio da dignidade humana no sistema internacional e na ordem jurídica brasileira.

5. Em que consiste o debate entre universalistas e relativistas? Qual sua opinião sobre essa discussão?

6. Descreva as formas de interpretação de normas de direito internacional dos direitos humanos.

 Caso prático

Joaquim de Souza é um homem negro que mora na periferia da cidade de São Paulo. Desde os treze anos, Joaquim trabalha de modo informal vendendo balas no transporte público e, por isso, não concluiu seus estudos. Um dia, ao chegar em casa, Joaquim encontrou um vizinho, quem lhe contou que a prefeitura removeria as casas da área onde moravam para construir uma nova estrada. A remoção ocorreria dentro de alguns dias, mas o vizinho não sabia quando. Sem poder parar de trabalhar, Joaquim seguiu se ausentando de sua casa durante grande parte do dia. Foi assim que, depois de algumas semanas, voltou do trabalho e encontrou seu bairro evacuado, com algumas casas já demolidas. Sem ter para onde ir, Joaquim se viu forçado a dormir na rua. Naquela mesma noite, Joaquim foi abordado violentamente por dois policiais, que afirmavam que um homem com sua aparência havia roubado um celular em uma rua próxima. Ele foi levado para a delegacia e, por se recusar a reconhecer o crime, apanhou de um dos policiais, que lhe deixou uma grave lesão na perna. No dia seguinte, Joaquim foi libertado e recorreu imediatamente a um posto de saúde, onde foi informado que sua perna precisaria ser operada. Contudo, devido à ausência de agenda disponível no sistema público de saúde, a cirurgia só foi realizada alguns meses depois. A demora fez com que a capacidade de locomoção de Joaquim fosse severamente limitada, o que traz dificuldades para que ele siga exercendo sua atividade de trabalho.

Com base neste caso prático, escolha três princípios de direitos humanos abordados neste capítulo e os discuta diante da situação de Joaquim.

Filmografia

A Cor Púrpura (1985)
https://uqr.to/q9lt

Preciosa (2009)
https://uqr.to/q9lu

Eu, Daniel Blake (2016)
https://uqr.to/q9lv

Estou me guardando para quando o Carnaval chegar (2019)
https://uqr.to/q9lw

Capítulo 4
SISTEMA GLOBAL DE DIREITOS HUMANOS

 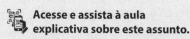

Acesse e assista à aula explicativa sobre este assunto.
> https://uqr.to/q9ns

4.1. REFERENCIAIS NORMATIVOS

O Sistema Global de Direitos Humanos consiste na arquitetura criada para proteger os direitos humanos no âmbito da Organização das Nações Unidas. Nascido juntamente à própria ONU, ele consolidou o processo de internacionalização dos direitos humanos, o qual discutimos no capítulo 2.

O instrumento base desse sistema é a própria Carta da ONU, adotada em 1945 na cidade de São Francisco. A Carta estabelece os objetivos, a composição e a estrutura da organização, incluindo seus principais órgãos. Em conformidade com os propósitos estabelecidos pelo artigo 1 da Carta, as ações da ONU se organizam com base em três pilares: a manutenção da *paz e segurança* internacionais, a proteção aos *direitos humanos* e a promoção do *desenvolvimento*. Dois importantes focos adicionais são zelar pelo direito internacional e prover auxílio humanitário para pessoas afetadas por desastres naturais ou fenômenos provocados pela própria humanidade, como guerras.

Para trabalhar por estes objetivos, a Carta criou a *Assembleia Geral*, que conta com representantes de todos os Estados-membros e tem competência para deliberar sobre qualquer assunto de interesse da organização,[1] incluindo os direitos humanos. Criou também o *Conselho de Segurança*, composto por cinco membros permanentes (China, França, Rússia, Reino Unido e Estados Unidos) e dez membros eleitos periodicamente, cuja atribuição é assegurar a paz e a segurança internacionais, inclusive mediante estabelecimento de sanções e do uso de força

---
[1] Com exceção dos assuntos que estiverem sendo tratados pelo Conselho de Segurança, conforme estabelecido pelo artigo 12 da Carta.

armada. A Carta estabeleceu ainda o *Conselho Econômico e Social*, formado por 54 Estados eleitos para tratar de assuntos internacionais de natureza econômica, social e cultural, assim como para promover os direitos humanos, por meio da criação de comissões e da elaboração de recomendações, projetos de tratados, estudos, relatórios e conferências, entre outros instrumentos. Um terceiro conselho criado pela Carta foi o *Conselho de Tutela*, cujo papel se relacionava aos esforços de descolonização e, portanto, está hoje esvaziado. Como órgão judicial da ONU, foi criada a *Corte Internacional de Justiça*, composta por quinze juízes, que solucionam controvérsias de direito internacional entre Estados-Membros. Por fim, para conduzir as operações da organização, a Carta criou o *Secretariado*, órgão administrativo chefiado pelo Secretário-Geral.

Sendo os direitos humanos um dos pilares da ONU, todos os seus órgãos devem trabalhar por sua proteção e promoção. A Carta expressamente requer que a Assembleia Geral e o Conselho Econômico e Social se ocupem do tema,[2] mas isso não exime os demais órgãos de responsabilidade sobre a matéria. Pelo contrário, o Conselho de Segurança, a Corte Internacional de Justiça e o Secretariado, no exercício de suas atribuições, tratam de direitos humanos e/ou de temas que os impactam. Por exemplo, o Conselho de Segurança regularmente determina que as Missões de Paz estabelecidas pelo Conselho possuam componentes de direitos humanos.[3] Também a Corte Internacional de Justiça, embora trate exclusivamente de controvérsias entre Estados, por vezes enfrenta questões interestatais que envolvem violações de direitos humanos.[4] Por sua vez, o Secretariado abriga diversos órgãos que atuam diretamente com direitos humanos, especialmente o *Alto Comissariado para os Direitos Humanos.*

Assim, os direitos humanos permeiam as atividades dos órgãos estabelecidos pela Carta da ONU, da mesma forma que o tema permeia a própria Carta. Conforme vimos no capítulo 2.3, os direitos humanos são mencionados expressamente em diversas disposições[5], incluindo em seu preâmbulo[6] e no estabelecimento

---

[2]   Carta da ONU, artigos 13.1 e 62.1.

[3]   A respeito dos componentes de direitos humanos das missões de paz, assim como sobre a relação do Conselho de Segurança com o tema de direitos humanos de maneira geral, veja-se: Security Council Report, *Human Rights and the Security Council-An Evolving Role*, Research Report, January 2016.

[4]   Veja-se, por exemplo: International Court of Justice, *Legal Consequences of the Construction of a Wall in the Occupied Palestinian Territory*, Advisory Opinion, 9 July 2004; International Court of Justice, *Case Concerning Armed Activities on the Territory of the Congo*; Democratic Republic of the Congo vs. Uganda, 19 December 2005.

[5]   Veja-se os artigos 1(3), 13, 55, 62, 68 e 72.

[6]   A abertura do preâmbulo da Carta da ONU dispõe: "NÓS, OS POVOS DAS NAÇÕES UNIDAS, RESOLVIDOS a preservar as gerações vindouras do flagelo da guerra, que por duas vezes, no espaço da nossa vida, trouxe sofrimentos indizíveis à humanidade, e a *reafirmar a fé nos direitos*

dos propósitos da organização.[7] Essas menções são disposições abertas, já que a Carta, apesar de determinar enfaticamente a importância dos direitos humanos para a nova ordem internacional que nascia, em nenhum momento definiu o conteúdo do termo "direitos humanos" e de outras expressões equivalentes usadas ao longo do texto.

Essa tarefa seria realizada pela Declaração Universal dos Direitos Humanos, que define com precisão o elenco dos direitos humanos. Como vimos, a Declaração Universal, adotada em 10 de dezembro de 1948 em Paris, tem papel central para o sistema de direitos humanos contemporâneo, marcado pela internacionalização e pela centralidade da dignidade humana, assim como pelos princípios da universalidade, interdependência e indivisibilidade dos direitos. Ao consolidar o consenso internacional a respeito da noção de direitos humanos,[8] a Declaração preencheu de conteúdo as obrigações abertas estabelecidas pela Carta da ONU. Ademais, abriu caminho para o desenvolvimento de um vasto corpo de instrumentos internacionais que esclarecem, desenvolvem e expandem as obrigações dos Estados para com a proteção de direitos humanos, assim como para a criação de instituições e mecanismos destinados a protegê-los. Nesse sentido, a Declaração pode ser considerada a base, ou pedra angular, do vasto sistema desenvolvido a partir de então.

A Declaração é formada por um preâmbulo e trinta artigos. Seu preâmbulo merece atenção por expressar textualmente algumas das características mais marcantes do documento. Ele se inicia reconhecendo a centralidade da *dignidade humana*, marca da concepção contemporânea de direitos humanos. Ao mesmo tempo, afirma o compromisso com a *universalidade* de direitos, destacando que os direitos ali declarados são de titularidade de todos os membros da humanidade. A noção de universalidade também se reforça pois o preâmbulo destaca que a Carta da ONU estabeleceu o compromisso de todos os seus Estados-Membros com os direitos humanos e que, portanto, a "compreensão comum desses direitos

---

fundamentais do homem, na dignidade e no valor do ser humano, na igualdade de direito dos homens e das mulheres, assim como das nações grandes e pequenas, e a estabelecer condições sob as quais a justiça e o respeito às obrigações decorrentes de tratados e de outras fontes do direito internacional possam ser mantidos, e a promover o progresso social e melhores condições de vida dentro de uma liberdade ampla." (grifos nossos).

[7] Carta da ONU, artigo 1: "Os propósitos das Nações unidas são: [...] 3. Conseguir uma cooperação internacional para resolver os problemas internacionais de caráter econômico, social, cultural ou humanitário, e para promover e estimular o respeito aos direitos humanos e às liberdades fundamentais para 5 todos, sem distinção de raça, sexo, língua ou religião;"

[8] A Declaração foi adotada pela Assembleia Geral das Nações Unidas sem nenhum voto contrário. Contudo, houve oito Estados que optaram por se absterem da votação: África do Sul, Arábia Saudita, Bielorrússia, Iugoslávia, Polônia, Tchecoslováquia, Ucrânia e União Soviética. Posteriormente, em 1975, os Estados comunistas da Europa se comprometeram a agir em conformidade com a Declaração Universal durante a Conferência para Segurança e Cooperação na Europa (veja-se: Ata Final da Conferência para Segurança e Cooperação na Europa, VII).

e liberdades é da mais alta importância para o pleno cumprimento desse compromisso." Isto é, o preâmbulo da Declaração estabelece expressamente seu objetivo de consolidar uma *compreensão comum* sobre os direitos humanos mencionados na Carta, compartilhada por toda a comunidade internacional. Por fim, o preâmbulo da Declaração também é significativo por conjugar o valor da liberdade e da igualdade material, que até então eram associados a tradições políticas distintas, inaugurando a ideia da *indivisibilidade* de direitos.

Os parágrafos dispositivos da Declaração solidificam estas ideias. A primeira parte da Declaração, abrangendo dos artigos 3 a 21, foca em direitos civis e políticos, tais como o direito à vida, a proibição da escravidão e da tortura, a igualdade perante a lei e o direito à proteção judicial. Por sua vez, os artigos 22 a 28 tratam de direitos econômicos, sociais e culturais, incluindo o direito à segurança social, ao trabalho digno e à educação. A Declaração não estabelece quaisquer distinções entre esses direitos – pelo contrário, estabelece que todos devem ser reconhecidos e observados de forma "universal e efetiva", consolidando a indivisibilidade já indicada no preâmbulo.

Quanto à força normativa dessas disposições, deve-se observar que a Declaração foi adotada como uma resolução da Assembleia Geral da ONU e não como um tratado. Em geral, resoluções não possuem força vinculante, ou seja, não são de cumprimento obrigatório pelos Estados. Contudo, a Declaração Universal foge a essa regra por ser a interpretação autêntica de dispositivos da Carta da ONU – esse sim um instrumento inquestionavelmente vinculante. Por isso, como os Estados estão obrigados a trabalhar pelos propósitos das Nações Unidas e estes incluem os direitos humanos,[9] a Declaração é vinculante na medida em que descreve o que são os direitos abrangidos por essa obrigação.[10]

Além disso, não são apenas os tratados que estabelecem normas obrigatórias, pois o costume internacional e os princípios gerais de direito também são fontes vinculantes de direito internacional.[11] Parte da doutrina entende que, durante as décadas decorridas desde sua adoção em 1948, a Declaração Universal se tornou uma norma costumeira de direito internacional e, por isso, adquiriu status jurídico vinculante.[12] Evidências que apontam nesse sentido incluem a repetida referência

---

[9]   Veja-se, especialmente, os artigos 1(3), 55 e 56 da Carta.

[10]   A respeito, veja-se: Flávia Piovesan, *Direitos Humanos e o Direito Constitucional Internacional*, 2018, p. 238; Paul Sieghart, *International Human Rights Law: some current problems*, in Robert Blackburn e John Taylor (eds.), Human Rights for the 1990s: legal, political and ethical issues, 1991, p. 30; Thomas Buergenthal, *International Human Rights,* 1988, p. 30.

[11]   Estatudo da Corte Internacional de Justiça, artigo 38.

[12]   A respeito, veja-se: Flávia Piovesan, *Direitos Humanos e o Direito Constitucional Internacional*, 2018, p. 239; John P. Humphrey, *The Implementation of International Human Rights Law*, 24 N. Y. L. Sch. L. REV. 31, 1978, p. 32; José Augusto Lindgren Alves, *O Sistema Internacional de Proteção dos Direitos Humanos e o Brasil*, Cadernos do IPRI nº 10, 1994, p. 9.

à Declaração em instrumentos de direito internacional, a generalizada utilização de dispositivos baseados na Declaração em Constituições nacionais, e a citação da Declaração como fonte de direito na jurisprudência nacional e internacional. Assim, ainda que a Declaração Universal não tivesse status jurídico vinculante quando de sua adoção, seu impacto nas últimas décadas e especialmente sua incorporação na prática dos Estados a teria tornado uma norma obrigatória.

Após a adoção da Declaração Universal, os Estados-membros das Nações Unidas pretendiam elaborar uma convenção internacional que avançasse na proteção dos direitos reconhecidos pela Declaração. Era necessário um instrumento claramente vinculante, que além de reconhecer direitos estabelecesse também formas de os promover e monitorar. A tarefa de elaborar este tratado foi atribuída à Comissão de Direitos Humanos, órgão da ONU estabelecido em 1946 que já desenvolvera a Declaração Universal.

Com o passar do tempo, começaram a surgir dúvidas a respeito da factibilidade de um instrumento único que cobrisse todo o espectro de direitos reconhecidos pela Declaração Universal. Como vimos, a Declaração reconhecia tanto direitos civis e políticos quanto direitos econômicos, sociais e culturais, sem estabelecer distinções entre essas categorias. Porém, ao elaborar o instrumento vinculante, muitos Estados defenderam que essas categorias eram demasiado diferentes para estarem protegidas pelo mesmo tratado, especialmente devido ao caráter progressivo das obrigações ligadas a direitos econômicos, sociais e culturais. Além disso, em um contexto de Guerra Fria, os blocos comunista e capitalista alinhavam-se cada um a uma das categorias, dificultando sua negociação conjunta.

Em 1951, os Estados decidiram que, ao invés de uma convenção única, elaborariam dois pactos distintos: o Pacto Internacional dos Direitos Civis e Políticos (PIDCP) e o Pacto Internacional dos Direitos Econômicos, Sociais e Culturais (PIDESC). O processo de negociação completo, que levou quase vinte anos, foi concluído em 1966, com a adoção e a abertura para assinatura dos dois instrumentos. Ambos entraram em vigor dez anos depois, quando foi atingido o número mínimo de ratificações.[13]

Os dois Pactos e a Declaração Universal, em seu conjunto, formam a chamada *Carta Internacional dos Direitos Humanos*. A Carta é o pilar de sustentação do sistema global, consolidando não apenas o consenso internacional a respeito do rol de direitos, mas também o compromisso, formal e material, de cada um dos Estados-parte com a implementação do conjunto dos direitos humanos e sua

---

[13] Conforme o artigo 49 do Pacto Internacional dos Direitos Civis e Políticos e o artigo 27 do Pacto Internacional dos Direitos Econômicos Sociais e Culturais, cada um dos pactos entraria em vigor três meses após a data do depósito, junto ao Secretário-Geral da Organização das Nações Unidas, do trigésimo-quinto instrumento de ratificação ou de adesão.

supervisão pela comunidade internacional. Como os Pactos estabelecem formas de monitoramento e controle, eles avançam em direção ao estabelecimento de *accountability* pelos compromissos internacionalmente firmados.

O Pacto Internacional dos Direitos Civis e Políticos é estruturado em 53 artigos. Por meio deles, os Estados-parte se comprometem a *respeitar* e *garantir* os direitos estabelecidos pelo tratado.[14] Este compromisso implica obrigações negativas – isto é, não violar diretamente os direitos protegidos – assim como obrigações positivas, que requerem ações.[15] Por exemplo, o direito a não ser submetido à tortura implica o dever do Estado de não torturar (obrigação negativa), assim como de adotar ações para prevenir a tortura, para investigar denúncias e para punir violações (obrigações positivas). Além disso, em caso de violação, o Estado tem de disponibilizar um recurso efetivo para que a vítima possa questionar o ato violador e obter reparações.[16] Caso a implementação dessas obrigações requeira, os Estados devem tomar medidas legislativas e/ou administrativas para tornar efetivos os direitos estabelecidos pelo PIDCP,[17] devendo lembrar que os compromissos firmados por meio do tratado englobam o Estado como um todo, incluindo os Poderes Executivo, Legislativo e Judiciário, assim como todos os entes da federação.[18] Por isso, da mesma forma que outros instrumentos de direito internacional dos direitos humanos, a implementação do PIDCP é uma tarefa que usualmente envolve esforços multinível e interinstitucionais, requerendo o engajamento de diferentes entes estatais.

Essas obrigações gerais se aplicam sobre um conjunto amplo de direitos civis e políticos, que aprofunda e adiciona ao rol estabelecido pela Declaração Universal. Assim como a Declaração, o PIDCP protege o direito à vida, a viver livre da escravidão e da tortura, à liberdade, ao devido processo legal, à personalidade jurídica, à vida privada, à liberdade de pensamento e religião, à liberdade de expressão e associação, à família, a participar da condução dos assuntos públicos e à igualdade. O PIDCP aprofunda a proteção desses direitos na medida em que desenvolve em mais detalhes as obrigações a eles relacionadas, acrescendo novos significados à proteção conferida. Por exemplo, enquanto a Declaração estabelece que "todo indivíduo tem direito à vida" o texto do Pacto vai além, esclarecendo que esse direito implica em uma série de desdobramentos, incluindo não apenas o dever do Estado de não privar ninguém de sua vida arbitrariamente, mas também restrições

---

[14] Pacto Internacional dos Direitos Civis e Políticos, artigo 2.1.

[15] Comitê de Direitos Humanos, Comentário Geral n. 31, *The Nature of the General Obligation Imposed on States Parties to the Covenant,* 29 de março de 2004, par. 6.

[16] Pacto Internacional dos Direitos Civis e Políticos, artigo 2.3.

[17] Pacto Internacional dos Direitos Civis e Políticos, artigo 2.2.

[18] Comitê de Direitos Humanos, Comentário Geral n. 31, *The Nature of the General Obligation Imposed on States Parties to the Covenant,* 29 de março de 2004, par. 4.

Cap. 4 · SISTEMA GLOBAL DE DIREITOS HUMANOS | 69

relacionadas à pena de morte[19]. Paralelamente, o PIDCP também adiciona ao rol estabelecido pela Declaração ao proteger direitos que não haviam sido abordados por ela, tais quais o direito à autodeterminação dos povos, a proibição da prisão por descumprimento de obrigação contratual, o direito das minorias a sua própria identidade, e a proibição da incitação à guerra, à discriminação e à violência.

Para monitorar a implementação desses direitos, o PIDCP estabelece o *Comitê de Direitos Humanos,* órgão composto por dezoito especialistas independentes. Como intérprete autêntico do Pacto, o Comitê emite *comentários gerais,* que analisam em profundidade disposições do tratado e guiam todos os atores em sua interpretação. O Comitê também analisa relatórios submetidos pelos Estados-parte acerca da implementação do PIDCP, que são de apresentação obrigatória.[20] Para os países que expressamente aceitarem essa possibilidade, o Comitê pode analisar comunicações apresentadas por um Estado-parte contra outro, alegando descumprimento das obrigações do tratado.

O PIDCP possui ainda dois protocolos facultativos. O primeiro deles, disponível para adesões e ratificações desde 1966, estabelece o mecanismo de comunicações individuais. Isto quer dizer que os Estados que ratificam o Pacto e, adicionalmente, também o protocolo facultativo, aceitam que o Comitê receba denúncias apresentadas por indivíduos sob sua jurisdição. A partir dessas denúncias individuais, o Comitê analisa a conduta do Estado frente às obrigações do Pacto, decide se houve violações e, em caso positivo, estabelece que o Estado repare a vítima adequadamente.

Ao estabelecer o acesso da vítima de violações de direitos humanos ao sistema internacional de proteção, o primeiro protocolo facultativo moveu o sistema global

---

[19] O artigo 6 estabelece que, nos Estados que não a tenham abolido, a pena de morte poderá ser aplicada somente aos crimes mais graves, com observância ao devido processo legal e possibilidade de indulto, comutação ou anistia, e não será aplicada a menores de 18 anos ou a mulheres grávidas.

[20] A obrigação dos Estados-parte de apresentar relatórios detalhando o status de implementação do tratado tornou-se prática comum em convenções de direito internacional dos direitos humanos. Embora em um primeiro momento este instrumento possa ter parecido revolucionário, por indicar que os Estados aceitariam levar à apreciação externa alguns de seus mais sensíveis assuntos domésticos e discuti-los com a comunidade internacional (veja-se, a respeito, Henry Steiner, *Note on periodic reports of States,* material do curso International Law and Human Rights, Harvard Law School, Spring 1994 *apud* Flávia Piovesan, *Direitos Humanos e o Direito Constitucional Internacional,* 2018, p. 258), na prática muitos dos relatórios apresentados pelos Estados focam em questões formais, usando abstrações e recortes para não discutir a real situação dos direitos em seu país. Por isso, é altamente desejável que a sociedade civil local seja incluída e ouvida durante todo o processo relacionado aos relatórios, seja por meio de seu envolvimento durante a elaboração do documento, seja por meio da recepção de relatórios sombra pelo órgão internacional, assim como da participação direta de organizações da sociedade civil nas discussões.

em direção ao valor da *centralidade da vítima*, reconhecendo que não bastava estabelecer mecanismos de controle apenas entre os Estados-parte: era preciso integrar vítimas e sociedade civil ao monitoramento internacional. Diferentemente de outros ramos do direito internacional público, o direito internacional dos direitos humanos não tem natureza meramente transacional, ou seja, não protege apenas os interesses das partes do tratado, mas sim um interesse comum da comunidade internacional a respeito da relação entre os Estados e as pessoas sob sua jurisdição. Deixar as vítimas e seus representantes de fora do sistema de supervisão contrariaria essa lógica – mesmo porque os Estados têm poucos incentivos para apontar falhas de seus pares, seja por subsumirem preocupações de direitos humanos a outros interesses geopolíticos, seja para desestimular outros Estados a apresentarem denúncias contra si.

O segundo protocolo facultativo ao Pacto Internacional dos Direitos Civis e Políticos versa sobre a pena de morte. Como se viu, o próprio pacto estabelece restrições para a punição capital como parte da proteção ao direito à vida. O segundo protocolo facultativo vai além, oferecendo aos Estados a possibilidade de se comprometer com a abolição completa da pena de morte.[21]

Ao lado do Pacto Internacional dos Direitos Civis e Políticos e da Declaração Universal, o Pacto Internacional dos Direitos Econômicos, Sociais e Culturais completa a Carta Internacional dos Direitos Humanos. Estruturado em 31 artigos, o PIDESC é um marco normativo semelhante ao PIDCP, mas com algumas diferenças importantes. Em particular, enquanto o PIDCP estabelece obrigações gerais de *respeito* e *garantia*, o PIDESC firma o compromisso dos Estados em *adotar medidas*, até o *máximo dos recursos disponíveis*, para assegurar, *progressivamente*, o pleno exercício dos direitos assegurados pelo tratado.

Ao detalhar as obrigações gerais dos Estados-parte dessa maneira, o PIDESC reconhece que a realização total do conjunto dos direitos econômicos, sociais e culturais demanda tempo e recursos. Contudo, isso não quer dizer que o PIDESC não estabeleça obrigações imediatamente exigíveis. Conforme detalhado pelo Comitê de Direitos Econômicos, Sociais e Culturais, os Estados-parte têm a obrigação imediata de assegurar que não haja discriminação no exercício dos direitos estabelecidos pelo PIDESC.[22] Têm também o dever de adotar medidas deliberadas, concretas e claramente direcionadas a cumprir as obrigações

---

[21]   O segundo protocolo facultativo admite reservas estabelecendo uma única exceção: a aplicação da pena de morte em tempo de guerra em virtude de condenação penal de natureza militar de gravidade extrema.

[22]   Veja-se, a respeito: Comitê de Direitos Econômicos, Sociais e Culturais, Comentário Geral n. 20, *Non-discrimination in economic, social and cultural rights,* 2 de julho de 2009.

estabelecidas pelo Pacto.[23] Isto é, ainda que se reconheça que a realização completa dos direitos possa levar tempo, os Estados devem começar a dar passos nessa direção em um prazo razoavelmente curto.[24] As ações adotadas podem incluir medidas legislativas, administrativas, financeiras, educacionais e sociais, sendo de particular importância o estabelecimento de recursos judiciais adequados para questionar eventuais violações de direitos econômicos, sociais e culturais.[25] Além disso, o Comitê de Direitos Econômicos, Sociais e Culturais estabeleceu que os Estados devem garantir ao menos o núcleo essencial de cada direito,[26] esclarecendo ainda que o dever de assegurar progressivamente a realização dos direitos protegidos pelo PIDESC implica na obrigação negativa de não adotar medidas deliberadamente regressivas.[27]

As obrigações gerais estabelecidas pelo PIDESC determinam a forma como os Estados-parte se vinculam ao conjunto dos direitos protegidos pelo Pacto. Esse conjunto inclui o direito ao trabalho em condições justas e favoráveis, assim como o direito de associação sindical; o direito à previdência social; o dever dos Estados de conferir assistência e especial proteção à família, especialmente às mães, crianças e adolescentes; o direito a condições de vida adequadas, incluindo alimentação, vestimenta e moradia; o direito à saúde física e mental; o direito à educação, com destaque para o princípio da educação primária gratuita e obrigatória; e o direito a participar da vida cultural e desfrutar do progresso científico.

Para monitorar a implementação desses direitos, o PIDESC estabelece a obrigação dos Estados-parte de submeter relatórios descrevendo as medidas adotadas e o progresso realizado na observância dos direitos protegidos pelo tratado, assim como eventuais dificuldades que prejudiquem sua plena efetividade. Ao contrário do PIDCP, o texto do PIDESC não criou um Comitê para analisar esses relatórios e exercer outras tarefas de supervisão, conferindo essa

---

[23] Comitê de Direitos Econômicos, Sociais e Culturais, Comentário Geral n. 3, *The nature of States parties' obligations,* 14 de dezembro de 1990, par. 2.

[24] Ibid.

[25] Ibid., par. 5.

[26] Ibid., par. 10.

[27] O Comitê de Direitos Econômicos, Sociais e Culturais estabelece a possibilidade de exceções ao postulado da não regressividade, desde que as medidas regressivas sejam completamente justificadas com base na necessidade de assegurar o conjunto dos direitos protegidos pelo PIDESC em um contexto de máxima utilização dos recursos disponíveis (Comitê de Direitos Econômicos, Sociais e Culturais, Comentário Geral n. 3, *The nature of States parties' obligations,* 14 de dezembro de 1990, par. 9). Assim, caso adote uma medida regressiva (por exemplo, reduza uma política publica voltada à garantia de direitos previstos pelo PIDESC), o Estado tem o ônus da prova para demonstrar a adequação da medida, devendo comprovar que está utilizando o máximo dos recursos disponíveis e que a regressão era necessária para avançar a proteção dos diretos econômicos, sociais e culturais como um todo.

atribuição ao Conselho Econômico e Social. Foi o próprio Conselho Econômico e Social que decidiu, em 1985, criar o Comitê de Direitos Econômicos, Sociais e Culturais para exercer as funções de monitoramento que o Pacto havia atribuído ao Conselho,[28] especialmente a apreciação dos relatórios apresentados pelos Estados.

Composto por dezoito especialistas independentes, o Comitê teria suas funções ampliadas pelo Protocolo Facultativo ao Pacto Internacional dos Direitos Econômicos, Sociais e Culturais. O Protocolo, adotado em 10 de dezembro de 2008, confere ao Comitê competência para analisar petições submetidas por indivíduos que aleguem terem sido vítimas de violações de direitos protegidos pelo PIDESC. Estabelece também a competência do Comitê para determinar medidas de urgência que evitem danos irreparáveis a vítimas de violações, analisar petições interestatais (por meio das quais um Estado-parte alega que outro Estado descumpriu suas obrigações), e conduzir investigações *in loco* em caso de graves e sistemáticas violações a direitos econômicos, sociais e culturais.

Ao estabelecer um sistema de supervisão mais completo e robusto, o Protocolo fortaleceu a proteção dos direitos econômicos, sociais e culturais em âmbito internacional. Embora tenha ocorrido mais de quarenta anos após o estabelecimento de um sistema semelhante para monitorar direitos civis e políticos,[29] a criação do mecanismo fortaleceu a indivisibilidade dos direitos humanos, na medida em que demonstrou que as violações de direitos econômicos, sociais e culturais também estão sujeitas a apreciação direta da comunidade internacional, por meio de um mecanismo que confere capacidade processual a indivíduos e permite acesso da sociedade civil ao órgão internacional de proteção. Demonstra, assim, que não obstante a existência de diferenças entre as categorias, tanto direitos civis e políticos quanto direitos econômicos, sociais e culturais criam obrigações para os Estados, que são exigíveis de modo concreto, e não meramente objetivos a serem promovidos de forma abstrata. Além disso, conforme argumentado por Martin Scheinin, a análise de casos pelo Comitê possibilita a consolidação de uma prática interpretativa institucionalizada, eliminando dúvidas sobre a justiciabilidade de direitos econômicos,

---

[28] Conselho Econômico e Social, Resolução 1985/17, *Review of the composition, organization and administrative arrangements of the Sessional Working Group of Governmental Experts on the Implementation of the International Covenant on Economic, Social and Cultural Rights*, 28 de maio de 1985.

[29] Como se viu, o Protocolo Facultativo ao PIDCP, que estabelece mecanismo de petições individuais para supervisionar a implementação dos direitos civis e políticos protegidos por este tratado, data de 1966.

sociais e culturais tanto em âmbito internacional quanto doméstico.[30] Ao analisar violações aos direitos econômicos, sociais e culturais, o Comitê não apenas demonstra que sua adjudicação é possível, como também guia os atores envolvidos em atividades semelhantes em âmbito nacional, desenvolvendo critérios e parâmetros que podem ser utilizados na jurisprudência doméstica e favorecendo análises baseadas em direitos.

Complementando a Carta Internacional de Direitos Humanos, o sistema global de direitos humanos conta com uma robusta rede de instrumentos de proteção, incluindo tratados, declarações, resoluções, princípios, mecanismos e outros variados instrumentos de *hard law* e *soft law*. Dentre esta rica teia, ocupam papel de destaque nove tratados, referidos como *core international human rights instruments*. São eles: (i) o Pacto Internacional dos Direitos Civis e Políticos (1966) e seus dois Protocolos Facultativos (1966, 1989), já discutidos acima; (ii) o Pacto Internacional dos Direitos Econômicos, Sociais e Culturais (1966) e seu Protocolo Facultativo (2008), também já abordados anteriormente; (iii) a Convenção Internacional sobre a Eliminação de Todas as Formas de Discriminação Racial (1965); (iv) a Convenção para a Eliminação de Todas as Formas de Discriminação contra a Mulher (1979) e seu Protocolo Facultativo (1999); (v) a Convenção contra a Tortura e outros Tratamentos ou Penas Cruéis, Desumanos ou Degradantes (1984) e seu Protocolo Facultativo (2002); (vi) a Convenção dos Direitos da Criança (1989) e seus três Protocolos Facultativos (dois no ano 2000 e um em 2014); (vii) a Convenção Internacional sobre a Proteção dos Direitos de Todos os Trabalhadores Migrantes e dos Membros das suas Famílias (1990); (viii) a Convenção Internacional para a Proteção de Todas as Pessoas contra o Desaparecimento Forçado (2006); e (ix) a Convenção dos Direitos das Pessoas com Deficiência (2006) e seu Protocolo Facultativo (2006).

Enquanto o PIDCP e o PIDESC estabelecem sistemas gerais de proteção, orientado a proteger a dignidade de todos os sujeitos da humanidade em suas variadas circunstâncias, os outros sete tratados se voltam a combater uma violação específica (caso, por exemplo, da Convenção contra a Tortura) ou a proteger um grupo em situação de especial vulnerabilidade (por exemplo, a Convenção dos Direitos das Crianças). Nesse sentido, esses últimos constituem um regime especial de proteção, direcionado não ao indivíduo abstratamente considerado, mas sim a sujeitos socialmente situados. A generalidade dá lugar à especificidade da proteção, que passa a considerar os riscos e necessidades específicas de grupos como as mulheres, as vítimas de discriminação racial e os trabalhadores migrantes.

---

[30] Martin Scheinin, Economic, Social and Cultural Rights as legal rights, in Asbjørn Eide et al (eds), *Economic, Social and Cultural Rights: a textbook*, 2001, p. 49.

O primeiro destes tratados, adotado mesmo antes do PIDCP e do PIDESC, foi a Convenção sobre a Eliminação de Todas as Formas de Discriminação Racial. Diversos fatores favoreceram a priorização do combate ao racismo no âmbito do desenvolvimento de normas do direito internacional dos direitos humanos: além da importância da pauta racial e de sua proeminência durante os anos de elaboração do tratado, contribuíram também o ingresso de novos países africanos na ONU e a realização da Primeira Conferência dos Países Não Alinhados, assim como a preocupação com o ressurgimento de movimentos nazifascistas na Europa.[31] Nesse contexto, a comunidade internacional conferiu prioridade à elaboração de um tratado visando a eliminar a discriminação racial, tanto por meio de abordagens repressivas quanto promocionais. Isto é, por um lado, a convenção trata da proibição da discriminação; simultaneamente, por outro, de ações que os Estados devem adotar para promover a igualdade. Em relação a esse segundo aspecto, a Convenção estabelece a obrigação dos Estados-parte de "tomar as medidas imediatas e eficazes, principalmente no campo de ensino, educação, da cultura e da informação, para lutar contra os preconceitos que levem à discriminação racial",[32] esclarecendo ainda que as ações afirmativas são instrumentos adequados para buscar a igualdade.[33] Assim, a Convenção abre o caminho para que os Estados adotem medidas positivas para remediar o passado discriminatório e repressivo (perspectiva retrospectiva) e para construir um futuro mais inclusivo (perspectiva prospectiva).

Para supervisionar as ações de implementação do tratado, a Convenção criou o Comitê sobre a Eliminação de Todas as Formas de Discriminação Racial, órgão semelhante ao Comitê de Direitos Humanos, com competência para analisar relatórios de implementação submetidos pelos Estados-partes, examinar comunicações interestatais denunciando o descumprimento das obrigações estabelecidas pelo tratado e receber petições submetidas por indivíduos que aleguem serem vítimas de violações aos direitos protegidos. Contudo, petições individuais podem ser analisadas somente se o Estado envolvido houver não apenas ratificado a Convenção, mas também apresentado uma declaração adicional em que aceita a competência do Comitê para essa atribuição específica.

---

[31] José Augusto Lindgren Alves, *Os Direitos Humanos como Tema Global*, p. 54-55; Flávia Piovesan, *Direitos Humanos e o Direito Constitucional Internacional*, 2018, p. 288.

[32] Convenção sobre a Eliminação de Todas as Formas de Discriminação Racial, artigo VII.

[33] O artigo I.4 da Convenção sobre a Eliminação de Todas as Formas de Discriminação Racial estabelece que "Não serão consideradas discriminação racial as medidas especiais tomadas com o único objetivo de assegurar progresso adequado de certos grupos raciais ou étnicos ou de indivíduos que necessitem da proteção que possa ser necessária para proporcionar a tais grupos ou indivíduos igual gozo ou exercício de direitos humanos e liberdades fundamentais, contando que, tais medidas não conduzam, em consequência, à manutenção de direitos separados para diferentes grupos raciais e não prossigam após terem sidos alcançados os seus objetivos."

Cap. 4 · SISTEMA GLOBAL DE DIREITOS HUMANOS | 75

Após a adoção do PIDCP e do PIDESC, a próxima grande convenção internacional em matéria de direitos humanos foi a Convenção sobre a Eliminação de Todas as Formas de Discriminação contra a Mulher (conhecida como CEDAW, seu acrônimo em inglês). Assim como a Convenção sobre a Eliminação de todas as formas de Discriminação Racial, a CEDAW estabelece obrigações dos Estados-parte para proibir a discriminação e para promover a igualdade, incluindo a possibilidade de adotar ações afirmativas. Para alcançar estes objetivos, a Convenção aborda um amplo leque de temas, que envolvem tanto a esfera pública (por exemplo, o direito a votar e a participar da vida política) quanto privada (por exemplo, a igualdade na vida familiar, expressa em questões como a decisão sobre o número de filhos). A supervisão do cumprimento destas obrigações é realizada pelo Comitê para a Eliminação de Todas as Formas de Discriminação contra a Mulher, a quem o texto da Convenção atribui competência para analisar relatórios de implementação submetidos pelos Estados-parte. Em 1999, a adoção do Protocolo Facultativo à CEDAW possibilitou a expansão das atividades do Comitê, que passou a poder receber e analisar petições individuais. O Protocolo Facultativo também habilitou o Comitê a realizar investigações *in loco* em casos de graves e sistemáticas violações aos direitos das mulheres.

Embora seja ratificada por um amplo número de Estados,[34] a Convenção conta também com um alto número de reservas – isto é, alguns Estados, ao ratificar o tratado, optaram por não se vincular a algumas das disposições do texto convencional.[35] Embora tanto a própria CEDAW[36] quanto normas de direito internacional público[37] estabeleçam que não é possível realizar reservas incompatíveis com o objeto e propósito de um tratado, muitas da reservas

---

[34] Em 2020, a Convenção contava com 189 Estados-parte. Para uma lista atualizada, referir-se a: United Nations Treaty Collection, Status of Treaties, Chapter IV: Human Rights, 8. Convention on the Elimination of All Forms of Discrimination against Women, disponível em: <https://treaties.un.org/Pages/ViewDetails.aspx?src=TREATY&mtdsg_no=IV-8&chapter=4&lang=en>

[35] Segundo o artigo 2.d da Convenção de Viena sobre o Direito dos Tratados, "reserva significa uma declaração unilateral, qualquer que seja a sua redação ou denominação, feita por um Estado ao assinar, ratificar, aceitar ou aprovar um tratado, ou a ele aderir, com o objetivo de excluir ou modificar o efeito jurídico de certas disposições do tratado em sua aplicação a esse Estado".

[36] Segundo o artigo 28.2 da Convenção sobre a Eliminação de Todas as Formas de Discriminação contra a Mulher, "Não será permitida uma reserva incompatível com o objeto e o propósito desta Convenção."

[37] Segundo o artigo 19 da Convenção de Viena sobre Direito dos Tratados, "Um Estado pode, ao assinar, ratificar, aceitar ou aprovar um tratado, ou a ele aderir, formular uma reserva, a não ser que [...] a reserva seja incompatível com o objeto e a finalidade do tratado.

76 | CURSO DE DIREITOS HUMANOS – SISTEMA INTERAMERICANO • *Piovesan e Cunha Cruz*

restringem a aplicação de dispositivos centrais[38] da Convenção.[39] Conforme colocado por Rebecca Cook, a situação não deixa de ser paradoxal, na medida em que o alto número de reservas maximizou a adesão dos Estados ao custo de comprometer a integridade do instrumento.[40] O próprio Brasil, quando da ratificação do tratado, formulou reserva ao dispositivo que estabelece a igualdade de homens e mulheres no casamento e nas relações familiares, a qual seria posteriormente retirada.[41]

Em 1984, os Estados-membros da ONU adotaram a Convenção contra a Tortura e outros Tratamentos ou Penas Cruéis, Desumanos ou Degradantes

---

[38] Por exemplo, a Argélia realizou reserva ao artigo 2 da Convenção, que estabelece: "Os Estados Partes condenam a discriminação contra a mulher em todas as suas formas, concordam em seguir, por todos os meios apropriados e sem dilações, uma política destinada a eliminar a discriminação contra a mulher, e com tal objetivo se comprometem a:

a) Consagrar, se ainda não o tiverem feito, em suas constituições nacionais ou em outra legislação apropriada o princípio da igualdade do homem e da mulher e assegurar por lei outros meios apropriados a realização prática desse princípio;

b) Adotar medidas adequadas, legislativas e de outro caráter, com as sanções cabíveis e que proíbam toda discriminação contra a mulher;

c) Estabelecer a proteção jurídica dos direitos da mulher numa base de igualdade com os do homem e garantir, por meio dos tribunais nacionais competentes e de outras instituições públicas, a proteção efetiva da mulher contra todo ato de discriminação;

d) Abster-se de incorrer em todo ato ou prática de discriminação contra a mulher e zelar para que as autoridades e instituições públicas atuem em conformidade com esta obrigação;

e) Tomar as medidas apropriadas para eliminar a discriminação contra a mulher praticada por qualquer pessoa, organização ou empresa;

f) Adotar todas as medidas adequadas, inclusive de caráter legislativo, para modificar ou derrogar leis, regulamentos, usos e práticas que constituam discriminação contra a mulher;

g) Derrogar todas as disposições penais nacionais que constituam discriminação contra a mulher."

[39] Nesse sentido, o Comitê sobre a Eliminação de Todas as Formas de Discriminação contra a Mulher já expressou preocupação "com o número significativo de reservas que aparentam ser incompatíveis com o objeto e propósito da Convenção". Comitê sobre a Eliminação de Todas as Formas de Discriminação contra a Mulher, *General recommendation No. 4: Reservations*, Sexta sessão, 1987. Ver também: Comitê sobre a Eliminação de Todas as Formas de Discriminação contra a Mulher, *General recommendation no. 20: Reservations to the Convention*, Décima primeira sessão, 1992.

[40] Rebecca Cook, *Reservations to the Convention on the Elimination of All Forms of Discrimination Against Women*, 30 Va. J. Int'l L. 643, 1990, p. 644.

[41] Inicialmente, o Brasil havia formulado reserva aos artigos 15, parágrafo 4; 16, parágrafo 1, alíneas (a), (c), (g) e (h); e 29, parágrafo 1. Em 1994, o Estado brasileiro notificou o Secretário Geral das Nações Unidas sobre a retirada das reservas relativas aos artigos 15 e 16, permanecendo a reserva ao artigo 29.1. A reserva ao artigo 29.1, que estabelece a competência da Corte Internacional de Justiça para analisar eventuais controvérsias entre Estados-parte a respeito da Convenção, é facultada pelo próprio texto convencional (artigo 29.2) e foi realizada por um grande número de Estados-parte.

(conhecida como CAT, seu acrônimo em inglês). A CAT proíbe a tortura em termos absolutos, estabelecendo que "em nenhum caso poderão invocar-se circunstâncias excepcionais tais como ameaça ou estado de guerra, instabilidade política interna ou qualquer outra emergência pública como justificação para tortura".[42] Além da proibição, a Convenção conta com uma série de disposições conexas que visam a tornar efetivo o direito de todas as pessoas a não serem submetidas à tortura: o texto proíbe os Estados-parte de extraditarem uma pessoa a um país onde ela possa ser torturada; determina a obrigação de criminalizar a tortura; e estabelece que denúncias sejam sujeitas a uma investigação imparcial, assegurando o direito à reparação da vítima nos casos em que se estabeleça a ocorrência de atos proibidos pela Convenção. A CAT inclui ainda uma série de dispositivos destinados a assegurar a punição de torturadores, ainda que esses deixem o país onde os crimes foram cometidos, relacionados principalmente ao estabelecimento de jurisdição compulsória e universal sobre crimes de tortura. Assim, a Convenção estabelece que os Estados-parte devem julgar e punir torturadores ou extraditá-los para Estado que vá fazê-lo, evitando que a falta de jurisdição seja um obstáculo para a punição.

De modo similar a outras Convenções, a CAT criou um Comitê para monitorar a implementação destas obrigações, com competência para analisar relatórios, petições individuais e comunicações interestatais,[43] além de investigar denúncias sobre a prática sistemática de tortura. Esse mecanismo de monitoramento foi substancialmente fortalecido pelo Protocolo Facultativo à Convenção contra a Tortura e outros Tratamentos ou Penas Cruéis, Desumanos ou Degradantes, que criou um sistema de visitas independentes a locais de privação de liberdade. Com o objetivo de prevenir violações, o Protocolo criou o Subcomitê de Prevenção da Tortura, órgão internacional que realiza visitas aos Estados-parte para monitorar locais de detenção. Ao mesmo tempo, determinou também a obrigação de que cada Estado-parte crie seu próprio mecanismo preventivo nacional, composto por peritos independentes, para monitorar regularmente o tratamento de pessoas privadas de liberdade no país. O Protocolo Facultativo à CAT, portanto, trouxe inovações substanciais ao regime de monitoramento de implementação de obrigações internacionais de direitos humanos, combinando instrumentos tradicionais (como relatórios) com novos métodos preventivos, que incluem tanto o âmbito internacional quanto doméstico.

A Convenção sobre os Direitos da Criança se destaca por ser o tratado internacional de direitos humanos com o mais amplo número de ratificações. De fato, os Estados Unidos são o único ator apto a ratificar o tratado que, por ora,

---

[42]   Convenção contra a Tortura, artigo 2.2.

[43]   Conforme estabelecido pelos artigos 21 e 22 da Convenção contra a Tortura, o exame de petições individuais e comunicações interestatais é condicionado à realização de declaração, pelo Estado-parte, de que reconhece e se submete a essas competências do Comitê.

não decidiu fazê-lo. Esta quase universalidade em relação aos Estados-membros se combina a uma ampla abrangência temática: o tratado protege tanto direitos civis e políticos (como a liberdade de expressão, de pensamento, de consciência e de crença) quanto direitos econômicos sociais e culturais (como os direitos à saúde e à educação), além de conferir atenção particular às crianças em situação de especial vulnerabilidade (por exemplo, as crianças indígenas e as crianças com deficiência). Muitos desses direitos são afirmados também por outros instrumentos de natureza geral, de modo que a Convenção aprofunda e detalha seu conteúdo em relação às especificidades de seu exercício por crianças. Além disso, a Convenção trata também de direitos específicos das crianças, que não tem paralelos em tratados de abrangência geral – cite-se, por exemplo, os direitos relacionados à adoção. Todos esses direitos visam assegurar a observância do interesse maior da criança, tendo em vista sua especial vulnerabilidade.

A Convenção é complementada por três protocolos facultativos. Os dois primeiros tratam da proteção das crianças em relação a duas ameaças específicas: (i) o seu envolvimento em conflitos armados; e (ii) a venda de crianças, a prostituição e a pornografia infantil. O terceiro protocolo, adotado em 2011, trata do mecanismo de supervisão e monitoramento. Embora o texto da Convenção já houvesse criado o Comitê sobre os Direitos das Crianças, sua competência era restrita à análise de relatórios submetidos pelos Estados-partes. Foi o terceiro protocolo facultativo que conferiu ao Comitê a possibilidade de analisar petições individuais e comunicações interestatais, além de proferir medidas de urgência e realizar investigações sobre violações sistemáticas dos direitos protegidos pelo tratado. Assim, para os Estados que os ratificam, os três protocolos facultativos fortalecem substancialmente a Convenção, tanto do ponto de vista material, criando direitos e obrigações associados a graves ameaças aos direitos das crianças, quanto procedimental, atribuindo capacidade processual ao indivíduo e robustecendo o Comitê enquanto órgão de monitoramento.

Enquanto a Convenção sobre os Direitos das Crianças se destaca por ser o tratado de direitos humanos dotado do maior número de Estados-partes, a Convenção Internacional sobre a Proteção dos Direitos de todos os Trabalhadores Migrantes e dos Membros de suas Famílias está na ponta oposta. Com 55 Estados-parte em 2020, trata-se da convenção com o menor número de ratificações entre os principais tratados de direito internacional dos direitos humanos. A decisão de elaborar a Convenção se baseou no diagnóstico de que os trabalhadores migrantes e suas famílias -principalmente quando não documentados- estão em uma situação de particular vulnerabilidade e enfrentam o risco de diversas violações de direitos humanos, incluindo desde condições de trabalho menos favoráveis que não migrantes até o tráfico de pessoas e a escravidão moderna. Como resposta, o tratado adota um marco comum para proteger os direitos dos trabalhadores migrantes e suas famílias, com parâmetros protetivos mínimos a serem internacionalmente implementados.

Cap. 4 · SISTEMA GLOBAL DE DIREITOS HUMANOS | **79**

A Convenção protege direitos como a não discriminação, a proibição da escravidão, o direito a recorrer aos tribunais, o direito de acesso à educação para os filhos dos trabalhadores migrantes, entre outros, sempre em condições de igualdade com a população não migrante e independentemente do *status* migratório (eventual situação irregular é irrelevante no exercício de direitos).

De modo similar aos demais tratados, a Convenção estabelece um Comitê para a Proteção dos Direitos de Todos os Trabalhadores Migrantes e dos Membros das suas Famílias, com as atribuições de analisar relatórios de implementação, comunicações interestatais e petições individuais. Contudo, para que o Comitê tenha competência para analisar petições e comunicações relativas a um determinado Estado, este deve fazer uma declaração específica a esse respeito, sendo necessário que dez Estados-parte realizarem tais declarações para que o Comitê possa começar a receber alegações. Até 2020, este número ainda não havia sido atingido, de modo que o Comitê não pode exercer essas funções de monitoramento.

O mais recente dos principais tratados de direitos humanos é a Convenção dos Direitos das Pessoas com Deficiência. A Convenção representou uma quebra de paradigma na proteção dos direitos das pessoas com deficiência. Historicamente, a relação da sociedade com este grupo estivera caracterizada por discriminação e invisibilização, com eventuais marcos protetores marcados pela perspectiva da tutela ou mesmo da caridade. O tratado consolidou uma nova abordagem, baseada em direitos, que coloca as pessoas com deficiência como agentes e partícipes de qualquer tomada de decisão a seu respeito. A participação das pessoas com deficiência na tomada de decisão se aplica tanto em âmbito individual quanto coletivo, princípio simbolizado pelo slogan "nada sobre nós sem nós" e colocado em prática na própria elaboração da Convenção, que contou com a participação de pessoas com deficiência e seus representantes.

Reconhecendo que o ambiente pode causar ou agravar as limitações enfrentadas por pessoas com deficiência, a abordagem baseada em direitos foca no dever do Estado de remover barreiras para o desenvolvimento de todas as suas potencialidades, promovendo sua autonomia e endereçando vulnerabilidades. Essa perspectiva é incorporada ao longo de todo o texto das Convenção, que afirma direitos civis, políticos, econômicos, sociais e culturais a partir das particularidades vividas por sujeitos de direitos com deficiência.

A Convenção estabelece um comitê para analisar relatórios de implementação submetidos pelos Estados-parte, cujas competências incluem também o exame de petições individuais e a realização de investigações sobre violações sistemáticas para os Estados que ratificam o Protocolo Facultativo à Convenção dos Direitos das Pessoas com Deficiência.

Ao lado destes nove tratados principais e seus protocolos, também faz parte do sistema global uma extensa rede de outros instrumentos normativos, que inclui tanto outros tratados, como a Convenção para a Prevenção e Repressão ao Crime de Genocídio e a Convenção Internacional para a Proteção de Todas as Pessoas contra o Desaparecimento Forçado, quanto declarações, como a Declaração das Nações Unidas sobre os Direitos dos Povos Indígenas. Resoluções, princípios orientadores e relatórios também são parte desta teia, formando um sistema complexo que se encontra em constante expansão. De modo crucial, o sistema não é estático, incorporando evoluções contínuas que fortalecem a proteção dos direitos humanos tanto com o desenvolvimento de novos parâmetros protetivos, quanto com a criação de novos meios de monitoramento, que favorecem a *accountability* internacional dos Estados e, ao mesmo tempo, impactam a realização concreta de direitos e sua fruição pela população de diferentes partes do globo.

4.2. ÓRGÃOS DE PROTEÇÃO

O sistema global de direitos humanos possui quatro organismos permanentes: o Conselho de Direitos Humanos, a Revisão Periódica Universal, os procedimentos especiais e os órgãos de tratados, todos assessorados pelo Escritório do Alto Comissariado para os Direitos Humanos. Como se verá, estes quatro organismos têm funções distintas mas estão interligados, formando uma teia de relações necessária para a execução de seus mandatos. Além deles, há também organismos não permanentes, criados pelo Conselho de Direitos Humanos, que têm por objetivo a consecução de uma tarefa específica durante um período limitado. É o caso das Comissões Independentes de Inquérito, dos grupos de especialistas e das missões de *fact-finding*.

O Conselho de Direitos Humanos substituiu a antiga Comissão de Direitos Humanos. Criada já nos primeiros anos de funcionamento da ONU, a Comissão foi estabelecida em 1946 pelo Conselho Econômico e Social, órgão ao qual a Carta da ONU conferiu textualmente a atribuição de tratar de direitos humanos, como se viu. Composta por Estados eleitos pelo Conselho Econômico e Social, a Comissão se dedicou inicialmente à elaboração de instrumentos de direito internacional dos direitos humanos. Foi no âmbito da Comissão que os Estados elaboraram e negociaram marcos normativos centrais, incluindo a Declaração Universal dos Direitos Humanos, o Pacto Internacional dos Direitos Civis e Políticos e o Pacto Internacional dos Direitos Econômicos, Sociais e Culturais.

A partir de 1967, a Comissão passou também a receber denúncias de violações sistemáticas de direitos humanos, que poderiam levar à criação de um órgão independente para averiguar a situação.[44] Este órgão poderia ser unipessoal – caso

---

[44] As denúncias poderiam ser recebidas mediante dois procedimentos: o procedimento 1235, de natureza pública, e o procedimento 1503, confidencial. Para mais detalhes sobre a história dos procedimentos especiais, referir-se a: Marc Limon, Hilary Power, *History of the United Nations Special Procedures Mechanism: Origins, Evolution and Reform,* Universal Rights Group, 2014.

em que se indicava um *relator especial* ou *especialista independente* – ou colegiado – caso em que se formava um *grupo de trabalho* ou outro mecanismo equivalente. Conhecidos como *procedimentos especiais*, estes organismos visavam a responder a violações sistemáticas, de modo que não eram criados para analisar um caso específico, mas sim situações de direitos humanos. Embora a Comissão de Direitos Humanos tenha sido substituída pelo Conselho, como se verá, os procedimentos especiais permanecem, constituindo uma parte importante do sistema global de direitos humanos.

Em 2006, a Comissão encerrou suas atividades, sendo substituída pelo Conselho de Direitos Humanos. Após décadas de existência, a Comissão enfrentava uma crise de credibilidade.[45] Por um lado, a crise dizia respeito à composição do órgão, cujos membros incluíam Estados acusados de graves e sistemáticas violações de direitos humanos que usavam sua condição de membro para enfraquecer eventuais ações da comunidade internacional contra si.[46] Por outro, a Comissão era acusada de politização e seletividade, com críticos indicando que o órgão tomava ações contundentes apenas por motivos políticos e/ou em relação a Estados que não ocupavam papéis centrais na comunidade global, deixando de lado graves violações de direitos humanos que demandavam atenção.

Para fazer frente a esses problemas, o novo *Conselho de Direitos Humanos* foi criado com diferenças importantes em relação à antiga Comissão. Seus 47 membros são eleitos não pelo Conselho Econômico e Social, mas sim pela Assembleia Geral, que deve levar em consideração a contribuição dos candidatos para a promoção e proteção dos direitos humanos.[47] A Assembleia Geral também pode decidir suspender membros caso estes cometam graves violações de direitos humanos – o que ocorreu em 2011, quando a Líbia foi suspensa.[48] No entanto, como a

---

[45] Sobre as críticas à Comissão e sua relação com o processo de reforma que levou ao encerramento de suas atividades, veja-se: Nazila Ghanea, From UN Commission on Human Rights to UN Human Rights Council: One Step Forwards or Two Steps Sideways?, *The International and Comparative Law Quarterly*, vol. 55, nº. 3 (Jul., 2006), pp. 695-705.

[46] A crítica à composição da Comissão chegou a seu ápice em 2003, quando a Líbia foi eleita para presidir o órgão. O Estado era então governado pelo ditador Muammar al-Gaddafi, acusado de graves e sistemáticas violações de direitos humanos e de envolvimento com ações de terrorismo. De fato, até poucos anos antes de ser eleita para presidir o órgão, a ONU impunha à Líbia sanções relacionadas ao atentado de Lockerbie, que matou 270 pessoas na Escócia.

[47] Conforme o parágrafo 8 da resolução 60/251 da Assembleia Geral da ONU: "*when electing members of the Council, Member States shall take into account the contribution of candidates to the promotion and protection of human rights and their voluntary pledges and commitments made thereto*".

[48] Em 2011, a Assembleia Geral decidiu suspender a Líbia do Conselho devido à repressão violenta a protestos ocorridos no país. Veja-se: Assembleia Geral da ONU, resolução A/65/L.60, *Suspension of the rights of membership of the Libyan Arab Jamahiriya in the Human Rights Council*, 25 de fevereiro de 2011.

Assembleia Geral elege os membros por votação secreta e muitas vezes não há real concorrência de candidatos,[49] críticos argumentam que estas reformas não foram suficientes para evitar que o Conselho tenha entre seus membros Estados responsáveis por graves violações de direitos humanos.[50]

O Conselho se reúne três vezes por ano na sede da ONU em Genebra. As sessões, que duram cerca de um mês, são divididas em duas partes: a primeira focada na consideração e discussão de temas de direitos humanos, e a segunda voltada à tomada de decisão sobre resoluções. Na primeira parte, a Alta Comissária da ONU para os Direitos Humanos, os mandatários dos procedimentos especiais e outros atores apresentam relatórios e atualizações sobre a situação de direitos humanos ao redor do globo, incluindo tanto análises sobre temas (por exemplo, o direito à moradia) quanto sobre determinados países ou regiões (por exemplo, a situação de direitos humanos na Síria). São também realizados painéis de discussão, nos quais convidados debatem tópicos de interesse do Conselho. Podem participar dessas discussões tanto os Estados-membros do Conselho quanto outros Estados-membros da ONU, assim como organizações internacionais e organizações da sociedade civil. Trata-se de um importante fórum, no qual os membros da comunidade internacional têm a oportunidade de conhecer e se pronunciar sobre o progresso e os desafios para a efetivação de direitos humanos no mundo – e são também confrontados com as violações enfrentadas por vítimas em diferentes países.

Concluídas as discussões, passa-se para a fase deliberativa, na qual o Conselho vota projetos de resoluções. Estas resoluções consolidam a posição do órgão sobre o tópico em questão, além de estabelecer ações relacionadas aos temas discutidos, como a criação ou renovação de mandatos dos procedimentos especiais, a realização de missões para documentar violações, e a elaboração de relatórios sobre temas de direitos humanos. Apenas os Estados-membros do Conselho participam do processo de tomada-decisão, mas outros Estados e observadores, incluindo a sociedade civil, podem acompanhar as discussões e votações.

Respondendo às preocupações sobre a seletividade da Comissão, juntamente à criação do Conselho de Direitos Humanos foi estabelecida a *Revisão Periódica Universal* (RPU). Esse mecanismo consiste no exame da situação de direitos humanos de *todos os Estados,* que se submetem à *avaliação de seus pares* em intervalos regulares de tempo. A cada sessão do Conselho, um grupo de Estados é submetido à RPU, de modo que todos os Estados são revisados a cada quatro anos e meio.

---

[49] A falta de concorrência ocorre quando o número de candidatos pertencente a determinado grupo regional corresponde ao número de vagas reservadas para aquele grupo.

[50] Veja-se, a respeito, Luisa Blanchfield, Michael A. Weber, *The United Nations Human Rights Council: Background and Policy Issues,* Congressional Research Service, RL 33608, 20 de abril de 2020, pp. 3-4 Disponível em <https://crsreports.congress.gov/product/pdf/RL/RL33608>. Acesso em setembro de 2020.

Na prática, o procedimento consiste na submissão de um relatório nacional pelo Estado analisado, no qual este trata da situação de direitos humanos das pessoas sob sua jurisdição. A esse relatório se somam informações advindas de outras entidades e mecanismos de direitos humanos da ONU, assim como da sociedade civil e de instituições nacionais de direitos humanos. Com base nessa documentação, se realiza um diálogo entre o Estado examinado e os membros do Conselho, reunidos em um grupo de trabalho, no qual os Estados fazem recomendações e sugestões, que o Estado sob revisão pode aceitar ou não. Este processo é relatado pela *troika*, um grupo de três países escolhidos por sorteio que se encarrega da elaboração do relatório final da revisão do Estado examinado. Por fim, este relatório é adotado pelo plenário do Conselho, em sessão da qual podem participar todos os Estados-membros da ONU, assim como organizações da sociedade civil. Por tanto, a RPU se baseia na ideia de *diálogo construtivo* entre os Estados e na assunção de *compromissos voluntários* pelo país sob revisão.

Complementarmente à RPU, os *procedimentos especiais* continuam a operar. Trata-se de expertos independentes, nomeados pelo Conselho para acompanhar determinada situação de direitos humanos. Seu mandato pode ser *temático*, ou seja, focado em examinar determinada violação ao redor do globo, ou *geográfico*, isto é, voltado a monitorar a situação de direitos humanos em um determinado país ou região. Os relatores especiais, especialistas independentes e grupos de trabalho se reportam periodicamente ao plenário do Conselho, que debate a situação analisada e pode adotar resoluções tomando medidas para endereçá-la. Em 2020, o Conselho contava com 44 procedimentos especiais com mandatos temáticos (como o Grupo de Trabalho sobre Detenção Arbitrária, o Relator Especial sobre o Direito ao Desenvolvimento e o Especialista Independente sobre a Proteção contra a Violência e a Discriminação baseadas em Orientação Sexual e Identidade de Gênero)[51] e 12 procedimentos especiais com mandatos geográficos (tais como a Relatora Especial sobre a Situação de Direitos Humanos na Bielorrússia e o Especialista Independente sobre a Situação de Direitos Humanos na República Centro-Africana).[52] Os procedimentos especiais realizam visitas *in loco*, preparam relatórios e estudos, recebem e analisam denúncias, documentam violações, contribuem para o desenvolvimento de parâmetros normativos, realizam eventos e desempenham uma série de outras funções relacionadas a seus mandatos, mantendo o sistema ativo e conferindo visibilidade ao sistema global de proteção.

Ao lado do Conselho de Direitos Humanos, da RPU e dos procedimentos especiais, o quarto mecanismo do sistema global de direitos humanos é o

---

[51] A lista completa se encontra disponível em <https://spinternet.ohchr.org/ViewAllCountryMandates.aspx?Type=TM&lang=en>. Acesso em setembro de 2020.

[52] A lista completa se encontra disponível em <https://spinternet.ohchr.org/ViewAllCountryMandates.aspx?lang=en>. Acesso em setembro de 2020.

conjunto dos órgãos de tratados. Trata-se dos comitês, compostos por especialistas independentes, responsáveis por monitorar a implementação dos tratados de direitos humanos adotados no âmbito da ONU. Como se viu na seção anterior, cada uma das nove principais convenções de direitos humanos estabeleceu um comitê para supervisionar sua implementação, sendo que o Protocolo Facultativo à Convenção contra a Tortura e outros Tratamentos ou Penas Cruéis, Desumanos ou Degradantes criou ainda um décimo órgão: o Subcomitê para a Prevenção da Tortura.

As competências dos comitês são determinadas pelo texto de cada um dos tratados e de seus protocolos facultativos, assim como pela decisão de cada Estado quanto à ratificação das convenções, à formulação de reservas, à declaração de reconhecimento de competências específicas (quando necessária) e à ratificação dos protocolos facultativos. Mantendo essas especificidades em mente, pode-se dizer que, *de maneira geral,* os comitês formulam observações gerais sobre a interpretação dos tratados, analisam os relatórios de implementação submetidos pelos Estados-parte, examinam comunicações interestatais, analisam petições individuais e investigam casos de graves e sistemáticas violações de direitos humanos. Como os Estados têm responsabilidade primária sobre a proteção dos direitos humanos, a proteção internacional conferida pelos órgãos de tratado é entendida como subsidiária, devendo ser acionada apenas quando o Estado falha em seus deveres. Por isso, para que um comitê se pronuncie sobre casos individuais, o principal requisito de admissibilidade é o esgotamento dos recursos internos -ou seja, a parte peticionária precisa demonstrar que tentou resolver a questão internamente, recorrendo ao judiciário doméstico e esgotando todos os recursos disponíveis, para então acionar a esfera internacional.[53]

Os quatro mecanismos de direitos humanos do sistema global são substancialmente diferentes entre si. Enquanto o Conselho de Direitos Humanos é um órgão intergovernamental e a Revisão Periódica Universal se baseia no diálogo entre Estados, os procedimentos especiais e os órgãos de tratados são compostos por expertos independentes, cuja autonomia em relação aos Estados é essencial para o exercício de suas funções. Ao mesmo tempo, enquanto os órgãos de tratado têm natureza quase-judicial, analisando casos concretos em relação às obrigações contraídas mediante marcos normativos específicos, os demais processos são dotados de maior flexibilidade e se baseiam não em convenções particulares, mas no conjunto dos direitos humanos afirmados pela Carta da ONU, pela Declaração Universal e por outros documentos

---

[53] Há exceções à exigência do esgotamento dos recursos internos quando estes recursos não existem, são ilusórios, ou quando há uma demora irrazoável dos órgãos do sistema justiça para se pronunciar sobre o caso.

Cap. 4 · SISTEMA GLOBAL DE DIREITOS HUMANOS | 85

aplicáveis a cada situação. Essa diversidade de mecanismos faz com que os instrumentos se complementem mutuamente, apresentando um amplo leque de opções para que o sistema das Nações Unidas aja em relação a temas de direitos humanos.

Os quatro mecanismos são assessorados pelo Escritório do Alto Comissariado das Nações Unidas para os Direitos Humanos (ACNUDH). Parte do Secretariado da ONU, o ACNUDH é chefiado pelo Alto Comissário ou Alta Comissária, pessoa nomeada pelo Secretário Geral da ONU para liderar as operações da organização em matéria de direitos humanos. Com o objetivo de promover e proteger todos os direitos civis, políticos, econômicos, sociais e culturais, além do direito ao desenvolvimento, o ACNUDH desenvolve uma ampla gama de atividades, envolvendo o apoio técnico e logístico aos mecanismos do sistema global, a liderança da cooperação internacional para os direitos humanos, a promoção da educação em direitos humanos e o aumento de capacidades entre os Estados e demais partes interessadas, e a integração da perspectiva dos direitos humanos nas demais operações da ONU (*human rights mainstreaming*).

4.3. DECISÃO PARADIGMÁTICA

A primeira declaração de responsabilidade internacional do Brasil por uma violação de direitos humanos perante um órgão da ONU ocorreu no âmbito da comunicação n.º 17/2008 do Comitê sobre a Eliminação da Discriminação contra a Mulher, conhecida como *caso Alyne Pimentel*. Tendo ratificado a Convenção sobre a Eliminação da Discriminação contra a Mulher em 1984, em 2002 o Brasil decidiu ratificar também seu Protocolo Facultativo, reconhecendo assim a competência do Comitê para analisar petições de qualquer pessoa sob jurisdição brasileira denunciando possíveis violações à Convenção.

Maria de Lourdes da Silva Pimentel enviou ao Comitê uma petição desta natureza, alegando que Alyne da Silva Pimentel Teixeira, sua filha, havia sofrido violações a direitos protegidos pela Convenção. Mulher negra e mãe, Alyne vivia em situação de pobreza no estado do Rio de Janeiro. Em 2002, estava grávida de seis meses quando sentiu fortes dores abdominais e procurou um centro de saúde. Após examiná-la, o médico que a atendeu prescreveu medicação e a enviou para casa. Dois dias depois, em condições de saúde significativamente piores, Alyne voltou ao centro de saúde. Após sua internação, a equipe médica a informou que o feto não tinha batimentos cardíacos. Alyne foi submetida então a uma indução de parto e, quatorze horas depois, a uma cirurgia para remover partes da placenta. Sua condição de saúde continuou a se deteriorar continuamente, levando os profissionais do centro de saúde a buscar sua transferência a um hospital. A transferência, que demorou oito horas devido à indisponibilidade de uma ambulância, levou Alyne ao Hospital Geral de Nova Iguaçu, onde não havia leito para acomodá-la. Alyne faleceu no dia 16 de novembro de 2002, cindo dias após ter ido pela primeira vez ao centro de saúde.

O Comitê concluiu que o Estado brasileiro violou o artigo 12.2 da Convenção, que estabelece o dever dos Estados-parte de garantir à mulher "assistência apropriada em relação à gravidez, ao parto e ao período posterior ao parto". Ainda que o centro de saúde que atendeu Alyne fosse uma instituição particular, o Comitê notou que o Estado tem a obrigação de agir com devida diligência e adotar medidas para assegurar a adequação das atividades dos agentes de saúde privados.[54] Observou ainda que a falta de serviços apropriados na área da saúde materna configura discriminação contra a mulher, nos termos dos artigos 2 e 12.1 da Convenção, e que Alyne também foi submetida a discriminação por ser afrodescendente e devido à sua condição socioeconômica.[55]

Tendo determinado que houve violação a obrigações estabelecidas pela CEDAW, o Comitê recomendou ao Estado brasileiro a adoção de uma série de medidas. Especificamente em relação à família da vítima, determinou que fosse concedida reparação adequada, inclusive financeira. As recomendações incluíram também medidas de abrangência geral, destinadas a evitar a repetição das mesmas violações no futuro: garantir o direito das mulheres à maternidade segura, assim como o acesso de todas as mulheres a tratamento obstétrico emergencial adequado; prover treinamento profissional para trabalhadores da saúde, com especial atenção aos direitos de saúde reprodutiva; assegurar acesso a recursos judiciais efetivos para a violação de direitos de saúde reprodutiva da mulher e prover treinamento para membros do sistema de justiça; garantir que provedores privados de saúde cumpram parâmetros nacionais e internacionais a respeito de saúde reprodutiva; assegurar que sejam impostas sanções adequadas aos profissionais da saúde que violem os direitos de saúde reprodutiva da mulher; e reduzir a mortalidade materna evitável por meio da implementação do Pacto Nacional pela Redução da Mortalidade Materna.

O governo brasileiro criou um Grupo de Trabalho Interministerial para implementar as recomendações do Comitê, constituído por representantes do Ministério das Relações Exteriores, do Ministério da Saúde, da Secretaria de

---

[54] Comitê sobre a Eliminação da Discriminação contra a Mulher, Comunicação n. 17/2008, Alyne da Silva Pimentel Teixeira vs. Brasil, quadragésima nona sessão, 11-29 de julho de 2011, par. 7.5.

[55] A respeito, o Comitê relembrou que, em suas observações sobre o relatório submetido pelo Brasil, já havia notado a existência de discriminação *de fato* contra mulheres, especialmente mulheres afrodescendentes e em outras situações de vulnerabilidade, e que essa discriminação é agravada por desigualdades regionais, econômicas e sociais. Veja-se: Comitê sobre a Eliminação da Discriminação contra a Mulher, Comunicação n. 17/2008, Alyne da Silva Pimentel Teixeira vs. Brasil, quadragésima nona sessão, 11-29 de julho de 2011, par. 7.7.

Políticas para Mulheres, da Secretaria de Direitos Humanos e da Secretaria de Políticas de Promoção da Igualdade Racial.[56] Representantes de outros órgãos e entidades, inclusive de nível municipal e estadual, poderiam também ser convidados a participar do grupo. Constituiu-se, assim, uma estrutura intragovernamental que impulsionou o processo de implementação, levando ao pagamento de compensação financeira à família de Alyne e à realização de eventos e homenagens como medidas de reparação simbólica. Também foram adotadas medidas para implementar as recomendações de natureza geral, como a implementação de políticas públicas e a capacitação de profissionais dos sistemas de saúde e de justiça.[57] Ainda assim, permanecem desafios significativos à proteção dos direitos de saúde reprodutiva da mulher, tanto no Brasil em geral, quanto nos locais onde Alyne foi atendida.[58]

 Questões objetivas

1. A Declaração Universal dos Direitos Humanos:

   a) É um marco histórico por estabelecer a prioridade da proteção dos direitos econômicos, sociais e culturais.

   b) Define o conteúdo das cláusulas abertas da Carta da ONU que incluem o termo "direitos humanos".

   c) Estabelece a obrigação geral de que os Estados adotem medidas, utilizando o máximo dos recursos disponíveis, para implementar progressivamente o conjunto dos direitos protegidos.

   d) Foi adotada na II Conferência Mundial dos Direitos Humanos, realizada em Viena em 1993.

---

[56] Presidência da República/Secretaria de Políticas para as Mulheres, Portaria Interministerial nº 2, 18 de março de 2013.

[57] Veja-se, a respeito: República Federativa do Brasil, Caso Alyne da Silva Pimentel: Relatório do governo brasileiro, agosto de 2014.

[58] Beatriz Galli, Helena Rocha e Jandira Queiroz, *Relatório sobre Mortalidade Materna no contexto do processo de implementação da decisão do Comitê CEDAW contra o Estado brasileiro no caso Alyne da Silva Pimentel: Missão às unidades de saúde nos municípios da Baixada Fluminense no estado do Rio de Janeiro*, Plataforma Dhesca Brasil: Relatoria do Direito Humano à Saúde Sexual e Reprodutiva, 04 de abril de 2014.

2. A possibilidade de que vítimas de violações de direitos humanos apresentem petições a órgãos de tratado:

   a) Foi afirmada pela Declaração Universal dos Direitos Humanos, constituindo um marco da internacionalização da proteção aos direitos humanos.

   b) Depende de prévia concordância do Estado, seja por meio da realização de declaração nesse sentido, seja por meio de ratificação de Protocolo Facultativo.

   c) Contraria o princípio da centralidade da vítima, na medida em que sujeita a proteção de direitos humanos a procedimentos formais.

   d) Foi uma inovação trazida pelo Protocolo Facultativo à Convenção contra a Tortura e outros Tratamentos ou Penas Cruéis, Desumanos ou Degradantes.

3. A Revisão Periódica Universal:

   a) É um mecanismo de direitos humanos baseado no diálogo construtivo e na avaliação dos Estados por seus próprios pares, levando à assunção de compromissos voluntários.

   b) É um mecanismo quase-judicial por meio do qual um comitê de especialistas independentes avalia o cumprimento de obrigações estabelecidas pelos tratados de direito internacional dos direitos humanos.

   c) Promove o princípio da seletividade, garantindo atenção prioritária a graves e sistemáticas violações de direitos humanos.

   d) Foi extinta em 2006, após décadas de atividade, em meio a uma crise de legitimidade.

Questões dissertativas

4. A Declaração Universal dos Direitos Humanos estabelece obrigações vinculantes? Justifique.

5. Quando a Comissão de Direitos Humanos foi extinta, quais eram as críticas que enfrentava? De que maneira o desenho institucional do Conselho de Direitos Humanos e da Revisão Periódica Universal responde a essas críticas?

6. O caso Alyne Pimentel foi analisado pelo Comitê sobre a Eliminação de Todas as Formas de Discriminação contra a Mulher. A peticionária poderia ter decidido levar o caso a outro comitê de tratado? Qual? Justifique.

 Caso prático

Marcos Lima é estudante da Escola Municipal Professora Maria de Lourdes Santos, uma das cinco escolas públicas de um pequeno município brasileiro. No início do nono ano do ensino fundamental, Marcos começou a se envolver em uma série de protestos contra o prefeito da cidade. Os protestos demandavam melhorias na gestão pública, incluindo na infraestrutura escolar, que estava gravemente deteriorada. Inspirado pelos protestos, Marcos começou a postar em suas redes sociais fotografias que documentavam problemas estruturais no prédio de sua escola. Uma das fotos retratava um grande buraco no teto de uma sala de aula, de onde pendiam dois morcegos. A foto viralizou nas redes sociais e atraiu atenção da mídia nacional, enfurecendo o prefeito da cidade e a direção da escola. Quando a atenção da mídia acabou, Marcos foi informado que a direção havia decidido suspendê-lo da escola por período indeterminado, sem comunicar os motivos da decisão. Em uma reunião de pais realizada alguns dias depois, um professor disse aos presentes que a decisão de suspensão não havia sido baseada apenas no episódio da fotografia. Segundo esse professor, a foto havia sido a "gota d'água", mas a direção da escola já estava incomodada com a presença de Marcos no ambiente escolar desde que ele havia se revelado homossexual, alguns meses antes. Indignada com os acontecimentos, a mãe de Marcos recorreu ao Judiciário; contudo, seu caso ainda não foi julgado. Ela decidiu então ligar para uma ONG, perguntando se poderia levar o caso a instâncias internacionais.

Como representante da ONG, o que você responderia à mãe de Marcos? Seria possível levar o caso a um mecanismo de direitos humanos da ONU? Qual dos mecanismos você recomendaria como o mais adequado ao caso e por quê?

 Filmografia

 Morte materna: histórias de dor e saudade (2016)
https://uqr.to/q9lx

Histórias sobre Direitos Humanos (2008)
https://uqr.to/q9m0

Para todos em todo lugar: o "making-of" da Declaração Universal dos Direitos Humanos (1998)

https://uqr.to/q9m3

Capítulo 5
SISTEMAS REGIONAIS DE DIREITOS HUMANOS

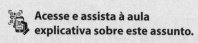

Acesse e assista à aula explicativa sobre este assunto.
> https://uqr.to/q9nt

Complementarmente ao Sistema Global de Direitos Humanos, Estados de algumas regiões decidiram formar *sistemas regionais*. Nas Américas, este processo ocorreu no bojo da Organização dos Estados Americanos, cujos Estados-membros já em 1948 adotaram a Declaração Americana dos Direitos e Deveres do Homem. Este foi o primeiro passo da criação do *Sistema Interamericano de Direitos Humanos,* que ao longo das décadas seguintes seria robustecido pela adoção de novos instrumentos (dentre os quais a Convenção Americana sobre Direitos Humanos ocupa papel de destaque) e pela ação de instituições (a Comissão Interamericana de Direitos Humanos e a Corte Interamericana de Direitos Humanos, como se verá).

Na Europa, a ação regional em direitos humanos se concentrou principalmente no Conselho da Europa, organização intergovernamental fundada em 1949 e atualmente composta por 47 Estados-membros. Assinada em 1950, a *Convenção para a Proteção dos Direitos do Homem e das Liberdades Fundamentais* (também chamada de Convenção Europeia dos Direitos Humanos) foi o primeiro tratado adotado pelo Conselho da Europa. Com ela, nascia o *Sistema Europeu de Direitos Humanos*, do qual faz parte a Corte Europeia de Direitos Humanos.

Os Sistemas Europeu e Interamericano operaram durante décadas como os únicos sistemas regionais. Ambos passaram por alterações institucionais e mudanças sociopolíticas, se transformando continuamente para responder às novas realidades de seus Estados-membros. Em 1981, um terceiro sistema regional se somou ao quadro de instituições de direito internacional dos direitos humanos: com a adoção da Carta Africana dos Direitos Humanos e dos Povos, davam-se os primeiros passos do *Sistema Africano de Direitos Humanos*, criado sob os auspícios da União Africana.[1] Assim como seu par interamericano, o Sistema Africano também conta hoje com uma Comissão e uma Corte.[2]

Também na Ásia e nos países árabes se deram passos para estabelecer sistemas regionais. Contudo, em ambos os casos, trata-se de esforços ainda incipientes, que ainda estão por adquirir a robustez normativa e institucional de um sistema regional de direitos humanos.

Construir sistemas internacionais de proteção aos direitos humanos a partir de organizações regionais apresenta vantagens.[3] Por um lado, ainda que os Estados de cada região sejam muito diversos entre si, eles tendem a compartilhar algumas características, tanto em termos socioculturais, quanto em relação a experiências históricas, situações econômicas e mesmo condições ambientais. Naturalmente, isto não quer dizer que todos os países de uma região sejam uniformes, mas sim que há um maior número de experiências compartilhadas dentro de blocos regionais do que entre todos os Estados da comunidade internacional. Este conjunto de experiências comuns possibilita que se atinjam consensos em relação a um número maior de questões, além de facilitar a ação em relação a temas particularmente importantes em um contexto regional específico. Por outro lado, em geral, a proximidade geográfica e a existência de outros órgãos de articulação regional (de natureza política ou econômica, por exemplo) geram incentivos para que os diferentes países de uma região mantenham boas relações, favorecendo a adoção de normas regionais de direitos humanos, assim como a implementação de decisões de órgãos regionais.

A existência de sistemas regionais de proteção convive em harmonia com o sistema global. À primeira vista, se poderia temer que a dicotomia regional vs. global gerasse conflitos e divergências, enfraquecendo ambos os sistemas. Contudo, conforme observado pela *Commission to Study the Organization of Peace*, esse aparente problema não se verificou na prática, sendo solucionado de modo funcional.[4] Isto foi possível porque o conteúdo normativo dos sistemas se apoia sobre a mesma base de valores, ancorada na dignidade da pessoa e humana e baseada na Declaração Universal. A partir dessa base comum, eventuais diferenças entre os sistemas podem ser compreendidas a partir da primazia da norma mais

---

[1]   Na época, Organização da Unidade Africana.

[2]   A estrutura institucional formada por Comissão e Corte também foi inicialmente adotada pelo Sistema Europeu de Direitos Humanos. Contudo, como se verá, a Comissão foi abolida, de modo que hoje vítimas de violações de direitos humanos podem acessar a Corte Europeia diretamente.

[3]   Veja-se, a respeito: Rhonda Smith, *Textbook on international human rights*, 2003, p. 84; Christof Heyns, Frans Viljoen, An Overview of Human Rights Protection in Africa in *South African Journal on Human Rights*, v. 11, 1999, p. 423.

[4]   Commission to Study the Organization of Peace, *Regional promotion and protection of human rights: twenty-eighth report of the Commission to Study the Organization of Peace*, 1980.

favorável. Conforme visto, as normas internacionais de direitos humanos estabelecem *pisos mínimos de proteção,* de modo que em caso de conflito deve prevalecer a norma mais protetiva.[5] Assim, quando há uma norma do sistema global e uma norma do sistema regional sobre a mesma matéria,[6] deve prevalecer aquela mais favorável à vítima da violação de direitos humanos.

Estabelecida a primazia da norma mais favorável, a reafirmação dos mesmos direitos por distintas normas permite que a vítima de violações tenha acesso a diferentes possibilidades para buscar remédio, além de possibilitar que especificidades dos direitos em diferentes contextos e situações sejam consideradas pelo sistema normativo internacional. Por isso, os sistemas regionais de direitos humanos têm uma relação de *complementariedade* com o sistema global de proteção. Somados às normas domésticas de direitos humanos, os sistemas regional e global compõem uma complexa rede de proteção, na qual a coexistência de diversos instrumentos sobre os mesmos direitos visa *fortalecer* a proteção conferida.

5.1. SISTEMA INTERAMERICANO

O Sistema Interamericano de Direitos Humanos (SIDH) será objeto de exame detalhado nos próximos capítulos. Desde já, contudo, é relevante conhecer o contexto histórico-social no qual ele se constituiu e se desenvolveu, assim como sua estrutura e principais características.

As principais instituições do sistema interamericano são a *Comissão Interamericana de Direitos Humanos* e a *Corte Interamericana de Direitos Humanos.* O mandato da Comissão é promover e proteger direitos humanos nas Américas, função para a qual ela dispõe de uma série de instrumentos: recebe e analisa petições individuais denunciando violações, publica relatórios sobre a situação em um determinado país ou em relação a um tema , realiza visitas *in loco* para examinar o estado da proteção aos direitos humanos em um país ou pra investigar situações específicas, e realiza audiências públicas, eventos, cursos, reuniões e uma série de outras atividades para ouvir atores da região e fomentar a proteção aos direitos humanos.

---

[5] Veja-se, a respeito: Antônio Augusto Cançado Trindade, A interação entre o direito internacional e o direito interno na proteção dos direitos humanos, *Arquivos do Ministério da Justiça,* v. 46, n. 182, 1993, p. 52-53.

[6] Note-se que esta sobreposição é comum e ocorre em diversos temas. Como exemplo, cite-se a Convenção contra a Tortura e outros Tratamentos ou Penas Cruéis, Desumanos ou Degradantes (parte do sistema global de direitos humanos) e a Convenção Interamericana para Prevenir e Punir a Tortura (parte do sistema regional interamericano), ambas ratificadas pelo Brasil. Além desses instrumentos exclusivamente dedicados ao tema, a proibição contra a tortura consta também de outros tratados de abrangência geral como o Pacto Internacional dos Direitos Civis e Políticos.

Por sua vez, a Corte Interamericana é um órgão internacional de natureza judicial. Ela analisa casos em que se alega que um Estado-parte da Convenção Americana violou seus dispositivos, podendo determinar a responsabilidade internacional do Estado e estabelecer medidas de remediação às vítimas. A Corte também tem competência consultiva, mediante a qual esclarece dúvidas a respeito da interpretação da Convenção. Em seu conjunto, as atividades da Comissão e da Corte desenvolveram um robusto *corpus iuris* interamericano, estabelecendo parâmetros regionais de direitos humanos que guiam a proteção a direitos no continente.

No centro deste *corpus iuris* estão a Declaração Americana dos Direitos e Deveres do Homem e a Convenção Americana sobre Direitos Humanos, complementada pelo Protocolo de São Salvador, que constituem a base normativa do SIDH e são ponto de partida para todos os parâmetros interamericanos. Enquanto a Declaração Americana se aplica a todos os 35 membros da Organização dos Estados Americanos, a Convenção Americana produz efeitos somente sobre os Estados que a ratificaram.[7] Por isso, a Declaração é o parâmetro normativo utilizado pela Comissão para analisar situações em Estados que não ratificaram a Convenção. Já a Corte tem jurisdição apenas sobre os Estados-parte da Convenção Americana.

A Convenção foi assinada em 1969 e entrou em vigor em 1978. Durante o período em que o tratado foi negociado, adotado e passou a produzir efeitos, grande parte dos Estados americanos vivia sob regimes ditatoriais que praticavam sistemáticas violações a direitos. Assim, desde seus primeiros anos, o Sistema viveu sob forte pressão dos Estados que o constituíram, se reinventando continuamente para fazer o máximo uso das ferramentas de que dispunha para proteger direitos sob ameaça.

Nesse período inicial, o Sistema se focou principalmente em violações cometidas por regimes autoritários contra seus opositores, como a tortura, o desaparecimento forçado e as execuções extrajudiciais. Para agir em relação a essas graves violações, a Comissão Interamericana fez uso extensivo de relatórios que documentavam e denunciavam as práticas violatórias, além de realizar visitas *in loco*. Somados, esses instrumentos conferiam visibilidade e credibilidade às denúncias de violações realizadas por vítimas ao redor do continente, contribuindo para que os regimes autoritários fossem questionados e para pressionar por reparações para as vítimas e suas famílias. Posteriormente, quando a Corte Interamericana começou a operar, também seus primeiros casos trataram de temas desta natureza.

---

[7] Os Estados-partes da Convenção Americana são: Argentina, Barbados, Bolívia, Brasil, Chile, Colômbia, Costa Rica, Dominica, Equador, El Salvador, Granada, Guatemala, Haiti, Honduras, Jamaica, México, Nicarágua, Panamá, Paraguai, Peru, República Dominicana, Suriname e Uruguai. Trinidade e Tobago e Venezuela chegaram a ratificar a Convenção, mas denunciaram o tratado em 1998 e 2012, respectivamente.

Com o passar dos anos, transformações na região e no próprio Sistema ampliaram o leque de temas que despontavam como prioridades na agenda do Sistema Interamericano. As transições democráticas dos países latino-americanos levaram o SIDH a analisar questões relacionadas ao passado autoritário, desenvolvendo uma robusta jurisprudência a respeito de anistias, assim como sobre outros temas conexos ao legado ditatorial. Ao mesmo tempo, dois desafios estruturais da região passaram a ocupar um espaço cada vez maior na agenda do Sistema: a desigualdade e a violência. Em particular, grupos em situação de vulnerabilidade estão especialmente sujeitos tanto à desigualdade socioeconômica quanto à violência motivada pela discriminação, que se somam a outras violações de direitos humanos. O Sistema tem dedicado atenção contínua a tais grupos, por meio de ações que envolvem, entre outros, relatorias temáticas da Comissão Interamericana, relatórios, e casos da Comissão e da Corte.

5.2. SISTEMA EUROPEU

O Sistema Europeu de Direitos Humanos (SEDH) foi criado no pós-guerra, como parte do projeto de integração europeia e da resposta aos graves e sistemáticos abusos de direitos humanos cometidos no continente durante a segunda guerra mundial. Apenas alguns anos após o término do conflito, os Estados membros do recém-criado Conselho da Europa elaboraram a Convenção Europeia de Direitos Humanos com o objetivo de evitar novas violações e avançar na integração dos países europeus sob o marco dos direitos humanos. Eles adotaram a Convenção em 1950, dando assim o primeiro passo na criação do SEDH. O tratado entrou em vigor em 1953, e a Corte Europeia de Direitos Humanos realizou sua primeira sessão em 1959. Em 2020, a Convenção contava com 47 Estados-partes, abrangendo um vasto espaço geográfico que inclui desde o Reino Unido até a Rússia.

Ao criar a primeira corte internacional especificamente dedicada à proteção de direitos humanos,[8] os Estados europeus concretizaram um sistema de supervisão judicial internacional a parâmetros mínimos de direitos humanos, fundados em acordo coletivo com relação a seu conteúdo e forma de proteção. Concretizou-se, assim, a possibilidade de um tribunal internacional exercer jurisdição sobre questões previamente restritas à jurisdição do Estado, reafirmando que a soberania estatal não pode ser usada como escudo que possibilite a violação de direitos humanos da população. Assim, a proteção de direitos humanos se fortaleceu como

---

[8] A Declaração Americana dos Direitos e Deveres do Homem foi adotada em 1948 e, portanto, é anterior aos instrumentos do Sistema Europeu. Contudo, a criação da Corte Interamericana viria apenas com a entrada em vigor da Convenção Americana sobre Direitos Humanos, e a primeira seção da Corte Interamericana ocorreu em 1979 – vinte anos após o início das atividades da Corte Europeia.

tema de interesse comum da comunidade internacional, dando mais um passo na internacionalização dos direitos humanos.

A Convenção Europeia protege um conjunto de direitos formado principalmente por direitos civis e políticos, incluindo o direito à vida e à liberdade, a proibição da tortura e da escravidão, o direito a um julgamento justo e a não sofrer punição que não esteja prevista em lei, o direito à vida privada e familiar, a liberdade de pensamento e de religião, a liberdade de expressão e associação e o direito ao casamento. A Convenção contempla ainda a proibição da discriminação na implementação dos direitos que protege, assim como o direito a um remédio efetivo em caso de violação aos artigos do tratado. Posteriormente, Protocolos à Convenção Europeia adicionaram a esse rol o direito à propriedade, o direito à educação, a liberdade de movimento, a abolição da pena de morte e o direito à não discriminação, entre outros.

Os dispositivos convencionais que protegem esses direitos são interpretados de acordo com uma principiologia hermenêutica própria do Sistema Europeu, que se relaciona com os princípios gerais de direito internacional dos direitos humanos, mas ganha contornos particulares no SEDH.[9] Deste sistema interpretativo, quatro princípios merecem destaque: o princípio da interpretação teleológica, o princípio da interpretação efetiva, o princípio da interpretação evolutiva e o princípio da proporcionalidade.[10]

O primeiro deles, o princípio da interpretação teleológica, se baseia no artigo 31 da Convenção de Viena sobre o Direito dos Tratados, segundo o qual um tratado deve ser interpretado à luz de seu objetivo e finalidade. Dado o objetivo da Convenção Europeia de proteger os direitos humanos, a consequência deste princípio é que devem ser afastadas interpretações que restrinjam as obrigações dos Estados em relação à proteção dos direitos afirmados pelo tratado, adotando a interpretação mais protetiva aos direitos da vítima.

No mesmo sentido, o princípio da interpretação efetiva estabelece que os direitos protegidos pela Convenção devem ser realizáveis na prática. Isto é, sua existência teórica ou formal é insuficiente, pois os direitos devem poder ser exercidos de modo efetivo. Por exemplo, no caso Airey vs. Irlanda, a Corte analisou o caso de uma mulher que desejava se separar judicialmente de seu marido, mas não dispunha de recursos financeiros para contratar advogados. Ainda que a vítima tivesse a possibilidade de representar a si própria diante dos tribunais, a Corte concluiu que era improvável que ela pudesse defender seu caso de modo efetivo,

---

[9]   Para uma abordagem completa, referir-se a: David Harris, Michael O'Boyle, Ed Bates e Carla Buckley, *Law of the European Convention on Human Rights,* 2018, pp. 6-24.

[10]   Flávia Piovesan, *Direitos Humanos e Justiça Internacional,* 2017, p. 124.

Cap. 5 • SISTEMAS REGIONAIS DE DIREITOS HUMANOS | 97

já que os procedimentos eram complexos e não havia assistência jurídica. Por isso, declarou violado seu direito de acesso à justiça.[11]

Já o princípio da interpretação dinâmica e evolutiva estabelece que a Convenção Europeia é um instrumento vivo, devendo ser interpretada à luz das condições atuais, ainda que elas não sejam iguais àquelas existentes quando da elaboração do tratado. Assim, a interpretação do sentido das disposições da Convenção Europeia acompanha transformações sociais, não estando presa a concepções vigentes no início dos anos cinquenta. A interpretação evolutiva foi relevante, por exemplo, para afirmar direitos de pessoas homossexuais,[12] assim como de crianças nascidas fora do casamento.[13]

Por fim, o princípio da proporcionalidade se relaciona à busca por "um justo equilíbrio entre as demandas do interesse geral da comunidade e as demandas de proteção de direitos fundamentais individuais".[14] O princípio é invocado principalmente quando se analisam restrições de direitos -as quais, para serem compatíveis com a Convenção Europeia, devem ser previstas em lei, buscar um objetivo legítimo e serem necessárias em uma sociedade democrática.

Inicialmente, a intepretação da Convenção e sua aplicação a casos concretos era realizada por um mecanismo composto por duas instituições: a Comissão Europeia de Direitos Humanos e a Corte Europeia de Direitos Humanos. A Comissão recebia petições alegando violações a direitos protegidos pelo tratado e, após examiná-las e publicar um relatório com sua análise, poderia decidir submeter o caso à apreciação da Corte. Tanto a possibilidade de petição individual à Comissão quanto a jurisdição contenciosa da Corte eram estabelecidas por cláusulas facultativas, de modo que os Estados poderiam aceitá-las ou não.

Esse sistema foi radicalmente alterado pelo Protocolo n. 11, que entrou em vigor em 1998. As antigas Comissão e Corte foram substituídas por uma nova Corte Europeia de Direitos Humanos, que passou a exercer jurisdição obrigatória sobre todos os Estados-parte da Convenção. Fundamentalmente, indivíduos, grupos de pessoas e ONGs passaram a poder enviar petições diretamente para a Corte, consagrando o acesso direto de vítimas de violações de direitos ao órgão internacional de proteção. Na ausência do filtro anteriormente realizado pela Comissão, o número de casos chegando à Corte subiu significativamente: em toda a década de 80, foram proferidas 169 decisões, número incomparável com as centenas de

---

[11]   Corte Europeia de Direitos Humanos, caso Airey vs. Irlanda, 1979, par.20-28.

[12]   Veja-se: Corte Europeia de Direitos Humanos, caso Dudgeon vs. Reino Unido, 1981.

[13]   Veja-se: Corte Europeia de Direitos Humanos, caso Marckx vs. Bélgica, 1979.

[14]   Corte Europeia de Direitos Humanos, caso Soering vs. Reino Unido, 1989, par. 89.

casos que a Corte passou a analisar a cada ano. Por exemplo, em 2019,[15] a Corte proferiu 884 decisões a respeito de 2187 petições.[16]

Quando a Corte recebe uma petição completa, a primeira etapa de análise é o exame de admissibilidade. Para ser declarada admissível, uma petição deve alegar que um dos Estados-parte da Convenção Europeia cometeu uma violação aos direitos protegidos pelo tratado, devendo ainda demonstrar que a parte peticionária esgotou todos os recursos internos que poderiam possibilitar a solução doméstica da questão. Outros requisitos de admissibilidade incluem a observância de prazo para a apresentação da petição, a identificação da parte peticionária (não são permitidas denúncias anônimas) e a inexistência de litispendência internacional (ou seja, o caso não pode estar sendo analisado por outro órgão internacional).

Caso seja declarada admissível, a petição procede para a etapa de mérito, na qual a Corte determina se houve violação aos direitos da vítima. Em caso positivo, a Corte pode também estabelecer medidas de reparação, que podem ter natureza pecuniária ou incluir medidas gerais que levem o Estado a eliminar a prática violatória. Uma vez que a decisão seja proferida, qualquer parte pode encaminhar o caso para a *Grand Chamber,* que proferirá sua própria decisão sobre o caso se entender que este envolve questões sérias a respeito da interpretação da Convenção ou levanta temas de importância geral. As sentenças da Corte Europeia são vinculantes e a supervisão de sua implementação é realizada pelo Comitê de Ministros, órgão político do Conselho da Europa.

Com exceção do direito à educação, os direitos econômicos, sociais e culturais foram deixados de fora do texto da Convenção Europeia. Os Estados europeus optaram por protegê-los mediante um instrumento específico, a Carta Social Europeia, que não faz parte da jurisdição da Corte Europeia de Direitos Humanos. A supervisão da implementação da Carta é realizada pelo Comitê Europeu de Direitos Sociais, mediante análise de relatórios submetidos pelos Estados-partes. Desde 1995, o Protocolo Adicional à Carta Social Europeia Prevendo um Sistema de Reclamações Coletivas estabelece um procedimento para que este comitê possa também analisar denúncias de violação à Carta. Contudo, ao contrário da Corte Europeia, o Comitê Europeu de Direitos Sociais não tem competência para analisar casos individuais, apenas situações coletivas. Além disso, a possibilidade de

---

[15]   Dados completes estão disponíveis em: Corte Europeia de Direitos Humanos, *The European Court of Human Rights in Facts and Figures,* 2019.

[16]   Conforme esclarecido pela Corte, "Nos últimos anos, o Tribunal tem se concentrado no exame de casos complexos e decidiu fundir certas petições que levantam questões jurídicas semelhantes para poder considerá-las conjuntamente. Um único julgamento pode, portanto, abranger uma série de petições." Corte Europeia de Direitos Humanos, *The European Court of Human Rights in Facts and Figures,* 2019, p. 6.

apresentar denúncias ao comitê é restrita: apenas algumas organizações sindicais e ONGs internacionais podem fazê-lo.[17]

Complementarmente à Convenção Europeia de Direitos Humanos e à Carta Social Europeia, o Conselho da Europa adotou também outros tratados internacionais dedicados a temas de direitos humanos. Estes instrumentos incluem, por exemplo, a Convenção Europeia para a Prevenção da Tortura e de Tratamentos Desumanos e Degradantes, a Convenção para a Proteção de Minorias Nacionais e a Convenção sobre a Proteção de Crianças contra Exploração Sexual e Abuso Sexual.

5.3. SISTEMA AFRICANO

O mais novo dentre os sistemas regionais de direitos humanos foi criado em 1981, com a adoção da Carta Africana dos Direitos Humanos e dos Povos. A criação do Sistema Africano respondia a violações de direitos humanos que marcaram a região durante os anos 70, e seu contínuo desenvolvimento ocorreu em um contexto em que graves e sistemáticas violações foram perpetradas em diferentes países do continente.[18]

A Carta Africana, também conhecida como Carta de Banjul, foi adotada no âmbito da União Africana,[19] tendo sido ratificada por todos os membros dessa organização regional com exceção de Marrocos.[20] O tratado tem inspiração clara em outros documentos de direito internacional dos direitos humanos, sobretudo aqueles que estabeleceram os sistemas europeu e interamericano, mas também trouxe inovações. De modo central, a Carta de Banjul introduz a gramática dos direitos dos povos, enfatizada no próprio nome do tratado e reafirmada ao longo de seu texto.

Essa perspectiva coletivista se verifica em dispositivos como o artigo 19, segundo o qual "[t]odos os povos são iguais, gozam da mesma dignidade e têm os mesmos direitos. Nada pode justificar a dominação de um povo por outro". A

---

[17] O artigo 1 do Protocolo estabelece: "As Partes Contratantes do presente Protocolo reconhecem o direito de apresentar reclamações alegando uma aplicação não satisfatória da Carta às seguintes organizações:

a) Organizações internacionais de empregadores e de trabalhadores a que alude o parágrafo 2 do artigo 27.º da Carta;

b) Outras organizações internacionais não governamentais dotadas do estatuto consultivo junto do Conselho da Europa e inscritas na lista elaborada para este efeito pelo Comité Governamental;

c) Organizações nacionais representativas de empregadores e de trabalhadores sujeitas à jurisdição da Parte Contratante posta em causa pela reclamação."

[18] Veja-se, nesse sentido, John Otieno Ouko, *Africa: the Reality of Human Rights* in Rhonda Smith e Christien van den Anker (eds), The Essentials of Human Rights, 2005.

[19] Então chamada de Organização da Unidade Africana.

[20] Informação atualizada em 2020: 54 Estados ratificaram a Carta de Banjul.

Carta protege também o direito de todos os povos à autodeterminação, a dispor livremente de seus recursos naturais, ao desenvolvimento, à paz e ao meio ambiente saudável. Rechaçando eventual oposição entre direitos dos povos e direitos individuais, a Carta não apenas afirma ambos em seu texto, como também esclarece que "o respeito aos direitos dos povos deve necessariamente garantir os direitos humanos".[21]

A configuração desses direitos coletivos traz marcas evidentes da luta contra o colonialismo, afirmando a independência e a dignidade dos povos africanos e proibindo práticas típicas da exploração colonial, como a espoliação de recursos.[22] Ao mesmo tempo em que rechaça esse passado, a Carta também busca combater novas formas de exploração que ameaçam a independência dos povos. O artigo 21.4, por exemplo, firma o compromisso dos Estados parte com a eliminação de "todas as formas de exploração econômica e estrangeira, nomeadamente a que é praticada por monopólios internacionais, a fim de permitir que a população de cada país se beneficie plenamente das vantagens provenientes dos seus recursos nacionais". Também se articula com o rechaço da perspectiva colonial a valorização da cultura e das tradições africanas, que inspiram o texto da Carta como um todo e são mencionadas de modo específico em seu preâmbulo.

Outra inovação da Carta Africana é a inclusão tanto de direitos civis e políticos quanto de direitos econômicos, sociais e culturais, em pé de igualdade e sem distinções. Ao contrário de outras convenções de direitos humanos, a carta de Banjul inclui dispositivos protegendo diretamente direitos econômicos, sociais e culturais, tais como o direito à saúde, sem estabelecer qualquer distinção entre as obrigações estatais decorrentes destes direitos e aquelas advindas de direitos civis e políticos. A Carta fortalece, portanto, a indivisibilidade dos direitos humanos, concretizando este princípio no próprio corpo do instrumento internacional. Além disso, em seu preâmbulo, o tratado também relembra que "os direitos civis e políticos são indissociáveis dos direitos econômicos, sociais e culturais, tanto na sua concepção como na sua universalidade, e que a satisfação dos direitos econômicos, sociais e culturais garante o gozo dos direitos civis e políticos".

Uma terceira novidade é a inclusão de deveres dos indivíduos.[23] Embora outros documentos de direito internacional dos direitos humanos já contemplassem

---

[21] Carta Africana dos Direitos Humanos e dos Povos, preâmbulo.

[22] Segundo o artigo 21.2 da Carta de Banjul, "Em caso de espoliação, o povo espoliado tem direito à legítima recuperação dos seus bens, assim como a uma indenização adequada."

[23] Os deveres individuais estabelecidos pela Carta de Banjul são os seguintes:
"Artigo 27º. 1. Cada indivíduo tem deveres para com a família e a sociedade, para com o Estado e outras coletividades legalmente reconhecidas, e para com a comunidade internacional.
2. Os direitos e as liberdades de cada pessoa exercem-se no respeito dos direitos de outrem, da segurança coletiva, da moral e do interesse comum.

a existência de obrigações individuais,[24] a Carta de Banjul foi a primeira convenção de direitos humanos a prever tais deveres de modo amplo, minucioso e detalhado.[25]

Como o direito internacional dos direitos humanos não tem natureza transacional, o cumprimento dos deveres individuais não é condição para a fruição dos direitos protegidos pela Carta. Pelo contrário, os Estados-parte têm a obrigação de efetivar os direitos independentemente do cumprimento, pelo indivíduo, de seus deveres. Embora se tenha temido que a inclusão de obrigações individuais no texto da Convenção pudesse servir de desculpa retórica para o descumprimento de deveres estatais, na prática, esse problema não tem se verificado, uma vez que os Estados não têm utilizado esse argumento em suas defesas e os órgãos do Sistema Africano não examinam o cumprimento dos deveres individuais como pré-condição para analisar eventuais violações cometidas pelo Estado contra determinada pessoa.[26]

Por outro lado, a Carta Africana não inclui alguns direitos que costumam ser consagrados por instrumentos internacionais equivalentes, tais como o direito à privacidade, a proibição ao trabalho forçado, o direito a um julgamento justo

---

Artigo 28º. Cada indivíduo tem o dever de respeitar e de considerar os seus semelhantes sem nenhuma discriminação e de manter com eles relações que permitam promover, salvaguardar e reforçar o respeito e a tolerância recíprocos.

Artigo 29º. O indivíduo tem ainda o dever:

1. De preservar o desenvolvimento harmonioso da família e de atuar em favor da sua coesão e respeito; de respeitar a todo momento os seus pais, de os alimentar e de os assistir em caso de necessidade.

2. De servir a sua comunidade nacional pondo as suas capacidades físicas e intelectuais a seu serviço.

3. De não comprometer a segurança do Estado de que é nacional ou residente.

4. De preservar e reforçar a solidariedade social e nacional, particularmente quando esta é ameaçada.

5. De preservar e reforçar a independência nacional e a integridade territorial da pátria e, de uma maneira geral, de contribuir para a defesa do seu país, nas condições fixadas pela lei.

6. De trabalhar, na medida das suas capacidades e possibilidades, e de desobrigar-se das contribuições fixadas pela lei para a salvaguarda dos interesses fundamentais da sociedade.

7. De zelar, nas suas relações com a sociedade, pela preservação e reforço dos valores culturais africanos positivos, em um espírito de tolerância, de diálogo e de concertação e, de uma maneira geral, de contribuir para a promoção da saúde moral da sociedade.

8. De contribuir com as suas melhores capacidades, a todo momento e em todos os níveis, para a promoção e realização da Unidade Africana."

[24] Por exemplo, a Declaração Americana sobre Direitos e Deveres do Homem tem um capítulo exclusivamente dedicado a deveres, contemplando obrigações como a instrução, o sufrágio e a obediência à lei.

[25] Valério de Oliveira Mazzuoli, *Curso de Direitos Humanos,* 2019, pp. 161-162.

[26] Vincent O. Nmehielle, Development of the African Human Rights System in the Last Decade, in *Human Rights Brief 11, no. 3,* 2004, p. 2.

e o direito de participação política. Por isso, tem cabido aos órgãos do Sistema Africano interpretar os direitos expressamente protegidos e determinar se estes abrangem aqueles que não foram explicitamente incluídos no texto do tratado.

A estrutura institucional do Sistema Africano é composta pela Comissão Africana dos Direitos Humanos e dos Povos e pela Corte Africana dos Direitos Humanos e dos Povos. Estabelecida pela própria Carta Africana, a Comissão iniciou suas atividades em 1987, com o objetivo de promover e proteger os direitos humanos e dos povos em todo o continente africano. Para cumprir este mandato, a Comissão desempenha uma série de funções, incluindo a realização de estudos e pesquisas, a formulação de princípios e regras, a adoção de resoluções interpretando dispositivos da Carta de Banjul, o exame de relatórios submetidos pelos Estados-parte a respeito da implementação de suas obrigações, e a análise de comunicações interestatais e de petições individuais. Ela é composta por onze membros, que exercem sua função de modo independente de quaisquer Estados.

A Corte Africana foi estabelecida por meio de um protocolo à Carta de Banjul, já que o texto original do tratado não previa a instituição do órgão. O protocolo foi adotado em 1998 e entrou em vigor em 2004, após sua ratificação por quinze Estados. Assim como a Comissão, a Corte é composta por onze membros, eleitos pelos Estados, que atuam de modo independente. Em conformidade com o artigo 14 do protocolo, a composição da Corte deve ser representativa em relação às regiões africanas e a diferentes tradições legais, além de contar com representação adequada em termos de gênero.

A Corte exerce funções consultiva e contenciosa. A competência consultiva se efetiva mediante a elaboração de opiniões consultivas, por meio das quais a Corte esclarece questões relacionadas à interpretação da Carta. Por sua vez, a competência contenciosa permite que a Corte analise casos submetidos pelos Estados, por organizações intergovernamentais africanas e pela Comissão. Em relação a Estados que elaborarem declaração nesse sentido, a Corte pode ainda receber petições submetidas diretamente por ONGs e indivíduos que aleguem ter sofrido violações aos direitos protegidos pela Carta de Banjul. Contudo, apenas um reduzido número de Estados aceitou a competência da Corte para analisar petições individuais -e mesmo dentre os Estados que formularam a declaração, houve casos de retirada.[27] Sendo assim, vítimas de violação aos direitos humanos e organizações não governamentais podem submeter petições à Corte Africana apenas em relação à seis Estados: Burquina Faso, Malauí, Mali, Gana, Tunísia e Gambia.[28]

---

[27] Tanzânia, Ruanda, Costa do Marfim e Benin formularam declarações neste sentido, mas as retiraram posteriormente, de modo que não mais reconhecem a competência da Corte para analisar petições individuais.

[28] Informações atualizadas em 2020.

Complementando a Carta de Banjul, os Estados africanos elaboraram também instrumentos específicos sobre outros temas de direitos humanos, como a Carta Africana dos Direitos e Bem-Estar da Criança e o Protocolo à Carta Africana dos Direitos Humanos e dos Povos sobre os Direitos das Mulheres em África.

5.4. OUTROS SISTEMAS

Os sistemas regionais da Europa, das Américas e da África estão em diferentes estágios de desenvolvimento, apresentando graus de consolidação diversos. Apesar dessas diferenças, os três sistemas contam com quadro normativo claro e robusto, adotado em conformidade com as normas de direito internacional aplicáveis. Contam também com Cortes internacionais competentes para determinar a responsabilidade internacional dos Estados por violações de direitos humanos, além de outras instituições responsáveis pela proteção de direitos humanos, cujas atividades impactam positivamente a afirmação de direitos em seus respectivos continentes. Esses componentes normativo e institucional se somam ainda a um histórico que permitiu o desenvolvimento de parâmetros regionais de direitos humanos e de um corpo consistente de análises sobre temas de relevância regional.

Ao lado destes três sistemas, há também esforços para o estabelecimento de mecanismos de direitos humanos em outras regiões do globo. Embora ainda sejam incipientes, há iniciativas nesse sentido no mundo árabe e na Ásia.

Em 1994, os Estados-membros da Liga dos Estados Árabes adotaram a Carta Árabe de Direitos Humanos, que posteriormente seria substituída por uma segunda versão, reformada, adotada em 2004.[29] Em vigor desde 2008, o instrumento protege direitos civis e políticos -incluindo o direito à vida, a proibição da tortura e o direito à propriedade-, assim como direitos econômicos, sociais e culturais -tais como o direito ao trabalho, à saúde e a um nível de vida adequado. A Carta determina ainda que o cumprimento das obrigações estatais seja supervisionado por um Comitê, competente para analisar relatórios de implementação submetidos pelos Estados-partes.

A Carta Árabe é criticada por sujeitar grande parte dos direitos que protege às restrições que cada Estado decidir estabelecer por meio de leis domésticas.[30] Por exemplo, o artigo 30 determina que "cada pessoa deve ter o direito à liberdade de pensamento, crença e religião, que podem ser submetidas apenas às limitações determinadas por lei". A Carta possibilita, assim, que os direitos internacionalmente consagrados sejam limitados pela lei nacional, esvaziando o sentido da internacionalização dos direitos humanos. Além disso, há disposições da Carta que são manifestamente incompatíveis com os parâmetros de direitos humanos

---

[29]   Sobre o histórico da Carta Árabe, veja-se Mohammed Amin Al-Midani, *Arab Charter on Human Rights,* Boston University International Law Journal, vol. 24: 147.

[30]   Veja-se, a respeito: Flávia Piovesan, *Direitos Humanos e Justiça Internacional,* 2017, pp. 108-109.

estabelecidos pelo sistema global de proteção, assim como por outros sistemas regionais. Por exemplo, a Carta permite a aplicação da pena de morte a pessoas menores de 18 anos, desde que prevista pela lei doméstica.

Na Ásia, não há instrumentos de abrangência continental a respeito da proteção aos direitos humanos. Nesse contexto e diante desse vácuo regional, os Estados-membros da Associação de Nações do Sudeste Asiático (conhecida por seu acrônimo em inglês, ASEAN), organização que congrega dez países da região, decidiram elaborar uma Declaração de Direitos Humanos, adotada pela organização em 2012. Embora a Declaração não seja vinculante e não estabeleça instituições de implementação, trata-se de um passo em direção a afirmação de direitos humanos no contexto regional asiático. Também no âmbito da ASEAN, os Estados-membros estabeleceram uma Comissão Intergovernamental de Direitos Humanos, cuja missão é promover e proteger direitos humanos nos países que fazem parte da organização.

Questões objetivas

1. Assinale a alternativa correta a respeito do Sistema Interamericano de Direitos Humanos:

   a) A Convenção Americana sobre Direitos Humanos se aplica somente aos Estados que a ratificaram, enquanto a Declaração Americana dos Direitos e Deveres do Homem abrange todos os membros da Organização dos Estados Americanos.

   b) Inicialmente, o Sistema Interamericano possuía uma Comissão e uma Corte Interamericanas. As duas instituições foram fundidas em uma nova Corte, à qual indivíduos e organizações não governamentais podem acessar diretamente.

   c) Entre outras funções, a Corte Interamericana de Direitos Humanos analisa relatórios submetidos pelos Estados-parte a respeito da implementação das obrigações estabelecidas pela Convenção Americana.

   d) A Comissão Interamericana tem competência para realizar atividades de promoção aos direitos humanos somente nos Estados que ratificaram a Convenção Americana.

2. Assinale a alternativa *incorreta* a respeito do Sistema Europeu de Direitos Humanos:

   a) Vítimas de violações de direitos humanos podem enviar petições diretamente à Corte Europeia.

b) A proteção a direitos econômicos, sociais e culturais é realizada mediante um tratado específico, que conta com mecanismo de implementação próprio, o Comitê Europeu de Direitos Sociais.

c) Desde que entrou em vigor o Protocolo n.11, o número de petições analisadas pela Corte Europeia a cada ano subiu significativamente, atingindo centenas de casos anuais.

d) A Convenção Europeia de Direitos Humanos foi ratificada por todos os 47 Estados-membros da União Europeia.

3. Qual das alternativas abaixo é uma inovação introduzida pelo Sistema Africano de Direitos Humanos?

a) A proteção expressa aos direitos dos povos.

b) O questionamento a regimes autoritários.

c) A possibilidade de realizar visitas *in loco* para prevenir violações de direitos.

d) A criação de um sistema de direitos humanos baseado em compromissos regionais.

 Questões dissertativas

4. Discuta a relação entre o sistema global e os sistemas regionais de direitos humanos.

5. Quais as principais semelhanças e diferenças entre os sistemas europeu, interamericano e africano?

6. Na sua opinião, a Carta Árabe de Direitos Humanos e o mecanismo que estabelece devem ser considerados um sistema regional de direitos humanos? Por quê?

 Caso prático

Luiza Silveira é uma mulher transexual que estuda física em Portugal. Para se formar, Luiza precisa realizar um estágio no laboratório da universidade. Contudo, a inscrição de Luiza no estágio que escolheu foi indeferida. Ao indagar um funcionário da universidade sobre o motivo do indeferimento, Luiza soube que o professor responsável pelo laboratório indeferiu sua matrícula pois não se sentiria confortável trabalhando com uma pessoa transexual. Luiza ingressou com uma demanda judicial para solicitar sua inscrição no laboratório, mas ainda não obteve resposta.

Diante desta situação, discuta a possibilidade de Luiza levar seu caso (i) ao sistema global de direitos humanos, e (b) ao sistema regional de direitos humanos.

PARTE II
SISTEMA INTERAMERICANO DE DIREITOS HUMANOS

Capítulo 6
REFERENCIAIS NORMATIVOS

 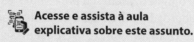

Acesse e assista à aula explicativa sobre este assunto.
> https://uqr.to/q9nu

6.1. CARTA DA ORGANIZAÇÃO DOS ESTADOS AMERICANOS

Desde o século XIX, os Estados do continente americano estabeleceram uma série de iniciativas de cooperação internacional e organização regional.[1] A partir do legado diplomático e institucional dessas experiências, em 1948, os países da região formaram a Organização dos Estados Americanos (OEA), atualmente constituída por todos os 35 Estados independentes das Américas. Tendo como mandato a promoção de uma ampla gama de objetivos,[2] a OEA estrutura suas atividades em

---

[1] Pode-se dizer que estas iniciativas tiveram início com o Congresso do Panamá, em 1826. A partir de 1889, a articulação internacional dos países americanos ganhou institucionalidade, com a realização de conferências interamericanas periódicas e a constituição de um secretariado, que um dia se converteria no secretariado da OEA.

[2] Segundo o artigo 1 da Carta da OEA, a organização busca atingir uma ordem de paz e de justiça, promover a solidariedade e a colaboração entre os Estados americanos, e defender sua soberania, integridade territorial e independência. Adicionalmente, o artigo 2 estabelece os propósitos essenciais da organização, quais sejam:
"a) Garantir a paz e a segurança continentais;
b) Promover e consolidar a democracia representativa, respeitado o princípio da não intervenção;
c) Prevenir as possíveis causas de dificuldades e assegurar a solução pacífica das controvérsias que surjam entre seus membros;
d) Organizar a ação solidária destes em caso de agressão;
e) Procurar a solução dos problemas políticos, jurídicos e econômicos que surgirem entre os Estados membros;
f) Promover, por meio da ação cooperativa, seu desenvolvimento econômico, social e cultural;
g) Erradicar a pobreza crítica, que constitui um obstáculo ao pleno desenvolvimento democrático dos povos do Hemisfério; e

quatro pilares: o fortalecimento da democracia, a promoção de direitos humanos, a segurança multidimensional e o desenvolvimento integral.

A Carta da OEA é o documento fundante da organização, estabelecendo seus objetivos, estrutura e regras principais. Assinada em 30 de abril de 1948 em Bogotá, ela firma o compromisso dos Estados-membros com a proteção e promoção dos direitos humanos por meio de dispositivos que, assim como o restante do documento, têm natureza vinculante. Os direitos humanos se fazem presentes na Carta tanto de modo abrangente, enquanto princípio e objetivo a ser perseguido, quanto de forma específica, com o estabelecimento de direitos concretos.

Em termos teleológicos, já em seu preâmbulo, a Carta se refere à consolidação de "um regime de liberdade individual e de justiça social, fundado no respeito dos direitos essenciais do Homem" como o "verdadeiro sentido da solidariedade americana e da boa vizinhança". Reforçando esse dispositivo preambular, o artigo 3 inclui os direitos fundamentais da pessoa humana no rol de princípios da OEA, estabelecendo ainda a proibição da discriminação baseada em raça, nacionalidade, credo ou sexo. Complementarmente, a Carta determina que os direitos humanos constituem um limite à ação estatal, esclarecendo que "[n]o seu livre desenvolvimento, o Estado respeitará os direitos da pessoa humana e os princípios da moral universal."[3].

A afirmação de direitos concretos se dá principalmente no capítulo dedicado ao desenvolvimento integral. A Carta faz menção expressa ao direito à educação[4] e ao direito ao trabalho,[5] assim como ao direito de todos os seres humanos "ao bem-estar material e a seu desenvolvimento espiritual em condições de liberdade, dignidade, igualdade de oportunidades e segurança econômica."[6] Essas garantias expressas, que foram incluídas na Carta a partir de uma gramática de direitos, se somam a disposições que afirmam outros direitos de modo implícito. Por exemplo, embora não faça menção expressa ao *direito* à saúde, a Carta estabelece como meta "a defesa do potencial humano mediante extensão e aplicação dos modernos conhecimentos da ciência médica", além de mencionar conceitos como "vida sadia",[7] levando a Corte Interamericana a decidir que se pode derivar o direito à saúde das normas contidas na Carta da OEA.[8]

A Carta também contém as bases jurídicas para a estrutura normativa e institucional do Sistema Interamericano de Direitos Humanos. Seu artigo 106 estabelece

---

h) Alcançar uma efetiva limitação de armamentos convencionais que permita dedicar a maior soma de recursos ao desenvolvimento econômico-social dos Estados membros."

[3] Carta da OEA, artigo 17.

[4] Carta da OEA, artigo 49.

[5] Carta da OEA, artigo 45(b) e (c).

[6] Carta da OEA, artigo 45(a).

[7] Carta da OEA, artigo 34(i) e (l).

[8] Corte Interamericana de Direitos Humanos, caso Poblete Vilches e outros vs. Chile, 8 de março de 2018, par. 106; Corte Interamericana de Direitos Humanos, caso Cuscul Pivaral e outros vs. Guatemala, 23 de agosto de 2018, par. 98.

Cap. 6 · REFERENCIAIS NORMATIVOS | 111

que "[h]averá uma Comissão Interamericana de Direitos Humanos que terá por principal função promover o respeito e a defesa dos direitos humanos", prevendo ainda "[u]ma convenção interamericana sobre direitos humanos" para estabelecer sua estrutura, suas competências e suas normas de funcionamento. Embora não constassem da versão original da Carta, essas disposições foram incluídas pelo Protocolo de Buenos Aires, assinado em 27 de fevereiro de 1967.

Em suma, o Sistema Interamericano de Direitos Humanos está firmemente ancorado no documento fundante da Organização dos Estados Americanos. Como norma vinculante, a Carta da OEA determina a proteção dos direitos humanos enquanto *objetivo e princípio* da organização, elabora o *conteúdo* da proteção a alguns direitos humanos, estabelecendo direitos de modo expresso ou implícito, e *solidifica institucionalmente* o Sistema, na medida em que dispõe base normativa para a atuação da Comissão Interamericana enquanto órgão da OEA. Ao prever a Convenção Americana sobre Direitos Humanos, a Carta também indicou o caminho para o fortalecimento do Sistema e para a criação da Corte Interamericana.

6.2. DECLARAÇÃO AMERICANA SOBRE DIREITOS E DEVERES DO HOMEM

Assim como a Carta da OEA, a Declaração Americana sobre Direitos e Deveres do Homem (DADDH) foi adotada na Nona Conferência Internacional Americana, realizada em 1948 na cidade de Bogotá. Tendo sido aprovada meses antes da Declaração Universal dos Direitos Humanos, a DADDH é o primeiro documento intergovernamental que estabelece um rol de direitos humanos internacionalmente reconhecidos. Os processos de elaboração da Declaração Americana e da Declaração Universal correram em paralelo e se influenciaram mutuamente, de modo que não é surpreendente que o rol de direitos estabelecidos pelos dois documentos seja quase equivalente.[9] Os representantes da América Latina foram particularmente influentes na decisão de incluir direitos econômicos, sociais e culturais na Declaração Universal, assim como o direito de acesso à justiça, que se inspirava na tradição latino-americana e havia sido abrangido pela Declaração Americana.[10]

---

[9] Todos os direitos contidos na Declaração Universal estão também presentes na Declaração Americana, embora sua elaboração e grau de detalhamento variem. Por sua vez, a Declaração Americana inclui um único direito que não foi abrangido pela Declaração Universal - trata-se do direito de petição, estabelecido pelo artigo 24 da Declaração Americana nos seguintes termos: "Toda pessoa tem o direito de apresentar petições respeitosas a qualquer autoridade competente, quer por motivo de interesse geral, quer de interesse particular, assim como o de obter uma solução rápida." Veja-se, a respeito, Kathryn Sikkink, Protagonismo da América Latina Em Direitos Humanos, SUR Revista Internacional de Direitos Humanos, v. 22, 2015, p. 222.

[10] Kathryn Sikkink, Protagonismo da América Latina Em Direitos Humanos, SUR Revista Internacional de Direitos Humanos, v. 22, 2015, pp. 222-223.

112 | CURSO DE DIREITOS HUMANOS – SISTEMA INTERAMERICANO • *Piovesan e Cunha Cruz*

De modo similar à relação entre a Declaração Universal e a Carta da ONU, a DADDH define o que querem dizer as disposições genéricas sobre direitos humanos inseridas na Carta da OEA. Ou seja, quando a Carta faz menções abrangentes a direitos humanos, os estabelecendo como princípio da organização e limite à ação estatal, ela está se referindo ao conjunto de direitos estabelecidos pela Declaração Americana. Por isso, embora não seja um tratado e apesar de, em geral, as declarações não constituírem fontes vinculantes de direito internacional, a DADDH é de cumprimento obrigatório pelos Estados-membros da OEA, por ser a interpretação autorizada de obrigações vinculantes estabelecidas pela Carta da OEA.[11]

Os direitos estabelecidos pela Declaração Americana incluem tanto direitos civis e políticos, descritos pelos artigos 1 a 10 e 17 a 27, quanto direitos econômicos, sociais e culturais, dos quais tratam os artigos 11 a 16. A DADDH não estabelece qualquer distinção entre as categorias de direitos, de modo que os Estados têm o dever de assegurar ambas, sem diferenças ou hierarquias. Nesse sentido, o documento é fortemente marcado pela indivisibilidade dos direitos humanos.

Além de estabelecer direitos para os indivíduos e obrigações para os Estados, a Declaração Americana contém também deveres individuais.[12] Em seu capítulo segundo, o documento estabelece um conjunto de obrigações para as pessoas, incluindo obedecer a lei, se instruir, trabalhar e pagar impostos. Estão incluídos também deveres dos indivíduos em relação a seus filhos e seus pais,[13] assim como para com a pátria.[14] O capítulo transparece, assim, uma visão do jurisdicionado ideal como alguém que participa da vida social e contribui para a comunidade.

---

[11] Tanto a Corte Interamericana quanto a Comissão Interamericana já se manifestaram nesse sentido. Veja-se: Comissão Interamericana de Direitos Humanos, *James Terry Roach vs. Estados Unidos da América*, Resolução 3/87, 22 de setembro de 1987, par. 48; Corte Interamericana de Direitos Humanos, *Interpretación de la Declaración Americana de los Derechos y Deberes del Hombre en el Marco del Artículo 64 de la Convención Americana Sobre Derechos Humanos*, Opinião Consultiva 10/89, 14 de julho de 1989, par. 45.

[12] Uma das diferenças entre a Declaração Americana e a Declaração Universal, é que esta última não tem uma seção dedicada aos deveres individuais. Na Declaração Universal, há apenas uma menção genérica a obrigações dos indivíduos: segundo o artigo 29.1, "O indivíduo tem deveres para com a comunidade, fora da qual não é possível o livre e pleno desenvolvimento da sua personalidade."

[13] Declaração Americana dos Direitos e Deveres do Homem, artigo 30: "Toda pessoa tem o dever de auxiliar, alimentar, educar e amparar os seus filhos menores de idade, e os filhos têm o dever de honrar sempre os seus pais e de os auxiliar, alimentar e amparar sempre que precisarem."

[14] Declaração Americana dos Direitos e Deveres do Homem, artigo 30: "Toda pessoa devidamente habilitada tem o dever de prestar os serviços civis e militares que a pátria exija para a sua defesa e conservação, e, no caso de calamidade pública, os serviços civis que estiverem dentro de suas possibilidades. Da mesma forma tem o dever de desempenhar os cargos de eleição popular de que for incumbida no Estado de que for nacional."

Cap. 6 · REFERENCIAIS NORMATIVOS | 113

A partir desse paradigma, a Declaração Americana concebeu deveres e direitos de modo integrado, muitas vezes refletindo duas faces do mesmo fenômeno social.[15] Por exemplo, se o Estado tem o dever de assegurar o direito dos indivíduos a votar e a participar no governo (conforme estabelecido pelo artigo 20 da DADDH), ao indivíduo cabe exercer esse direito, votando nas eleições para as quais está legalmente habilitado (tal qual disposto pelo artigo 32 do documento). Porém, o cumprimento dos deveres individuais *não* é condição para que o Estado cumpra suas próprias obrigações. Isto é, ainda que uma pessoa ou grupo de pessoas descumpram os deveres estabelecidos pela Declaração Americana, elas são titulares de todos os direitos protegidos pelo documento, de modo incondicionado, e o Estado jamais poderia se escusar de violações aos direitos da população alegando que esta não cumpriu seus deveres.

O texto da Declaração Americana não prevê um mecanismo de implementação. Conforme declarado em seus parágrafos de adoção, os Estados viam a DADDH como apenas o primeiro passo na construção de um sistema para a proteção de direitos humanos nas Américas, sistema esse que deveria ser fortalecido posteriormente.[16] O próximo passo significativo nessa direção foi a criação da Comissão Interamericana de Direitos Humanos, estabelecida por resolução adotada em 1959, durante a Quinta Reunião de Consulta de Ministros de Relações Exteriores.[17] Com o mandato de proteger e promover os direitos humanos na região, a Comissão começou a operar já em 1960. Desde então, os comissionados passaram a realizar visitas *in loco*, a elaborar relatórios sobre a situação dos direitos humanos no continente e a receber petições individuais denunciando violações,[18] entre outras ações, utilizando a Declaração Americana como parâmetro normativo e fonte do direito.

Com a adoção da Convenção Americana sobre Direitos Humanos, esta passou a ser a principal norma utilizada pela CIDH para realizar análises a respeito

---

[15] De fato, o preâmbulo da Declaração Americana afirma: "O cumprimento do dever de cada um é exigência do direito de todos. Direitos e deveres integram-se correlativamente em toda a atividade social e política do homem. Se os direitos exaltam a liberdade individual, os deveres exprimem a dignidade dessa liberdade."

[16] "A IX Conferência Internacional Americana, CONSIDERANDO [...] Que a consagração americana dos direitos essenciais do homem, unida às garantias oferecidas pelo regime interno dos Estados, estabelece o sistema *inicial* de proteção que os Estados americanos consideram adequado às atuais circunstâncias sociais e jurídicas, não deixando de reconhecer, porém, que *deverão fortalecê-lo* cada vez mais no terreno internacional, à medida que essas circunstâncias se tornem mais propícias."

[17] Como se viu, a Comissão seria posteriormente inclusa também na Carta da OEA, mediante o Protocolo de Bueno Aires, o que a tornou um órgão principal da organização.

[18] A possibilidade de receber comunicações individuais foi reconhecida em 1965, na Segunda Conferência Interamericana Extraordinária.

dos países que a ratificaram.[19] Contudo, conforme expresso no próprio texto do tratado, nada na Convenção pode ser interpretado de modo a restringir os direitos previamente proclamados na Declaração Americana[20] – ou seja, a Convenção deve ser interpretada como uma expansão da proteção conferida pela DADDH. Por este motivo, mesmo quando não é a principal fonte do direito das análises realizadas pela Comissão, a Declaração Americana continua a ser um parâmetro interpretativo importante. O mesmo se aplica para as análises realizadas pela Corte Interamericana de Direitos Humanos: ainda que a Corte analise apenas casos relativos a Estados que ratificaram a Convenção Americana, a DADDH é utilizada pelo órgão para interpretar as obrigações dos Estados dentro deste marco.[21]

A DADDH segue sendo o principal documento-base para as ações do Sistema Interamericano em relação a todos os Estados do continente que não ratificaram a Convenção Americana,[22] assim como para aqueles que, embora a tenham ratificado, decidiram posteriormente denunciar o tratado.[23]

6.3. CONVENÇÃO AMERICANA SOBRE DIREITOS HUMANOS

A ideia de um tratado regional para proteger direitos humanos no continente americano não é nova. A questão foi discutida pelos Estados das Américas já nos momentos inaugurais do processo de internacionalização dos direitos humanos, na Conferência Interamericana sobre Problemas da Guerra e da Paz, realizada em 1945 no México. Em resolução sobre a proteção internacional dos direitos humanos, a Conferência decidiu "proclamar a adesão das Repúblicas Americanas aos princípios consagrados no Direito Internacional para a salvaguarda dos direitos essenciais do homem e pronunciar-se a favor de um sistema de proteção internacional dos mesmos", determinando ainda que "para que essa proteção seja colocada em prática se requere precisar tais direitos -assim como os deveres correlativos- em uma Declaração adotada *em forma de Convenção* pelos Estados.[24]

---

[19] Estatuto da Comissão Interamericana de Direitos Humanos, artigo 1.

[20] Convenção Americana sobre Direitos Humanos, artigo 29.

[21] A Corte também trata da Declaração Americana ao exercer sua jurisdição consultiva, isto é, quando responde a questões colocadas pelos Estados e por órgãos da OEA. Veja-se: Corte Interamericana de Direitos Humanos, *Interpretación de la Declaración Americana de los Derechos y Deberes del Hombre en el Marco del Artículo 64 de la Convención Americana Sobre Derechos Humanos*, Opinião Consultiva 10/89, 14 de julho de 1989.

[22] Os Estados-membros da OEA que não ratificaram a Convenção Americana são: Antígua e Barbuda, Bahamas, Belize, Canadá, Estados Unidos da América, Guiana, St. Kitts e Nevis, Santa Lúcia e São Vincente e Grenadinas (informação atualizada em 2020).

[23] Trata-se de Trinidade e Tobago e Venezuela, que manifestaram sua decisão de denunciar a Convenção Americana sobre Direitos Humanos em 1998 e 2012, respectivamente.

[24] Conferência Interamericana sobre os Problemas da Guerra e da Paz, *Protección Internacional de los Derechos Esenciales del Hombre*, Resolução XL, 7 de março de 1945.

Como se viu, a tarefa de definir os direitos humanos foi realizada por meio da Declaração Americana, abandonando-se a ideia de que esta fosse adotada em forma de convenção.[25] O ímpeto em favor de um tratado de direitos humanos seria retomado apenas em 1959, durante a Quinta Reunião de Consulta de Ministros de Relações Exteriores, que também estabeleceu a criação da Comissão Interamericana. Neste espaço, determinou-se que o Conselho Interamericano de Jurisconsultos deveria elaborar um projeto de Convenção sobre direitos humanos, assim como sobre a criação de uma "Corte Interamericana de Proteção dos Direitos Humanos".[26] Após atualizações, comentários dos Estados partes e contribuições da CIDH, o Conselho da OEA convocou uma conferência com o objetivo de considerar o projeto de convenção. Em 22 de novembro de 1969, reunidos na Conferência Especializada sobre Direitos Humanos, os Estados assinaram a Convenção Americana sobre Direitos Humanos, também conhecida como Pacto de São José da Costa Rica. A Convenção entrou em vigor em 1978, após o depósito do décimo-primeiro instrumento de ratificação.

A Convenção Americana sobre Direitos Humanos (CADH) estabelece obrigações vinculantes para os Estados-partes. Ela é composta por 82 artigos, que incluem um rol amplo de direitos, assim como seus meios de proteção. Atualmente, conta com 23 Estados-partes.[27]

Já em seu preâmbulo, a Convenção reafirma os fundamentos da internacionalização dos direitos humanos, esclarecendo que "os direitos essenciais do homem não derivam do fato de ser ele nacional de determinado Estado, mas sim do fato de ter como fundamento os atributos da pessoa humana, razão por que justificam uma proteção internacional, de natureza convencional, coadjuvante ou complementar da que oferece o direito interno dos Estados americanos". Reafirma, assim, que a

---

[25] Conforme relatado pela Corte Interamericana, "la resolución XL de la Conferencia Interamericana sobre Problemas de la Guerra y de la Paz (Chapultepec, 1945), había estimado que para lograr la protección internacional de los derechos humanos, éstos deberían estar enumerados y precisados 'en una Declaración adoptada en forma de Convención por los Estados.' En el posterior proceso de elaboración del proyecto de Declaración en el Comité Jurídico Interamericano y luego en la Novena Conferencia, este enfoque inicial se abandonó y la Declaración se adoptó como tal, no previéndose ningún procedimiento para que pudiese pasar a ser un tratado". Corte Interamericana de Direitos Humanos, *Interpretación de la Declaración Americana de los Derechos y Deberes del Hombre en el Marco del Artículo 64 de la Convención Americana Sobre Derechos Humanos*, Opinião Consultiva 10/89, 14 de julho de 1989, par. 34.

[26] Organização dos Estados Americanos, *Quinta Reunion de Consulta de Ministros de Relaciones Exteriores: Ata final,* 12 a 18 de agosto de 1959, capítulo VIII.

[27] Os Estados-partes da Convenção são: Argentina, Barbados, Bolívia, Brasil, Chile, Colômbia, Costa Rica, Dominica, Equador, El Salvador, Granada, Guatemala, Haiti, Honduras, Jamaica, México, Nicarágua, Panamá, Paraguai, Peru, República Dominicana, Suriname e Uruguai (informação atualizada em 2020). Note-se que Trinidade e Tobago e Venezuela apresentaram denúncia à Convenção Americana sobre Direitos Humanos em 1998 e 2012, respectivamente.

proteção internacional *complementa* os mecanismos nacionais de proteção -isto é, os sistemas doméstico e internacional têm um objetivo comum de proteger os atributos essenciais da dignidade humana, figurando o Estado como o principal responsável por essa tarefa. A comunidade internacional é coadjuvante na medida em que sua atuação é justificada quando a esfera doméstica se mostra insuficiente para garantir a efetividade dos direitos protegidos.

O preâmbulo reafirma ainda os princípios da indivisibilidade[28] e da universalidade[29], e se refere à Carta da OEA, à DADH, à Declaração Universal e a "outros instrumentos internacionais, tanto de âmbito mundial como regional", deixando inequívoca a necessidade de se interpretar a CADH como parte de um sistema de direito internacional dos direitos humanos, cujos instrumentos se fortalecem mutuamente na busca por objetivos comuns. A partir destes postulados, o preâmbulo da CADH confere coesão aos diferentes dispositivos do tratado,[30] indicando seu sentido e, assim, orientando a forma pela qual a Convenção deve ser interpretada e implementada.[31]

Imediatamente após o preâmbulo, a Convenção trata das obrigações gerais dos Estados. Estes primeiros artigos são de central importância, pois determinam quais os deveres estatais correspondentes a cada um dos direitos estabelecidos pelos artigos seguintes. O artigo 1.1 estabelece a *obrigação de respeitar direitos*,

---

[28] O texto reitera "que, de acordo com a Declaração Universal dos Direitos do Homem, só pode ser realizado o ideal do ser humano livre, isento do temor e da miséria, se forem criadas condições que permitam a cada pessoa gozar dos seus direitos econômicos, sociais e culturais, bem como dos seus direitos civis e políticos"

[29] A universalidade se vê reafirmada pela passagem transcrita acima, notadamente o trecho "os direitos essenciais do homem não derivam do fato de ser ele nacional de determinado Estado, mas sim do fato de ter como fundamento os atributos da pessoa humana". Indiretamente, o princípio também se reitera pela menção à Declaração Universal dos Direitos Humanos, verdadeiro marco de sua afirmação.

[30] Conforme colocado por Eduardo Ferrer Mac-Gregor e Carlos María Pelayo Moller, "o Preâmbulo da CADH está dotado de sentido jurídico pois orienta, realiza e se inter-relaciona com os direitos, e é o fio condutor que harmoniza, integra e dota de plena razoabilidade o ordenamento interamericano". Eduardo Ferrer Mac-Gregor, Carlos María Pelayo Moller, *Preambulo*, in Christian Steiner, Patricia Uribe (coords.), *Convencion Americana sobre Derechos Humanos comentada*, 2014, p. 41. Tradução livre.

[31] De maneira geral, o preâmbulo de um tratado descreve as motivações de seus redatores, assim como os elementos considerados durante sua elaboração. Nesse sentido, o preâmbulo documenta o contexto hermenêutico em que o tratado foi desenvolvido e adotado, constituindo fonte de inegável importância para a interpretação dos dispositivos de uma convenção internacional. De fato, o artigo 31 da Convenção de Viena sobre o Direito dos Tratados determina que a interpretação deve se dar com observância ao contexto do tratado, o qual inclui seu preâmbulo. Veja-se, a respeito: Eduardo Ferrer Mac-Gregor, Carlos María Pelayo Moller, *Preambulo*, in Christian Steiner, Patricia Uribe (coords.), *Convencion Americana sobre Derechos Humanos comentada*, 2014, pp. 29-41.

determinando que os Estados-partes se comprometem a *respeitar* os direitos reconhecidos pela Convenção e a *garantir* seu exercício a todas as pessoas sob sua jurisdição, sem qualquer forma de discriminação. A obrigação de respeito significa que agentes estatais não devem interferir indevidamente com os direitos garantidos pela Convenção, abstendo-se de quaisquer ações ou omissões que levem a sua violação. Já a obrigação de garantia se refere ao dever dos Estados de organizar o exercício do poder público de modo a assegurar o livre e pleno exercício dos direitos protegidos, o que envolve prevenir violações (inclusive violações cometidas por agentes privados), assim como investigar, sancionar e reparar violações que eventualmente ocorram.[32] A depender do direito, o dever de garantia envolve também a obrigação de adotar medidas prestacionais. Assim, se o dever de respeito requer que o Estado se abstenha de realizar ações que violem direitos, a obrigação de garantia diz respeito à adoção de medidas positivas para assegurar que os direitos estabelecidos pela Convenção se realizem de modo pleno.

Por sua vez, o artigo 2 estabelece o *dever de adotar disposições de direito interno* para tornar efetivos os direitos protegidos pela Convenção. Isto é, caso tais direitos não se encontrem protegidos pelo ordenamento jurídico doméstico, os Estados devem adotar medidas nesse sentido, sejam elas reformas legislativas ou de outra natureza (por exemplo, medidas relacionadas a interpretação, regulamentação ou anulação judicial), sempre respeitando os procedimentos internos. Conforme esclarecido pela Corte Interamericana, a obrigação inclui tanto o dever de repelir normas que gerem violações, quanto adotar novas leis e práticas necessárias para garantir a efetividade dos direitos convencionais.[33] Trata-se de uma complementação ao artigo 1, uma vez que a harmonização do ordenamento interno com o direito internacional dos direitos humanos é fundamental para que o Estado respeite e garanta os direitos protegidos.

Essas obrigações gerais estabelecidas pelos artigos 1 e 2 não se aplicam de modo isolado: seu conteúdo se define *em relação* a cada um dos direitos da Convenção. Por exemplo, no caso Azul Rojas Marín e outra vs. Peru, a Corte analisou a detenção e tortura de uma mulher transexual, as quais haviam sido perpetradas

---

[32] O dever de prevenir, investigar, sancionar e reparar violações de direitos foi afirmado pela Corte Interamericana desde seu primeiro caso. Naquela oportunidade, a Corte estabeleceu que "El Estado está en el deber jurídico de prevenir, razonablemente, las violaciones de los derechos humanos, de investigar seriamente con los medios a su alcance las violaciones que se hayan cometido dentro del ámbito de su jurisdicción a fin de identificar a los responsables, de imponerles las sanciones pertinentes y de asegurar a la víctima una adecuada reparación." Corte Interamericana de Direitos Humanos, *Velásquez Rodriguez vs. Honduras (fondo)*, 29 de julho de 1988, par. 174.

[33] Corte Interamericana de Direitos Humanos, *La Cantuta vs. Peru*, 29 de novembro de 2006, par. 172; Corte Interamericana de Direitos Humanos, *Cantoral Benavides v. Peru*, 18 de agosto de 2000, par. 178.

por agentes policiais peruanos motivados por razões discriminatórias.[34] A Corte concluiu que o Peru violou os direitos à liberdade pessoal, à integridade e à vida privada, assim como os direitos a garantias judiciais e proteção judicial da vítima, *em relação* com a obrigação geral de respeito e garantia estabelecida pelo artigo 1.1. Em outras palavras, o Estado falhou em respeitar e garantir os direitos à liberdade, à integridade, à vida privada, a garantias judiciais e à proteção judicial. Além disso, a Corte determinou que a lei doméstica tipificava o delito de tortura indevidamente, o que impediu a adequada investigação do caso. Por isso, o Estado violou os direitos a garantias judiciais e à proteção judicial também em relação à obrigação de adotar disposições de direito interno.[35]

Após o estabelecimento das obrigações gerais dos Estados, a Convenção Americana passa à descrição dos direitos protegidos. Seus artigos 3 a 25 contêm um rol detalhado de direitos civis e políticos: a CADH protege os direitos à igualdade, à personalidade jurídica, à vida, à integridade pessoal, à liberdade, à honra, ao nome, à nacionalidade, à propriedade, à participação política e à retificação em caso de difusão de informações inexatas ou ofensivas. O tratado também proíbe a escravidão, protege a família e estabelece as liberdades de religião, expressão, reunião, associação e residência. Contém ainda dispositivos estabelecendo garantias judiciais, protegendo o princípio da legalidade, determinando o direito à indenização em caso de condenação por erro judicial e garantindo o direito à proteção judicial. De modo específico, são também assegurados os direitos das crianças. Trata-se de uma lista ampla de direitos, mais extensa e abrangente do que outros documentos internacionais semelhantes.

Já os direitos econômicos, sociais e culturais estão protegidos pelo artigo 26 da Convenção, segundo o qual os Estados devem adotar providências para atingir progressivamente a plena efetividade dos direitos que decorrem das normas econômicas, sociais e sobre educação, ciência e cultura, constantes da Carta da OEA. Estas providências podem envolver ações legislativas ou outros meios, e são exigíveis na medida dos recursos disponíveis. Assim, ao contrário do ocorrido com direitos civis e políticos, a CADH não especifica diretamente quais são os direitos econômicos, sociais e culturais, cabendo aos atores envolvidos (especialmente a Comissão e a Corte Interamericanas) referir-se à Carta da OEA para determinar quais direitos podem ser derivados daquele tratado.

Apesar das diferenças na forma como a Convenção Americana trata cada categoria de direitos, a Corte e a Comissão já esclareceram que os direitos econômicos, sociais e culturais também são exigíveis e justiciáveis, gerando deveres para os

---

[34] Corte Interamericana de Direitos Humanos, *Azul Rojas Marín e outra vs. Peru*, 12 de março de 2020.

[35] Ibid, par. 206-208.

Estados-partes.[36] O artigo 26, portanto, não é meramente uma norma programática, mas uma fonte de obrigações concretas, cuja violação enseja a responsabilidade internacional do Estado. Em particular, as obrigações gerais estabelecidas pelos artigos 1 e 2 também se aplicam aos direitos econômicos, sociais e culturais que se derivem da Carta da OEA, de modo que os Estados têm o dever de respeitá-los, garanti-los e adotar disposições de direito interno visando garantir a sua efetividade.

Esclarecidos os direitos protegidos, a Convenção trata de sua interpretação e aplicação, assim como da possibilidade de suspender garantias.

Em seu artigo 27, a CADH prevê a possibilidade de que guerras, perigos públicos ou outras emergências gerem a necessidade de suspender alguns dos compromissos assumidos pelos Estados-partes por meio do tratado.[37] A Convenção autoriza essa suspensão, desde que ela seja compatível com as demais obrigações do Estado perante o direito internacional, não provoque qualquer tipo de discriminação e tenha extensão e duração estritamente limitadas às exigências da situação emergencial. O Estado que decidir realizar uma suspensão dessa natureza deve avisar os demais Estados-partes da CADH por meio de notificação ao Secretário Geral da OEA.[38]

Em relação à aplicação, a Convenção traz esclarecimentos sobre Estados-partes constituídos na forma de federação. Chamado de cláusula federal, o artigo 28 estabelece que, em Estados Federais, o governo nacional deve cumprir as obrigações decorrentes da Convenção em relação às matérias sobre as quais tem competência, devendo ainda tomar medidas, em conformidade com suas leis, para que as autoridades de outras entidades da federação cumpram as disposições que lhes competem. Portanto, cabe aos Estados nacionais cooperar e coordenar as unidades

---

[36] Veja-se, entre outros: Corte Interamericana de Direitos Humanos, *Lagos del Campo vs. Peru*, 31 de agosto de 2017, par. 141-154.

[37] A Convenção deixa claro que nem todos os direitos podem ser suspensos. Conforme o artigo 27.2, não se admite suspensão ao seguinte conjunto de artigos: 3 (direito ao reconhecimento da personalidade jurídica); 4 (direito à vida); 5 (direito à integridade pessoal); 6 (proibição da escravidão e servidão); 9 (princípio da legalidade e da retroatividade); 12 (liberdade de consciência e de religião); 17 (proteção da família); 18 (direito ao nome); 19 (direitos da criança); 20 (direito à nacionalidade) e 23 (direitos políticos), assim como as garantias judiciais necessárias para protegê-los.

[38] Durante a pandemia do vírus COVID-19, um grande número de Estados notificou o Secretário Geral a respeito da suspensão de algumas das garantias protegidas pela Convenção Americana. Em pronunciamento sobre o tema, a Comissão Interamericana reconheceu que de fato poderia ser necessário restringir alguns direitos (como a liberdade de reunião e de livre circulação) para proteger a vida e a saúde da população. Lembrou, contudo, que quaisquer restrições deveriam ser estritamente proporcionais a fins legítimos, e que os Estados deveriam considerar o impacto dessas limitações sobre grupos em situação de maior vulnerabilidade, adotando medidas positivas para que as restrições não gerassem efeitos desproporcionais sobre estas pessoas. Veja-se: Comissão Interamericana de Direitos Humanos, *La CIDH llama a los Estados de la OEA a asegurar que las medidas de excepción adoptadas para hacer frente la pandemia COVID-19 sean compatibles con sus obligaciones internacionales*, comunicado de imprensa, 17 de abril de 2020.

da federação para implementar obrigações advindas da CADH, assim como criar condições normativas e institucionais que levem os entes federativos a cumprir os deveres que estejam sob sua competência.[39] Por outro lado, a cláusula federal *não* possibilita que um Estado se exima de responsabilidade no plano internacional alegando tratar-se de matéria de competência de outro ente da federação. Isto porque, em direito internacional, o Estado é um ente uno, não podendo invocar disposições de seu direito interno para justificar o descumprimento a uma obrigação internacional.[40] A forma de organização do Estado e a divisão de competências estabelecida domesticamente são irrelevantes para a determinação sobre a responsabilidade internacional do Estado por violação da Convenção Americana, assim como de outros acordos de direito internacional dos direitos humanos.[41]

As normas de interpretação da Convenção Americana são estabelecidas por seu artigo 29, que consagra a primazia da norma mais favorável ao ser humano (também chamada de princípio *pro homine*). De modo expresso, a CADH determina que nenhuma de suas disposições pode ser interpretada de modo a limitar ou excluir os direitos humanos estabelecidos pela Declaração Americana, por outros tratados internacionais e pelas leis domésticas dos Estados-partes. De forma ainda mais abrangente, o artigo 29 também veda interpretações da CADH que suprimam "outros direitos e garantias que são inerentes ao ser humano ou que decorrem da forma democrática representativa de governo". Fica claro, portanto, que em caso de diferenças entre normas de direitos humanos, deve prevalecer aquela que confere maior proteção ao direito em questão. Nesse sentido, os dispositivos da Convenção Americana constituem um *piso protetivo mínimo,* que pode ser complementado por outras normas de direito nacional e internacional.

---

[39] Veja-se, a respeito: Victor Abramovich, *Uma nueva institucionalidad pública: los tratados de derechos humanos en el orden constitucional argentino,* 2006.

[40] Convenção de Viena sobre Direito dos Tratados, artigo 27.

[41] Flávia Piovesan, Melina Girardi Fachin e Valerio de Oliveira Mazzuoli, *Comentários à Convenção Americana sobre Direitos Humanos,* 2019, p. 265. Veja-se também a explicação de Victor Abramovich: "En este punto es importante marcar que el derecho internacional como regla, no obliga al Estado a adoptar una determinada forma de organización política, ni de gobierno, pero al mismo tiempo impone a los Estados federales la obligación de actuar en la orbita internacional y de responder por las violaciones de esas obligaciones en el ámbito interno, cualquiera sea el agente estatal que las haya causado, incluso si han sido causadas por una autoridad provincial sobre la que no ejerce competencias directas. Em cierta medida al derecho internacional de los derechos humanos le es indiferente la organización federal. Siempre es el Estado federal el que responde en sede internacional, aún cuando las violaciones a los derechos humanos se originen en actos de los poderes públicos de las provincias. Así, el Estado federal ha sido demandando ante la Comisión Interamericana de Derechos Humanos por ejemplo, por prácticas de tortura y ejecuciones sumarias desarrolladas por policías provinciales. También lo há sido por la situación de superpoblación y el trato inhumano en las cárceles de algunas provincias." Victor Abramovich, *Uma nueva institucionalidad pública: los tratados de derechos humanos en el orden constitucional argentino,* 2006.

Por fim, a Convenção Americana estabeleceu mecanismos de proteção, destinados a garantir a efetividade dos direitos nela previstos. Os órgãos autorizados a tratar de assuntos relacionados ao cumprimento dos compromissos assumidos pelos Estados-partes são a Comissão Interamericana de Direitos Humanos e a Corte Interamericana de Direitos Humanos.

Como se viu, quando da adoção da CADH, a Comissão Interamericana já estava em funcionamento, atuando como órgão principal da OEA responsável pela promoção e proteção de direitos humanos nos Estados-membros da organização. Com a entrada em vigor da Convenção Americana, o tratado passou a ser o principal parâmetro normativo para todas as ações da CIDH relacionadas a seus Estados-partes. Além de manter as atividades que já desenvolvia para promover a observância dos direitos humanos,[42] a Comissão ganhou novas funções no âmbito do sistema de petições individuais: autorizada desde 1965 a receber comunicações contendo denúncias de violações aos direitos humanos, a Comissão passou a poder receber petições baseadas na CADH. Ao receber uma comunicação desta natureza, a CIDH determina se houve violação aos direitos protegidos pela Convenção e, em caso positivo, formula recomendações para os Estados. Crucialmente, caso suas recomendações não sejam cumpridas, a Comissão pode decidir encaminhar o caso para a Corte Interamericana de Direitos Humanos.

Por sua vez, a Corte Interamericana é o órgão jurisdicional do Sistema Interamericano. No exercício de sua competência contenciosa, a Corte recebe casos submetidos pela Comissão Interamericana ou pelos Estados-partes da CADH, devendo determinar se as situações sob análise violaram a Convenção Americana e, por isso, ensejam a responsabilidade internacional do Estado que descumpriu suas obrigações. Em caso positivo, a Corte estabelece medidas para assegurar que a vítima possa usufruir do direito violado e para reparar os danos sofridos. As sentenças da Corte são vinculantes e, por isso, tais medidas de remediação

---

[42] Essas atividades foram reconhecidas pelo texto da Convenção Americana, cujo artigo 41 estabelece: "A Comissão tem a função principal de promover a observância e a defesa dos direitos humanos e, no exercício do seu mandato, tem as seguintes funções e atribuições: a. estimular a consciência dos direitos humanos nos povos da América; b. formular recomendações aos governos dos Estados membros, quando o considerar conveniente, no sentido de que adotem medidas progressivas em prol dos direitos humanos no âmbito de suas leis internas e seus preceitos constitucionais, bem como disposições apropriadas para promover o devido respeito a esses direitos; c. preparar os estudos ou relatórios que considerar convenientes para o desempenho de suas funções; d. solicitar aos governos dos Estados membros que lhe proporcionem informações sobre as medidas que adotarem em matéria de direitos humanos; e. atender às consultas que, por meio da Secretaria-Geral da Organização dos Estados Americanos, lhe formularem os Estados membros sobre questões relacionadas com os direitos humanos e, dentro de suas possibilidades, prestar-lhes o assessoramento que eles lhe solicitarem; f. atuar com respeito às petições e outras comunicações, no exercício de sua autoridade, de conformidade com o disposto nos artigos 44 a 51 desta Convenção; e g. apresentar um relatório anual à Assembléia Geral da Organização dos Estados Americanos."

122 | CURSO DE DIREITOS HUMANOS – SISTEMA INTERAMERICANO • *Piovesan e Cunha Cruz*

e reparação são de cumprimento obrigatório pelo Estado envolvido.[43] Complementarmente a essa função contenciosa, a Corte tem também uma competência consultiva, mediante a qual esclarece dúvidas sobre a interpretação de normas do Sistema Interamericano de Direitos Humanos.

Para que a Corte tenha jurisdição sobre um Estado, é necessário que este ratifique a Convenção Americana e, adicionalmente, declare que reconhece a competência contenciosa da Corte.[44] Ou seja, a Corte analisa apenas petições que aleguem violação da Convenção por um Estado que é parte do tratado e que reconheceu a jurisdição obrigatória da Corte Interamericana.

A Convenção trata em detalhe do processo aplicável aos casos submetidos ao sistema de petições individuais, prevendo inclusive a possibilidade de solução amistosa entre as partes. O tratado estabelece também que a Corte pode adotar medidas provisórias para responder a situações de extrema gravidade e urgência, em que seja necessário evitar danos irreparáveis aos direitos protegidos pela Convenção. As especificidades desses instrumentos, assim como as regras de funcionamento da Comissão e da Corte são estabelecidas pelo regulamento e pelo estatuto de cada um dos órgãos.

6.4. PROTOCOLO DE SÃO SALVADOR

Em 17 de novembro de 1988, os Estados-partes da CADH, reunidos em São Salvador por ocasião da XVIII Assembleia Geral da Organização dos Estados Americanos, decidiram adotar o Protocolo Adicional à Convenção Americana sobre Direitos Humanos em Matéria de Direitos Econômicos, Sociais e Culturais.[45] Conhecido como Protocolo de São Salvador, o documento complementa a Convenção Americana, definindo um rol de direitos econômicos, sociais e culturais e detalhando as obrigações estatais correspondentes. Desta forma, para os Estados que ratificam o protocolo, a proteção genérica conferida pelo artigo 26, cujo escopo se define a partir da remissão à Carta da OEA, passou a contar com

---

[43] Além de ser vinculante para o Estado envolvido em determinado caso, a sentença da Corte Interamericana também estabelece parâmetros normativos e indica de que forma deve ser interpretada a Convenção Americana. Por isso, os Estados devem se atentar às determinações da Corte mesmo em casos que não os envolvam, evitando posterior caso contra si sobre questões semelhantes a outras já analisadas pela Corte.

[44] Convenção Americana sobre Direitos Humanos, artigo 62.

[45] A CADH prevê a possibilidade de adoção de emendas e protocolos, desde que estes tenham a finalidade de aumentar a proteção aos direitos humanos. Segundo o artigo 77 da CADH: "qualquer Estado Parte e a Comissão podem submeter à consideração dos Estados Partes reunidos por ocasião da Assembléia Geral, projetos de protocolos adicionais a esta Convenção, com a finalidade de incluir progressivamente no regime de proteção da mesma outros direitos e liberdades.". Esta disposição deve ser lida em conjunto com o artigo 31, que esclarece que "Poderão ser incluídos no regime de proteção desta Convenção outros direitos e liberdades que forem reconhecidos de acordo com os processos estabelecidos nos artigos 76 e 77."

um conteúdo mais elaborado e melhor definido, além de mecanismos de proteção adicionais. O Protocolo entrou em vigor em 1999, após sua ratificação por onze Estados. Atualmente, 16 países da região já o ratificaram.[46]

Constituído por 22 artigos, o documento inicia estabelecendo as obrigações gerais dos Estados que o ratificarem. De modo similar ao texto do Pacto Internacional dos Direitos Econômicos, Sociais e Culturais, o protocolo determina a obrigação dos Estados-partes de *adotar as medidas necessárias*, até o *máximo dos recursos disponíveis*, a fim de conseguir, *progressivamente*, a plena efetividade dos direitos reconhecidos. Estabelece também o dever de *adotar as disposições de direito interno* que sejam necessárias para tornar efetivos esses direitos, assim como de garantir o exercício dos direitos abrangidos pelo protocolo *sem qualquer forma de discriminação*. Assim como na Convenção Americana, o cumprimento dessas obrigações gerais deve ser analisado em concreto, *em relação* aos direitos substantivos protegidos pelo Protocolo.

Este conjunto de direitos inclui garantias relacionadas ao mundo do trabalho –notadamente, o direito ao trabalho em condições justas, equitativas e satisfatórias, assim como o direito de liberdade sindical. Também abrange direitos sociais – saúde, educação, previdência, alimentação –, assim como o direito aos benefícios da cultura. De modo inovador, o Protocolo estabelece o direito a um meio ambiente saudável, ao qual corresponde o dever estatal de promover a proteção, preservação e melhoria do meio ambiente. Por fim, o documento trata de direitos econômicos, sociais e culturais no contexto de proteção da família e de pessoas em situação de especial vulnerabilidade: as crianças, as pessoas idosas e as pessoas com deficiência.

Como mecanismo de supervisão, o Protocolo prevê que os Estados-partes apresentem relatórios periódicos descrevendo as medidas adotadas para progressivamente assegurar os direitos protegidos. Estes relatórios são analisados por um grupo de trabalho, que examina as informações apresentadas e formula comentários e recomendações. Em funcionamento desde 2010, o Grupo de Trabalho para Analisar os Informes Periódicos dos Estados-partes do Protocolo de São Salvador é composto por representantes governamentais, especialistas independentes e membros da Comissão Interamericana. Além disso, o artigo 19.6 do Protocolo estabelece que violações ao direito à liberdade sindical (artigo 8.a) e ao direito à educação (artigo 13) podem ser submetidas ao sistema de petições individuais da Comissão e Corte Interamericanas.[47]

---

[46] São eles: Argentina, Bolívia, Brasil, Colômbia, Costa Rica, Equador, El Salvador, Guatemala, Honduras, México, Nicaragua, Panamá, Paraguai, Peru, Suriname e Uruguai. Informação atualizada em 2020.

[47] Contudo, não é comum que a Corte Interamericana declare a responsabilidade internacional de um Estado por violação ao Protocolo de São Salvador. Para um exemplo, veja-se: Corte Interamericana de Direitos Humanos, *Gonzales Lluy e outros vs. Equador,* 1 de setembro de 2015.

6.5. CONVENÇÃO INTERAMERICANA PARA PREVENIR E PUNIR A TORTURA

A Convenção Americana determina que toda pessoa tem direito a não ser submetida a tortura, nem a penas ou tratos cruéis, desumanos ou degradantes.[48] Expandindo esta norma, a Convenção Interamericana para Prevenir e Punir a Tortura provê maior clareza a respeito do conteúdo deste direito, assim como sobre as obrigações estatais correspondentes. O tratado foi adotado pela Assembleia Geral da OEA em 9 de dezembro de 1985, tendo entrado em vigor menos de dois anos depois, em 28 de fevereiro de 1987.

A Convenção define tortura como "todo ato pelo qual são infligidos intencionalmente a uma pessoa penas ou sofrimentos físicos ou mentais, com fins de investigação criminal, como meio de intimidação, como castigo pessoal, como medida preventiva, como pena ou com qualquer outro fim."[49] Nada pode justificar atos desta natureza, mesmo durante guerras, emergências, calamidades públicas ou qualquer outra circunstância. Ordens superiores tampouco podem ser usadas como justificativa para o cometimento de tortura. De fato, além da pessoa que diretamente pratica a tortura, o tratado deixa claro que também é responsável pelo delito todo o agente estatal que instigar, induzir ou deixar de impedi-la.

Em relação aos deveres estatais, o tratado estabelece a obrigação abrangente de adotar "medidas efetivas a fim de prevenir e punir a tortura no âmbito de sua jurisdição." A esse dever geral se somam também mandatos específicos. De modo central, a convenção estabelece o dever de *criminalizar* atos de tortura, prevendo penas duras para aqueles que forem condenados por cometer este delito ou por tentar fazê-lo. Também estabelece a obrigação de *investigar* de ofício denúncias de tortura, assim como situações em que haja razão fundada para supor que ela ocorreu, e *iniciar o processo penal* correspondente. O tratado contém ainda disposições destinadas a garantir que a ausência de jurisdição não seja um óbice para a punição de torturadores.

6.6. PROTOCOLO À CONVENÇÃO AMERICANA SOBRE DIREITOS HUMANOS REFERENTE À ABOLIÇÃO DA PENA DE MORTE

Além do Protocolo de São Salvador, a Convenção Americana conta com um segundo protocolo adicional, destinado a abolir a pena de morte nos Estados-partes. A própria CADH já contém restrições severas à prática,

---

[48] Conforme o artigo 5.2 da Convenção Americana sobre Direitos Humanos: "Ninguém deve ser submetido a torturas, nem a penas ou tratos cruéis, desumanos ou degradantes. Toda pessoa privada da liberdade deve ser tratada com o respeito devido à dignidade inerente ao ser humano."

[49] Convenção Interamericana para Prevenir e Punir a Tortura, artigo 2.

determinando que esta pode ser imposta apenas pelos delitos mais graves, se for estabelecida por lei anterior ao delito, e se houver sido determinada por sentença judicial transitada em julgado. A Convenção também proíbe a imposição da pena de morte a pessoas menores de dezoito anos ou maiores de setenta, a mulheres grávidas, e a qualquer pessoa em razão de delitos políticos. A CADH também firma o compromisso dos Estados onde a pena de morte já foi abolida a não a restabelecer.

O Protocolo Adicional deu o passo seguinte, determinando a abolição completa da pena de morte para todos seus Estados-partes. O documento, que contém apenas quatro artigos, não admite reserva. Há apenas uma exceção: em conformidade com o artigo 2.1, no momento de ratificação ou adesão, os Estados podem declarar que se reservam o direito de aplicar a pena de morte em tempo de guerra, de acordo com o direito internacional, por delitos sumamente graves de caráter militar. Quando da ratificação do protocolo, o Brasil formulou declaração neste sentido. Trata-se de posição coerente com a Constituição Federal brasileira, cujo artigo 5º parágrafo XLVII determina que não haverá "pena de morte, salvo em caso de guerra declarada".

O Protocolo conta com treze Estados-partes,[50] dentre os quais apenas o Brasil e o Chile formularam declaração para preservar a possibilidade de aplicar a pena de morte em caso de guerra.

6.7. CONVENÇÃO INTERAMERICANA PARA PREVENIR, PUNIR E ERRADICAR A VIOLÊNCIA CONTRA A MULHER

A Convenção Interamericana para Prevenir, Punir e Erradicar a Violência contra a Mulher foi adotada em 1994, durante sessão da Assembleia Geral da OEA realizada em Belém do Pará (por este motivo, ela é conhecida como Convenção de Belém do Pará). O tratado entrou em vigor meses após sua adoção, em 5 de março de 1995. A Convenção ganhou um alto grau de adesão pelos países da região, tendo sido ratificada por todos os Estados-membros da OEA, com exceção de Canadá, Estados Unidos e Cuba.[51]

A Convenção de Belém do Pará adota um conceito abrangente de violência contra a mulher, definindo-a como "qualquer ato ou conduta baseada no gênero, que cause morte, dano ou sofrimento físico, sexual ou psicológico à mulher, tanto

---

[50] Os Estados que ratificaram o Protocolo à Convenção Americana sobre Direitos Humanos referente à Abolição da Pena de Morte são: Argentina, Brasil, Chile, Costa Rica, Equador, Honduras, México, Nicarágua, Panamá, Paraguai, República Dominicana, Uruguai e Venezuela. Informação atualizada em 2020.

[51] Informação atualizada em 2020.

na esfera pública como na esfera privada."[52] Por tanto, o elemento central para caracterizar este fenômeno é o fato de a violência ter se *baseado no gênero*, podendo incluir atos ocorridos no âmbito doméstico e familiar (como maus-tratos, estupro e abuso sexual, entre outras condutas) ou fora deste ambiente (incluindo, por exemplo, tortura, tráfico de mulheres, prostituição forçada, sequestro e assédio sexual).

A Convenção de Belém do Pará reafirma os direitos humanos das mulheres, reconhecendo que a violência de gênero anula esses direitos e impede seu exercício.[53] Para combatê-la, estabelece um conjunto de obrigações estatais, que visam a criar nos Estados-partes uma estrutura normativa e institucional capaz de prevenir, investigar e punir atos de violência. Também prevê que os Estados adotem medidas progressivas para disponibilizar serviços de acolhimento às vítimas de violência, assim como programas eficazes de recuperação. Adotando uma abordagem interseccional, o tratando requer que os Estados cumpram estes deveres com atenção à situação de mulheres em situação de particular vulnerabilidade devido a, por exemplo, raça, etnia, status migratório, idade, deficiência, pobreza, condição de gestante ou privação de liberdade.

Reconhecendo a necessidade de mudanças sociais para prevenir a violência contra a mulher, o tratado estabelece o dever dos Estados de adotarem medidas educativas, disseminar informação e realizar programas de capacitação a respeito do tema. De modo abrangente, prevê programas destinados a modificar padrões sociais e culturais que legitimem o preconceito e exacerbem a violência contra

---

[52] Convenção Interamericana para Prevenir, Punir e Erradicar a Violência contra a Mulher, artigo 1.

[53] Segundo os artigos 4 e 5 da Convenção Interamericana para Prevenir, Punir e Erradicar a Violência contra a Mulher: "Toda mulher tem direito ao reconhecimento, desfrute, exercício e proteção de todos os direitos humanos e liberdades consagrados em todos os instrumentos regionais e internacionais relativos aos direitos humanos. Estes direitos abrangem, entre outros:
a) direito a que se respeite sua vida;
b) direitos a que se respeite sua integridade física, mental e moral;
c) direito à liberdade e à segurança pessoais;
d) direito a não ser submetida a tortura;
e) direito a que se respeite a dignidade inerente à sua pessoa e a que se proteja sua família;
f) direito a igual proteção perante a lei e da lei;
g) direito a recesso simples e rápido perante tribunal competente que a proteja contra atos que violem seus direitos;
h) direito de livre associação;
i) direito à liberdade de professar a própria religião e as próprias crenças, de acordo com a lei; e
j) direito a ter igualdade de acesso às funções públicas de seu país e a participar nos assuntos públicos, inclusive na tomada de decisões.
Toda mulher poderá exercer livre e plenamente seus direitos civis, políticos, econômicos, sociais e culturais, e contará com a total proteção desses direitos consagrados nos instrumentos regionais e internacionais sobre direitos humano. Os Estados Partes reconhecem que a violência contra a mulher impede e anula o exercício desses direitos."

a mulher. Além disso, estabelece que sejam criados projetos de educação com o objetivo de conscientizar a população a respeito dos danos causados pela violência de gênero, assim como de disseminar informação sobre os direitos das mulheres e os mecanismos existentes para sua proteção. Especificamente para agentes estatais responsáveis pela aplicação de leis relevantes para vítimas de violência, são previstos programas de capacitação.

Como mecanismo de monitoramento, o tratado determina que os Estados-partes devem incluir informações sobre violência de gênero nos relatórios que apresentem à Comissão Interamericana de Mulheres, entidade especializada da OEA que atua para promover a igualdade de gênero nas Américas. Além disso, estabelece a competência da Corte Interamericana de Direitos Humanos para elaborar opiniões consultivas sobre a interpretação da Convenção de Belém do Pará. Possibilita também que sejam submetidas ao sistema de petições individuais do Sistema Interamericano denúncias sobre violações ao artigo 7 da convenção, o qual especifica os deveres dos Estados para prevenir, punir e erradicar a violência contra a mulher.

6.8. CONVENÇÃO INTERAMERICANA SOBRE O DESAPARECIMENTO FORÇADO DE PESSOAS

A origem do Sistema Interamericano de Direitos Humanos está ligada a um contexto de violações sistemáticas cometidas por regimes autoritários contra seus opositores. O desaparecimento forçado de pessoas era uma das práticas repressivas seguidamente utilizadas neste período, levando esta violação a ocupar um papel central nas primeiras ações da Comissão Interamericana e nos primeiros casos da Corte. A decisão de elaborar um tratado sobre o tema foi tomada como resposta a este contexto, como parte do desenvolvimento de parâmetros para enfrentar este fenômeno nas Américas. Nesse cenário, a Convenção Interamericana sobre o Desaparecimento Forçado de Pessoas foi adotada em 1994, entrando em vigor 1996.

O conceito de desaparecimento forçado estabelecido pela Convenção se firma em três elementos: (i) trata-se de uma situação de privação de liberdade, (ii) perpetuada com a participação do Estado, seja cometendo diretamente a violação, seja consentindo com seu cometimento, (iii) seguida pela ausência de informações sobre a vítima, colocando seus familiares e demais pessoas envolvidas em estado de permanente incerteza a respeito do destino da pessoa desaparecida.

Por meio da Convenção, os Estados-partes se comprometem a não praticar o desaparecimento forçado e a punir autores desta violação. Também assumem o compromisso de manter todas as pessoas detidas em locais de detenção reconhecidos e a manter registros oficiais contendo informação sobre indivíduos privados de liberdade. Dado o histórico regional de adoção ilegal de crianças cujos pais foram desaparecidos, o tratado estabelece o dever de identificar, localizar e restituir menores transportados para outro Estado ou retidos neste em consequência do desaparecimento forçado de seus pais, tutores ou guardiães.

O desaparecimento forçado é uma violação comumente associada à tortura, seja porque a experiência histórica demonstrou que muitas vezes elas ocorrem conjuntamente, seja porque as pessoas sob risco de desaparecimento costumam também estar sob risco de tortura, já que ambas são violações associadas à privação de liberdade que partem do pressuposto do poder absoluto sobre a pessoa detida e da impunidade do agente perpetrador. Por isso, as estratégias para combatê-las também são similares, e não é de surpreender que a Convenção Interamericana sobre o Desaparecimento Forçado de Pessoas contenha mecanismos e dispositivos similares aos da Convenção Interamericana para Prevenir e Punir a Tortura. Assim como ocorrido com a tortura, a proibição do desaparecimento forçado não está sujeita a suspensão e/ou relativização, mesmo durante guerras, emergências ou quaisquer situações que justifiquem a suspensão de outros direitos. A Convenção também estabelece um mandato de criminalização, determinando que os Estados têm o dever de tipificar o desaparecimento forçado como delito penal, impondo pena correspondente a sua gravidade e lhe atribuindo natureza continuada (ou seja, o crime persiste enquanto a pessoa desaparecida não for localizada). Também de modo similar às normas sobre tortura, a Convenção contém dispositivos destinados a evitar que a fuga de perpetradores para outro Estado gere impunidade, dispondo de provisões a respeito de jurisdição e da extradição de pessoas acusadas de cometer desaparecimento forçado.

Em relação à supervisão internacional, indivíduos e organizações podem denunciar casos de desaparecimento forçado à Comissão Interamericana, que submeterá a denúncia ao sistema de petições individuais da Comissão e da Corte. Além disso, o tratado estabelece que a Comissão deverá contatar o Estado envolvido, de modo urgente e confidencial, para solicitar informações sobre a pessoa desaparecida.

6.9. CONVENÇÃO INTERAMERICANA PARA A ELIMINAÇÃO DE TODAS AS FORMAS DE DISCRIMINAÇÃO CONTRA PESSOAS PORTADORAS DE DEFICIÊNCIA

A Convenção Interamericana para a Eliminação de todas as formas de Discriminação contra Pessoas Portadoras de Deficiência foi adotada em 1999 e entrou em vigor em 2001, trinta dias após o depósito do sexto instrumento de ratificação por um Estado-membro da OEA. Conforme expresso por seu artigo segundo, ela tem o objetivo prevenir e eliminar todas as formas de discriminação contra as pessoas com deficiência e propiciar a sua plena integração à sociedade.

Para alcançar este objetivo, o tratado estabelece o dever de adotar medidas legislativas, sociais, educacionais e trabalhistas para eliminar a discriminação e promover a integração das pessoas com deficiência, incluindo medidas de acessibilidade que removam obstáculos arquitetônicos, de transporte e comunicação. A integração de pessoas com deficiência deve ocorrer em relação a todas as esferas da vida social, incluindo emprego, transporte, comunicações, habitação, lazer, educação, esporte, acesso à justiça e aos serviços policiais e atividades políticas e de administração. Ações afirmativas são permitidas, ficando claro que estas não constituem discriminação desde que sejam pautadas pela igualdade e que as pessoas com deficiência tenham a opção de não usufruir de medidas de preferência, caso decidam assim.

Em paralelo, a Convenção prevê que os Estados se engajem na prevenção de deficiências e adotem medidas de detecção e intervenção precoces, tratamento, reabilitação e formação que permitam maximizar a independência e a qualidade de vida das pessoas com deficiência. Para estes fins, devem inclusive colaborar com a pesquisa científica e tecnológica dedicada ao tema.

A implementação destas obrigações deve ocorrer com a participação de pessoas com deficiência e seus representantes, concretizando a perspectiva de que pessoas com deficiência são autônomas e têm o direito de participar de decisões que as envolvem. As medidas que forem adotadas devem ser descritas pelos Estados-partes em relatórios de implementação, submetidos a uma Comissão para a Eliminação de Todas as Formas de Discriminação contra as Pessoas Portadoras de Deficiência. Criada pela própria Convenção, essa Comissão é organismo regional intergovernamental que conta com a representação de todos os Estados-partes do tratado.

6.10. CONVENÇÃO INTERAMERICANA CONTRA O RACISMO, A DISCRIMINAÇÃO RACIAL E FORMAS CORRELATAS DE INTOLERÂNCIA

A Assembleia Geral da OEA adotou a Convenção Interamericana contra o Racismo, a Discriminação Racial e Formas Correlatas de Intolerância em 2013. O tratado entrou em vigor quatro anos depois, em 2017, após a ratificação por dois Estados. Atualmente, Antígua e Barbuda, Costa Rica, Equador, México e Uruguai são partes da convenção.[54]

O tratado contém uma condenação categórica do racismo,[55] o caracterizando como uma ameaça à paz e à segurança internacionais, além de cientificamente falso, moralmente censurável, socialmente injusto e contrário aos princípios

---

[54] Informação atualizada em 2020.

[55] O racismo é definido pela Convenção Interamericana contra o Racismo, a Discriminação Racial e Formas Correlatas de Intolerância como "qualquer teoria, doutrina, ideologia ou conjunto de ideias que enunciam um vínculo causal entre as características fenotípicas ou genotípicas de indivíduos ou grupos e seus traços intelectuais, culturais e de personalidade, inclusive o falso conceito de superioridade racial." (artigo 1.4)

fundamentais do direito internacional.[56] Conforme explicado pelo texto convencional, o racismo dá origem a desigualdades e legitima a discriminação. Assim, se o racismo é o conjunto de ideias segundo as quais as características raciais determinam traços intelectuais, culturais e sociais, a discriminação é uma das consequências práticas dessa falsa doutrina, gerando distinções que anulam ou restringem o exercício de direitos por determinado grupo racial. A convenção reconhece ainda a discriminação indireta, consistente em medidas aparentemente neutras que causam desvantagens desproporcionais a um grupo de pessoas definido por sua raça, cor, ascendência ou origem nacional e étnica. Reconhece também a discriminação múltipla ou agravada, que se baseia em múltiplos motivos de discriminação.

Por meio da Convenção, os Estados-partes assumem a obrigação de prevenir, eliminar, proibir e punir atos discriminatórios,[57] assim como de realizar ações que promovem a igualdade racial.[58] A respeito de ações afirmativas, o tratado estabelece que os Estados devem "adotar as políticas especiais e ações afirmativas necessárias para assegurar o gozo ou exercício dos direitos e liberdades fundamentais das pessoas ou grupos sujeitos ao racismo, à discriminação racial e formas correlatas de intolerância, com o propósito de promover condições equitativas para a igualdade de oportunidades, inclusão e progresso para essas pessoas ou grupos". Ou seja, a Convenção não apenas esclarece que ações afirmativas não constituem discriminação (como também fazem outros instrumentos internacionais de âmbito global e regional), mas vai além, determinando a obrigação dos Estados-partes de implementar medidas desta natureza.

Eventuais violações à Convenção podem ser denunciadas à Comissão Interamericana por meio do sistema de petições individuais. Estes casos podem chegar à Corte, desde que os Estados formulem declaração reconhecendo sua competência contenciosa para analisar questões relativas ao instrumento, hipótese em que se aplicam as mesmas regras estabelecidas para petições baseadas na Convenção Americana. Os Estados podem, ainda, formular declaração reconhecendo a competência da Comissão Interamericana para receber e analisar comunicações interestatais, ou seja, casos em que um Estado-parte alega que outro Estado-parte violou a Convenção. Adicionalmente, a Convenção também cria o Comitê Interamericano para a Prevenção e Eliminação do Racismo, Discriminação Racial e Todas as Formas de Discriminação e Intolerância, formado por peritos independentes, que monitora o cumprimento dos compromissos estabelecidos pela Convenção por

---

[56] Convenção Interamericana contra o Racismo, a Discriminação Racial e Formas Correlatas de Intolerância, artigo 1.4.

[57] Veja-se, por exemplo, o artigo 4.

[58] Veja-se, por exemplo, o artigo 6.

meio da análise de relatórios de implementação submetidos pelos Estados-partes. Como se verá, o Comitê também é responsável por acompanhar o cumprimento dos compromissos estabelecidos pela Convenção Interamericana contra Toda Forma de Discriminação e Intolerância.

Ao lado da supervisão internacional pelos órgãos do Sistema Interamericano e pelo Comitê, os Estados-Partes também se comprometem a estabelecer ou designar uma instituição nacional para monitorar ou cumprimento da Convenção.

6.11. CONVENÇÃO INTERAMERICANA CONTRA TODA FORMA DE DISCRIMINAÇÃO E INTOLERÂNCIA

A Convenção Interamericana contra Toda Forma de Discriminação e Intolerância foi adotada juntamente à Convenção Interamericana contra o Racismo, a Discriminação Racial e Formas Correlatas de Intolerância, em 5 de junho de 2013, durante sessão da Assembleia Geral da OEA realizada em La Antígua, na Guatemala. Ela entrou em vigor em 2020, após o depósito do segundo instrumento de ratificação. Até o momento, apenas Uruguai e México ratificaram a Convenção.[59]

A Convenção contra a Intolerância não apenas foi adotada juntamente à Convenção contra o Racismo, mas também compartilha com esta a mesma racionalidade, contendo disposições similares. Assim, a Convenção também visa a prevenir, eliminar, proibir e punir atos discriminatórios, incluindo discriminação direta, indireta e múltipla. Estabelece também o compromisso de adotar medidas para promover uma sociedade igualitária na qual todos possam exercer seus direitos livres de todas as formas de discriminação e intolerância. A diferença é que, enquanto a Convenção contra o Racismo se foca em discriminação baseada em raça, cor, ascendência ou origem nacional ou étnica, o escopo da Convenção contra a Intolerância é mais amplo, abrangendo atos motivados por qualquer condição. De fato, a Convenção inclui uma vasta lista de possíveis motivos para a discriminação de que trata o tratado, mas esta lista é exemplificativa, não taxativa. Ela inclui: "nacionalidade, idade, sexo, orientação sexual, identidade e expressão de gênero, idioma, religião, identidade cultural, opinião política ou de outra natureza, origem social, posição socioeconômica, nível educacional, condição de migrante, refugiado, repatriado, apátrida ou deslocado interno, deficiência, característica genética, estado de saúde física ou mental, inclusive infectocontagioso, e condição psíquica incapacitante, ou qualquer outra condição".

Os mecanismos de monitoramento também são paralelos àqueles estabelecidos pela Convenção contra o Racismo. Indivíduos e organizações podem

---

[59] Informação atualizada em 2020.

submeter denúncias de violação ao sistema de petições individuais da Comissão Interamericana e, se houver declaração do Estado neste sentido, o caso pode chegar a ser analisado pela Corte. Também fica estabelecida a possibilidade de comunicações interestatais, desde que os Estados envolvidos tenham declarado estar de acordo com esta possibilidade. A Convenção trata ainda da criação do Comitê Interamericano para a Prevenção e Eliminação do Racismo, Discriminação Racial e Todas as Formas de Discriminação e Intolerância, o qual tem a atribuição de monitorar a implementação de ambas as Convenções. Contudo, o Comitê ainda não está em funcionamento, já que as Convenções estabelecessem que sua primeira reunião será convocada pela Secretaria Geral da OEA uma vez recebido o décimo instrumento de ratificação de qualquer das Convenções, o que ainda não ocorreu.[60]

6.12. CONVENÇÃO INTERAMERICANA SOBRE A PROTEÇÃO DOS DIREITOS HUMANOS DAS PESSOAS IDOSAS

Instrumento pioneiro no campo do direito internacional dos direitos humanos, a Convenção Interamericana sobre a Proteção dos Direitos Humanos das Pessoas Idosas é o primeiro tratado internacional vinculante a respeito dos direitos das pessoas idosas.[61] Adotada em 2015, ela entrou em vigor em 2017, contando atualmente com sete Estados-partes.[62]

A Convenção visa a promover, proteger e assegurar o reconhecimento e exercício pleno dos direitos humanos pelas pessoas idosas, entendidas como todos os indivíduos maiores de 60 anos.[63] Com este objetivo, ela reafirma direitos consagrados por outros instrumentos internacionais, com atenção às especificidades de seu exercício por pessoas idosas. Este rol de direitos é amplo, incluindo tanto direitos civis e políticos – como a vida, a liberdade, a propriedade e o acesso à justiça – quando direitos econômicos, sociais e culturais – como os direitos à saúde, à educação e a um meio ambiente saudável. Especial ênfase

---

[60] Informação atualizada em 2020.

[61] Embora o tema já esteja sendo tratado também no âmbito do sistema global de direitos humanos, até o momento só foram adotados instrumentos de *soft law*. Veja-se, a respeito: André de Carvalho Ramos, *Curso de Direitos Humanos*, 2016, p. 296. Sobre a perspectiva da adoção de um tratado internacional sobre os direitos das pessoas idosas no âmbito da ONU, veja-se: IPEA et al, *Strengthening Older People's Rights: Towards a UN Convention*, disponível em <https://social.un.org/ageing-working-group/documents/Coalition%20to%20Strengthen%20the%20Rights%20of%20Older%20People.pdf>, acesso em outubro de 2020.

[62] São eles: Argentina, Bolívia, Chile, Costa Rica, Equador, El Salvador e Uruguai. Informação atualizada em 2020.

[63] A Convenção estabelece os 60 anos como regra geral, mas determina que a idade pode variar para cima ou para baixo se assim for determinado pela lei doméstica aplicável, desde que não seja superior a 65 anos.

é concedida ao direito à igualdade e à não discriminação por razões de idade. Adicionalmente, a Convenção confere centralidade a desafios particulares das pessoas idosas, afirmando os direitos à independência, à autonomia, à participação e à integração comunitária. Afirma também o direito da pessoa idosa a ser consultada a respeito de decisões relacionadas a sua saúde, sendo necessária a obtenção de seu consentimento livre, prévio e informado para realizar qualquer tratamento ou intervenção.

Como mecanismo de implementação e supervisão, a Convenção prevê a criação de uma Conferência de Estados-partes e um Comitê de Especialistas. O Comitê terá a atribuição de analisar relatórios de implementação submetidos pelos Estados-partes, utilizando-os como base para formular recomendações a respeito do cumprimento da Convenção. Já a Conferência, integrada por representantes dos Estados-partes, deverá analisar as recomendações realizadas pelo Comitê e formular observações a seu respeito, além de promover a troca de experiências e a cooperação técnica entre os Estados para maximizar a implementação da Convenção. A Conferência e o Comitê serão constituídos quando for depositado o décimo instrumento de ratificação, o que ainda não ocorreu.

Complementarmente, de modo similar à Convenção contra e Racismo e à Convenção contra a Intolerância, a Convenção estabelece que eventuais violações poderão ser denunciadas à Comissão Interamericana, que submeterá a denúncia a seu sistema de petições individuais. Desde que o Estado formule declaração expressando seu consentimento, estabelece-se também a competência da Corte Interamericana para analisar casos sobre a Convenção, assim como a competência da Comissão para receber e analisar comunicações interestatais.

 Questões objetivas

1. Assinale a alternativa *correta* a respeito da Carta da Organização dos Estados Americanos:

    a) Embora não seja um documento vinculante, é de cumprimento obrigatório pelos Estados por constituir aplicação da Carta da ONU em âmbito regional.

    b) Trata de direitos humanos apenas de modo abrangente e principiológico, sem trazer referências concretas a nenhum direito.

    c) Se refere a direitos humanos enquanto princípio e objetivo da Organização, trazendo também disposições que tratam de direitos específicos, seja de modo expresso ou implícito.

d) Não contém disposições vinculantes sobre direitos humanos, uma vez que o tema é tratado exclusivamente pela Convenção Americana sobre Direitos Humanos.

2. A Declaração Americana dos Direitos e Deveres do Homem é de cumprimento obrigatório pelos Estados-membros da OEA?

   a) Não, pois as declarações são instrumentos de *soft law*, de modo que seu conteúdo tem natureza de recomendação para os membros da comunidade internacional.

   b) Não, de modo que apenas os Estados que ratificaram a Convenção Americana sobre Direitos Humanos têm deveres no âmbito do sistema regional.

   c) Sim, pois são a interpretação autorizada de dispositivos da Carta da OEA que tratam de direitos humanos de modo genérico.

   d) Sim, mas apenas para os Estados que formularem declaração complementar reconhecendo a aplicação obrigatória da Declaração Americana em seu território.

3. Assinale a alternativa *incorreta* a respeito da proteção de direitos econômicos, sociais e culturais no Sistema Interamericano de Direitos Humanos.

   a) São objeto de um protocolo específico sobre a matéria, o Protocolo de São Salvador.

   b) A Convenção Americana sobre Direitos Humanos determina sua proteção realizando remissão às normas sobre educação, ciência e cultura da Carta da OEA.

   c) Não são justiciáveis perante a Corte Interamericana, já que a Convenção Americana estabelece apenar o dever dos Estados-partes de adotar medidas para progressivamente alcançar sua realização.

   d) Incluem o direito ao meio ambiente saudável, conforme estabelecido pelo Protocolo de São Salvador.

Questões dissertativas

4. Quais são as *obrigações gerais* estabelecidos pela Convenção Americana sobre Direitos Humanos? Descreva-as.

5. Como deve agir o governo nacional de um Estado federativo diante de um dever imposto pela Convenção Americana que dependa de ações de outras unidades da federação?

6. Quais são os mecanismos de implementação estabelecidos pelos instrumentos do Sistema Interamericano? Na sua opinião, eles são formas efetivas de acompanhar o cumprimento das obrigações internacionais dos Estados?

Caso prático

A República Federativa de Mirada é um país hipotético localizado na América Latina, membro da OEA e parte de todos os tratados do Sistema Interamericano de Direitos Humanos. Durante a pandemia do vírus Covid-19, o governo nacional decretou estado de emergência e comunicou ao Secretário Geral da OEA que estava suspendendo temporariamente todos os compromissos que havia assumido em matéria de direitos humanos, com o objetivo de ganhar flexibilidade e agilidade no enfrentamento ao vírus. Dias depois da declaração de estado de emergência, o governo adotou medidas destinadas a: (i) proibir a reunião de grupos de mais de cinco pessoas; (ii) criminalizar a disseminação de informações falsas sobre a pandemia; e (iii) estabelecer a obrigatoriedade de que pessoas em grupo de risco, especialmente as pessoas idosas, se submetessem a um tratamento preventivo experimental, que estava em fase avançada de testes. O decreto estabeleceu ainda que as medidas estariam em vigor até que um novo decreto emitido pelo governo nacional determinasse o fim dos riscos à vida e à saúde da população.

As ações tomadas pelo governo de Mirada respeitaram suas obrigações internacionais perante o Sistema Interamericano? Por quê?

Filmografia

Luta por Justiça (2019)
https://uqr.to/q9m4

Verdade 12.528 (2013)
https://uqr.to/q9m5

Hoje eu Quero Voltar Sozinho (2014)
https://uqr.to/q9m7

Silêncio das Inocentes (2010)
https://uqr.to/q9m8

Capítulo 7
ÓRGÃOS DE PROTEÇÃO

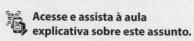

Acesse e assista à aula explicativa sobre este assunto.
> https://uqr.to/q9nw

7.1. COMISSÃO INTERAMERICANA

A Comisssão Interamericana de Direitos Humanos (CIDH) foi estabelecida por resolução da Quinta Reunião de Consulta de Ministros de Relações Exteriores, adotada em 1959 no Chile.[1] Em 1960, o Conselho Permanente da OEA elegeu os primeiros Comissionados e aprovou o estatuto da recém-criada CIDH. Este primeiro estatuto previa atividades de escopo limitado, levando à percepção de que a Comissão não dispunha de instrumentos adequados para cumprir seu mandato de promoção de direitos humanos na região. Por isso, já em 1965, a Segunda Conferência Interamericana Extraordinária decidiu ampliar as competências da CIDH, autorizando-a a receber comunicações e solicitando que elaborasse um informe anual a respeito do progresso no alcance aos objetivos da Declaração Americana sobre Direitos e Deveres do Homem. Tratava, assim, de duas das principais atividades do órgão: o sistema de petições individuais e o relatório anual. Em 1970, com a entrada em vigor do Protocolo de Buenos Aires, a Comissão passou a estar prevista na Carta da OEA, se convertendo em órgão principal da Organização.

O mandato da Comissão é promover a observância e a defesa dos direitos humanos nas Américas. Com base neste objetivo, o órgão elabora *relatórios*, realiza *visitas*, celebra *audiências*, se engaja em *atividades de promoção* e processa denúncias por meio do seu sistema de *petições individuais*. Para os Estados-partes da Convenção Americana sobre Direitos Humanos, a CADH constitui a principal

---

[1] Organização dos Estados Americanos, *Quinta Reunion de Consulta de Ministros de Relaciones Exteriores: Ata final,* 12 a 18 de agosto de 1959, capítulo VIII.

fonte de obrigações e o parâmetro normativo central para estas ações. Já para os demais Estados, as ações da Comissão se baseiam na Declaração Americana sobre Direitos e Deveres do Homem, além da Carta da OEA.

Os *relatórios*, também chamados informes, são documentos por meio dos quais a Comissão examina a situação de direitos humanos em um Estado, documentando o grau de realização dos direitos e realizando recomendações. A CIDH elabora também relatórios temáticos, os quais analisam temas regionais, podendo ainda sistematizar e desenvolver parâmetros normativos. Por exemplo, relatórios publicados pela CIDH em 2019 incluem "Situação de Direitos Humanos em Honduras", "Violência e Discriminação contra Mulheres, Meninas e Adolescentes" e "Corrupção e Direitos Humanos". A estes documentos se somam os relatórios anuais submetido à Assembleia Geral da OEA, nos quais a Comissão descreve suas atividades (fornecendo inclusive informações sobre casos tramitados no sistema de petições individuais), analisa a realização de direitos humanos na região (destacando a situação de países que mereçam particular atenção)[2] e trata de temas institucionais e administrativos. No aniversário de 60 anos de sua criação,

---

[2] A situação de países específicos é discutida no capítulo IV.B do relatório anual. Conforme estabelecido pelo regulamento da Comissão, a decisão sobre incluir um Estado neste capítulo obedece aos seguintes critérios:

a. Violação grave dos elementos fundamentais e das instituições da democracia representativa previstos na Carta Democrática Interamericana, essenciais para a realização dos direitos humanos, como:

i. o acesso discriminatório ou o exercício abusivo de poder que solape ou contrarie o Estado de Direito, como a violação sistemática da independência do Poder Judiciário ou a insubordinação das instituições do Estado à autoridade civil legalmente constituída;

ii. uma alteração da ordem constitucional que afete gravemente a ordem democrática; ou

iii. quando um governo democraticamente constituído seja derrocado pela força ou o governo atual tenha chegado ao poder por meios distintos às eleições livres, justas e baseadas no sufrágio universal e secreto, em conformidade com as normas internacionalmente aceitas e os princípios recolhidos na Carta Democrática Interamericana.

b. A suspensão ilegítima, total ou parcial, do livre exercício dos direitos garantidos na Declaração Americana ou na Convenção Americana, em razão da imposição de medidas excepcionais, como a declaração de estado de emergência e estado de sítio, a suspensão de garantias constitucionais ou medidas excepcionais de segurança.

c. A perpetração, pelo Estado, de violações massivas, graves e sistemáticas dos direitos humanos garantidos na Declaração Americana, na Convenção Americana ou nos demais instrumentos de direitos humanos aplicáveis.

d. A presença de outras situações estruturais que afetem gravemente o exercício dos direitos fundamentais consagrados na Declaração Americana, na Convenção Americana ou nos demais instrumentos de direitos humanos aplicáveis. Entre outros fatores a serem levados em conta, estão os seguintes:

i. graves crises institucionais que infrinjam o gozo de direitos humanos;

ii. descumprimento sistemático pelo Estado de sua obrigação de combater a impunidade, atribuível a uma falta de vontade manifesta;

em 2019, a Comissão havia publicado 71 relatórios de país, 81 informes temáticos e 48 relatórios anuais.[3]

As *visitas in loco* são um instrumento histórico da Comissão: já em 1961, apenas dois anos após sua criação, a CIDH começou a realiza-las. Elas possibilitam que os comissionados estabeleçam contato direto com a situação de direitos humanos em um país, reunindo-se com representantes do governo e da sociedade civil e conhecendo pessoalmente locais relevantes para a afirmação de direitos. Além de permitir que a CIDH aprofunde seu conhecimento sobre as circunstâncias locais, as visitas podem ser realizadas também com o objetivo de investigar situações específicas. Em sessenta anos de atuação, a Comissão realizou 98 visitas *in loco*.[4]

As *audiências* são um espaço para que a Comissão receba informações, além de constituir um fórum de interação entre partes envolvidas com um determinado tema ou situação. Elas podem dizer respeito a casos sob trâmite no sistema de petições individuais ou a temas de interesse geral, reunindo representantes da sociedade civil e dos Estados envolvidos. As audiências são realizadas três vezes por ano, durante os chamados "períodos de sessões", que podem ocorrer na sede da CIDH (localizada em Washington D.C., Estados Unidos), ou em outro local da região. Estes espaços têm se convertido em importantes fóruns para a sociedade civil das Américas, que utiliza as audiências para atrair visibilidade sobre determinado tema, discutir questões novas para o direito internacional dos direitos humanos, pressionar os Estados e formar coalizações. Nos sessenta primeiros anos de atuação da Comissão, foram realizados 172 períodos de sessões e aproximadamente 2.335 audiências.[5]

A Comissão também realiza um conjunto de *atividades de promoção,* tais como cursos de capacitação, seminários, reuniões e parcerias. Seu objetivo é fortalecer a cultura de direitos humanos na região, por meio da disseminação de informações, criação de conhecimento e facilitação de interação entre atores variados, incluindo representantes governamentais, organizações da sociedade civil e instituições acadêmicas.

O *sistema de petições individuais* é o mecanismo por meio do qual a Comissão recebe e analisa denúncias de violações de direitos humanos. Qualquer pessoa, grupo ou organização pode enviar comunicações desta natureza para a CIDH, sem que haja necessidade de que o Estado envolvido formule declaração aceitando a competência

---

iii. omissões graves na adoção das disposições necessárias para tornar efetivos os direitos fundamentais ou para cumprir as decisões da Comissão e da Corte Interamericana; e

iv. violações sistemáticas de direitos humanos atribuíveis ao Estado no âmbito de um conflito armado interno.

[3] Comissão Interamericana de Direitos Humanos, *Pronunciamiento Oficial de la CIDH en la conmemoración del 60 aniversario de su creación,* Comunicado de imprensa, 4 de setembro de 2019.

[4] Ibid.

[5] Ibid.

do órgão para este fim, já que o exercício desta função esta baseada nas normas da OEA. Ao receber uma petição, a Comissão realiza um exame preliminar para verificar se esta se adequa ao procedimento, solicitando mais informações quando necessário. Uma vez concluída esta análise inicial, desde que a comunicação não seja manifestamente infundada, a Comissão abre a petição para trâmite. Em 2019, a CIDH recebeu 3.034 comunicações, abriu trâmite para 733, e decidiu não abrir trâmite para 2.460.[6]

Após esta etapa inicial, os casos seguem para a análise de admissibilidade, na qual a Comissão determina se a comunicação cumpre os pressupostos processuais do sistema de petições individuais. Os requisitos de admissibilidade são: o esgotamento dos recursos internos (isto é, o peticionário deve ter submetido a matéria às autoridades domésticas e utilizado todos os recursos disponíveis, tanto em âmbito administrativo quanto judicial, sem ter tido sucesso na efetivação de seus direitos), o cumprimento de um prazo de seis meses (contado a partir da decisão final sobre o caso em âmbito interno), a inexistência de litispendência internacional e de decisão de outro órgão internacional (ou seja, não deve haver caso sobre a mesma matéria em outro órgão internacional, esteja este pendente ou já resolvido) e o cumprimentos a alguns requisitos formais (a petição devem conter o nome, a nacionalidade, a profissão, o domicílio e a assinatura da pessoa ou do representante legal da entidade que apresentá-la).

Discutida em grande parte dos casos analisados pelo SIDH, a exigência de esgotamento dos recursos internos se ancora na subsidiariedade do Sistema Interamericano, reconhecendo que o Estado é o principal garante dos direitos humanos e conferindo-lhe a oportunidade de solucionar a matéria internamente antes do envolvimento dos órgãos regionais de proteção. Trata-se da contraparte do direito a um recurso efetivo: se, por um lado, o Estado tem o dever de disponibilizar recursos contra atos que violem os direitos da população; por outro, o indivíduo tem a obrigação de utilizá-los antes de submeter seu caso à Comissão.[7]

Para que este requisito não se torne um óbice irrazoável ao acesso das vítimas ao Sistema Interamericano, a Convenção prevê algumas exceções à exigência do esgotamento dos recursos internos, determinando que não é necessário esgota-los caso não exista recurso efetivo disponível, caso a vítima tenha sido impedida de

---

[6] Note-se que a análise preliminar de uma comunicação não necessariamente ocorre no ano de seu recebimento. Em 2019, 3.212 petições ficaram pendentes deste exame inicial, um número significativo mas substancialmente menor que o de anos anteriores (em 2015, 9.673 petições ficaram pendentes). A queda indica que a CIDH vem avançando no objetivo de reduzir o tempo de processamento e o acervo de petições pendentes. Dados disponíveis em: Comissão Interamericana de Direitos Humanos. Estatísticas. Disponível em <http://www.oas.org/es/cidh/multimedia/estadisticas/estadisticas.html>. Acesso em outubro de 2020.

[7] Antonio Augusto Cançado Trindade, A interação entre o direito internacional e o direito interno na proteção dos direitos humanos, *Arquivos do Ministério da Justiça*, v. 46, n. 182, 1993, p. 44.

Cap. 7 · ÓRGÃOS DE PROTEÇÃO | 141

acessar tal recurso, e caso haja demora injustificável das autoridades para apresentar decisão sobre o caso em questão.[8] Crucialmente, a Corte determinou que para que uma petição seja declarada inadmissível por falta de esgotamento dos recursos internos, não basta ao Estado demonstrar que existia um recurso que não foi utilizado – é preciso demonstrar também que tal recurso não era ilusório, ou seja, que era efetivamente capaz de, na prática, garantir a tutela dos direitos em questão.[9]

Concluída a análise de admissibilidade, a Comissão publica sua decisão e, se decidir que a petição é admissível, encaminha o caso para análise de mérito. Em 2019, a CIDH publicou 128 decisões determinando que as petições eram admissíveis, e 23 decisões concluindo que os requisitos de admissibilidade não haviam sido cumpridos e, portanto, a petição era inadmissível.[10]

Na etapa de mérito, a Comissão analisa as alegações da comunicação e determina se efetivamente ocorreu uma violação de direitos humanos. Contudo, antes de se pronunciar a esse respeito, a CIDH dá às partes a oportunidade de iniciar um procedimento de solução amistosa.[11] Caso manifestem interesse em fazê-lo, as

---

[8]   A existência de recursos efetivos é relevante não apenas no âmbito da análise de admissibilidade, mas é também um direito autônomo protegido pela Convenção Americana, cujo artigo 25 dispõe: "Toda pessoa tem direito a um recurso simples e rápido ou a qualquer outro recurso efetivo, perante os juízes ou tribunais competentes, que a proteja contra atos que violem seus direitos fundamentais reconhecidos pela constituição, pela lei ou pela presente Convenção, mesmo quando tal violação seja cometida por pessoas que estejam atuando no exercício de suas funções oficiais." Sendo assim, a análise sobre exceções à exigência de esgotamento dos recursos internos pode envolver também eventual violação ao artigo 25 da Convenção. A Corte Interamericana já se pronunciou nesse sentido, esclarecendo: "cuando se invocan ciertas excepciones a la regla de no agotamiento de los recursos internos, como son la inefectividad de tales recursos o la inexistencia del debido proceso legal, no sólo se está alegando que el agraviado no está obligado a interponer tales recursos, sino que indirectamente se está imputando al Estado involucrado una nueva violación a las obligaciones contraídas por la Convención." Corte Interamericana de Direitos Humanos, *Godínez Cruz v. Honduras,* 26 de junho de 1987, par. 93.

[9]   A Corte Interamericana aplica este parâmetro de modo abrangente, analisando se de fato a vítima tinha possibilidade de acessar o recurso disponível e se este era capaz de resguardar seus direitos de modo concreto. Por exemplo, a Corte esclareceu "que si, por razones de indigencia o por el temor generalizado de los abogados para representarlo legalmente, un reclamante ante la Comisión se ha visto impedido de utilizar los recursos internos necesarios para proteger un derecho garantizado por la Convención, no puede exigírsele su agotamiento". Corte Interamericana de Direitos Humanos, Opinião Consultiva 11/90, 10 de agosto de 1990.

[10] Comissão Interamericana de Direitos Humanos. Estatísticas. Disponível em <http://www.oas.org/es/cidh/multimedia/estadisticas/estadisticas.html>. Acesso em outubro de 2020.

[11] Como regra geral, antes de pronunciar-se sobre o mérito de um caso, a Comissão deve fixar um prazo para que as partes manifestem eventual interesse em iniciar procedimento de solução amistosa. Contudo, o procedimento de solução amistosa também pode ser iniciado em outras etapas da análise de uma petição, por iniciativa da Comissão ou por solicitação de uma das partes, desde que haja consentimento de todas as partes. Veja-se, a respeito, os artigos 37.4 e 40.1 do Regulamento da Comissão Interamericana.

partes iniciam um diálogo com o objetivo de firmar um acordo, que pode envolver, por exemplo, o reconhecimento das violações pelo Estado, a reparação das vítimas e a adoção de medidas de não repetição. Se o procedimento for bem-sucedido, a Comissão publica um informe descrevendo os fatos do caso e a solução amistosa à qual chegaram as partes. Em 2019, a Comissão publicou 14 informes desta natureza, um número recorde na comparação com anos anteriores.[12] Se não houver possibilidade de acordo, o procedimento continua.

A decisão da Comissão sobre o mérito de uma petição é discutida e votada em sessão confidencial. Caso decida que não houve violações aos direitos humanos, a Comissão publica sua decisão, a incluindo também no informe anual para a Assembleia Geral da OEA. Caso decida que houve violação, a Comissão elabora um informe preliminar, descrevendo os motivos de sua decisão e realizando recomendações para o Estado envolvido. Este informe preliminar, que é confidencial, estabelece um prazo para que o Estado cumpra as recomendações da CIDH. Se as recomendações não forem cumpridas, a Comissão elabora um informe definitivo, contendo os fatos do caso, a descrição do procedimento perante o SIDH, a análise da Comissão a respeito da violação de normas de direitos humanos, e as recomendações formuladas ao Estado. O informe definitivo, que é público, é enviado à Assembleia Geral da OEA como parte do relatório anual da CIDH. Em 2019, a Comissão aprovou 62 informes preliminares e publicou dois informes definitivos.[13]

Após a adoção e publicação do informe definitivo, a Comissão pode adotar medidas para verificar em que medida o Estado cumpriu ou deixou de cumprir suas recomendações, por meio da solicitação de informações, realização de audiências, ou outros meios que considere oportunos. As mesmas medidas de acompanhamento podem ser realizadas para monitorar o cumprimento de acordos de solução amistosa.

Em relação os Estados que ratificaram a Convenção Americana e reconheceram a competência contenciosa da Corte Interamericana, a Comissão tem à disposição uma ferramenta adicional. Caso não tenham sido cumpridas as recomendações do informe preliminar, ao invés de elaborar um informe definitivo, a CIDH pode *encaminhar o caso à Corte Interamericana*.[14] Em 2019, 32 casos foram

---

[12] Comissão Interamericana de Direitos Humanos. Estatísticas. Disponível em <http://www.oas.org/es/cidh/multimedia/estadisticas/estadisticas.html>. Acesso em outubro de 2020.

[13] Comissão Interamericana de Direitos Humanos. Estatísticas. Disponível em <http://www.oas.org/es/cidh/multimedia/estadisticas/estadisticas.html>. Acesso em outubro de 2020.

[14] Inicialmente, a Comissão decidia quais casos seriam submetidos à Corte a partir de uma avaliação discricionária. Desde 2001, o Regulamento da CIDH estabelece que os casos serão submetidos à Corte, a menos que a Comissão decida, de modo fundamentado e por maioria absoluta dos votos de seus membros, que um caso não será submetido. Portanto, inverteu-se a

encaminhados.[15] A Corte analisa então a possível responsabilidade internacional do Estado por violação da Convenção Americana. Como indivíduos não podem apresentar casos diretamente à Corte, peticionários que desejem ter seus casos apreciados pelo tribunal de San José devem obrigatoriamente apresentar seus casos perante a Comissão e passar por todo o procedimento perante a CIDH para, eventualmente, chegar à Corte.

Em algumas situações, a Comissão pode conceder *medidas cautelares*. Elas são uma ferramenta de ação rápida para responder a situações graves, urgentes, e que apresentem risco de dano irreparável. Ao conceder uma medida cautelar, a CIDH não se pronuncia sobre a ocorrência de violação aos direitos humanos, apenas faz recomendações destinadas a evitar danos irreparáveis ou perecimento de direito. As medidas podem dizer respeito a situações submetidas ao procedimento de petições individuais, mas isto não é necessário, de modo que as medidas concedidas não necessariamente estão vinculadas a casos sob análise dos órgãos do SIDH. Em 2019, a Comissão concedeu 74 medidas cautelares, sobre temas que incluem condições de encarceramento, ameaças a defensores de direitos humanos, guarda de crianças e desaparecimento de pessoas.

A Comissão Interamericana pode também analisar *casos interestatais*, nos quais um Estado acusa outro Estado de descumprir suas obrigações de direitos humanos. Para isso, é necessário que ambos os Estados reconheçam a competência da Comissão para exercer essa função. A formulação de declaração neste sentido é facultativa, de modo que todos os Estados-membros da OEA estão sujeitos ao procedimento de petições individuais da CIDH, mas apenas aqueles que expressarem seu consentimento poderão ser submetidos ao procedimento de petições interestatais. Os casos entre Estados são raros no SIDH,[16] com as petições individuais ocupando papel central na jurisprudência interamericana.

A Comissão é constituída por sete membros, eleitos pela Assembleia Geral da OEA a partir de nomeações realizadas pelos Estados. Seu mandato dura quatro anos, com a possibilidade de uma reeleição. Os comissionados devem ser pessoas de alta autoridade moral e reconhecido saber em matéria de direitos humanos, e suas funções devem ser exercidas a título pessoal (ou seja, com independência em relação a todos os Estados e quaisquer outros atores envolvidos). Desta forma, embora tenha sido criada por órgão intergovernamental, a Comissão é autônoma e

---

lógica: o regulamento atual parte do pressuposto que todos os casos serão justicializados (desde que o Estado reconheça a competência da Corte e não tenha cumprido as recomendações do informe preliminar), devendo a Comissão justificar sua decisão de não seguir por este caminho.

[15] Comissão Interamericana de Direitos Humanos. Estatísticas. Disponível em <http://www.oas.org/es/cidh/multimedia/estadisticas/estadisticas.html>. Acesso em outubro de 2020.

[16] Para exemplo de caso interestatal, veja-se: Comissão Interamericana de Direitos Humanos, *Equador v. Colombia*, caso interestatal 12.779. Decisão de arquivo em 4 de novembro de 2013.

independente. Em todas as suas funções, a Comissão é assessorada pelo secretariado da CIDH, que conta com um conjunto de funcionários dedicados às diferentes funções exercidas pela Comissão, incluindo cada uma das fases do sistema de petições individuais.

Conjuntamente à sua atuação como parte do colegiado da CIDH, os comissionados assumem também a função de relatores para determinados países e temas. Como *relator de país*, o comissionado ou comissionada deve acompanhar todas as ações da CIDH em relação àquele Estado, assim como impulsionar as atividades promocionais ou de outra natureza que considerar relevantes. Por sua vez, as *relatorias temáticas* visam a conferir atenção especial a indivíduos e grupos sob risco acentuado de sofrer violações. Elas utilizam os variados instrumentos da CIDH em favor da proteção de direitos do grupo em questão, garantindo que as ações da Comissão sejam coerentes com os parâmetros relevantes para cada um dos temas, além de impulsionar novas ações direcionadas a fortalecer a atuação da CIDH a seu respeito. Desde 1990, quando foi iniciada a criação de relatorias temáticas, a Comissão designou relatores para os seguintes temas: direitos dos povos indígenas; direitos das mulheres; direitos das pessoas migrantes; direitos das crianças; defensoras e defensores de direitos humanos; direitos das pessoas privadas de liberdade; direitos das pessoas afrodescendentes e contra a discriminação racial; direitos das pessoas LGBTI; memória, verdade e justiça; pessoas idosas; e pessoas com deficiência.

Complementarmente às relatorias de país e às relatorias temáticas, a CIDH conta com duas *relatorias especiais:* a Relatoria Especial para a Liberdade de Expressão e a Relatoria Especial sobre os Direitos Econômicos, Sociais e Culturais. Cada uma delas conta com um relator especial, pessoa selecionada especificamente para essa tarefa (não se trata, por tanto, de um dos comissionados) e exclusivamente dedicada à relatoria. As relatorias especiais contam com uma estrutura institucional própria, que atua dentro da CIDH fornecendo assessoramento técnico às ações da Comissão a respeito do tema, além de liderar a elaboração de informes e a promoção de iniciativas relevantes para seu mandato.

7.2. CORTE INTERAMERICANA

A Corte Interamericana de Direitos Humanos (CIDH) é o órgão jurisdicional internacional criado para supervisionar o cumprimento da Convenção Americana.[17] Conforme visto, a Convenção foi aprovada em 1969 e entrou em vigor quase

---

[17] A intenção dos Estados americanos de estabelecer uma corte internacional dedicada à proteção de direitos humanos já havia sido expressa em documentos anteriores. Já em 1948, a Resolução XXXI da Nona Conferência Interamericana tratou sobre o tema. Posteriormente, em 1959, a Quinta Reunião de Consulta de Ministros das Relações Exteriores requereu ao Conselho

dez anos depois, em 1978. A partir dessa data, pode-se tomar as providências para sua instauração, incluindo a eleição dos primeiros juízes, que ocorreu em maio de 1979 durante o Sétimo Período Extraordinário de Sessões da Assembleia Geral da OEA. A Corte realizou sua primeira sessão ainda em 1979, adotou sua primeira opinião consultiva em 1982, e emitiu sua primeira sentença em 1987. Por estar sediado na capital da Costa Rica, o tribunal também é conhecido como Corte de San José.

A Corte é composta por sete juízes, eleitos pelos Estados-partes da CADH na Assembleia Geral da OEA. Embora sejam nomeados e eleitos pelos Estados, eles exercem sua função a título pessoal e devem agir com independência e imparcialidade. Para tornar-se juiz da Corte Interamericana, é preciso ser nacional de um dos Estados-membros da OEA e cumprir as exigências para o exercício das mais elevadas funções judiciais no Estado de sua nacionalidade ou no Estado que propuser sua candidatura, além de ser um jurista da mais alta autoridade moral com reconhecida competência em direitos humanos.

Em conformidade com as disposições da Convenção Americana, o tribunal exerce função consultiva e função contenciosa. No exercício de sua *competência consultiva*, a Corte formula *opiniões consultivas*, por meio das quais esclarece dúvidas a respeito da interpretação da CADH e de outros tratados relevantes para a proteção de direitos humanos no continente americano.[18] As opiniões consultivas podem ser requeridas pela Comissão e pelos Estados-membros da OEA (incluindo aqueles que não sejam partes da Convenção Americana), assim como por órgãos da OEA a respeito de matérias de sua competência. Os Estados podem também consultar a Corte a respeito da compatibilidade entre uma lei doméstica e suas obrigações internacionais de direitos humanos. De 1979 a 2020, a Corte elaborou 25 opiniões consultivas, tanto sobre questões relativas ao procedimento e instituições do SIDH (como as atribuições da Comissão Interamericana, por exemplo) quanto sobre temas de mérito (incluindo a instituição do asilo, direitos LGBTI, meio ambiente, pena de morte, entre outros).

A *competência contenciosa* da Corte consiste no julgamento de ações para determinar a existência de *responsabilidade internacional do Estado* por violação

---

Interamericano de Jurisconsultos que elaborasse um projeto voltado à criação de um tribunal com este mandato (como se viu, a mesma resolução também determinou a criação da Comissão Interamericana e a elaboração da Convenção Americana).

[18] Note-se que a Corte pode elaborar opiniões consultivas não apenas a respeito de tratados do Sistema Interamericano, mas também sobre outras convenções de direitos humanos que se apliquem nas Américas por terem sido ratificadas pelo Estado envolvido, mesmo que Estados de outras regiões também sejam partes. Veja-se: Corte Interamericana de Direitos Humanos, *"Otros tratados" objeto de la función consultiva de la Corte (art. 64 Convención Americana sobre Derechos Humanos)*, Opinião Consultiva OC-1/82, 24 de setembro de 1982.

da Convenção Americana.[19] Ela pode ser exercida apenas em relação a Estados que tenham ratificado a CADH e, adicionalmente, tenham formulado declaração reconhecendo a competência contenciosa da Corte. Dos 35 Estados-membros da OEA, 23 são partes da CADH[20] e 20 reconheceram a competência contenciosa da Corte.[21]

Apenas os Estados-partes da Convenção e a Comissão Interamericana podem levar casos à Corte. Indivíduos, grupos e organizações não podem submeter petições diretamente ao tribunal, de modo que, caso desejem acionar o SIDH, devem enviar comunicações à Comissão e submeter-se ao procedimento perante o órgão para depois, se o caso levar a esse resultado, chegar à CIDH. Essa limitação dificulta o acesso dos sujeitos de direito ao órgão jurisdicional do SIDH, atraindo críticas da doutrina e da sociedade civil.[22] De fato, conferir ao indivíduo a capacidade processual para submeter suas demandas ao tribunal interamericano fortaleceria sua posição no SIDH, o que seria coerente com a centralidade da vítima e as evoluções do direito internacional dos direitos humanos. No âmbito do Sistema Europeu, reformas introduzidas pelo Protocolo n.11 possibilitaram o acesso direto da vítima à Corte Europeia de Direitos Humanos, processo que poderia inspirar alterações similares no Sistema Interamericano. Contudo, até que os Estados decidam adotar um protocolo à Convenção Americana estabelecendo reforma desta natureza, o acesso à Corte permanece restrito.

A primeira etapa de um caso na Corte Interamericana é análise de *exceções preliminares*. O Estado demandado pode interpor estas exceções, mediante as quais argumenta que a Corte não deve se pronunciar sobre o mérito de um caso. A exceção pode se basear na ausência de jurisdição *ratione materiae, personae, temporis* ou *loci*.[23]

---

[19] A Corte é competente também para analisar a possível violação de outros tratados que lhe conferem jurisdição, tais como o Protocolo de São Salvador, a Convenção Interamericana sobre o Desaparecimento Forçado de Pessoas, a Convenção Interamericana para Prevenir e Punir a Tortura e a Convenção Interamericana para Prevenir, Punir e Erradicar a Violência contra a Mulher.

[20] São eles: Argentina, Barbados, Bolívia, Brasil, Chile, Colômbia, Costa Rica, Dominica, Equador, El Salvador, Granada, Guatemala, Haiti, Honduras, Jamaica, México, Nicarágua, Panamá, Paraguai, Peru, República Dominicana, Suriname e Uruguai. Trinidade e Tobago e Venezuela já foram partes da CADH, mas denunciaram a Convenção. Informação atualizada em outubro de 2020.

[21] São eles: Argentina, Barbados, Bolívia, Brasil, Chile, Colômbia, Costa Rica, Equador, El Salvador, Guatemala, Haiti, Honduras, México, Nicarágua, Panamá, Paraguai, Peru, República Dominicana, Suriname e Uruguai. Informação atualizada em outubro de 2020.

[22] Veja-se: Antônio Augusto Cançado Trindade e Manuel Ventura Robles, *El futuro de la Corte Interamericana de Derechos Humanos*, 2004.

[23] Para uma exploração mais completa sobre o tema, referir-se a Jo M. Pasqualucci, *The Practice and Procedure of the Inter-American Court of Human Rights*, 2012, pp. 117-149.

Jurisdição *ratione materiae* se refere ao escopo material da jurisdição da Corte, que consiste na Convenção Americana e outros tratados que reconhecem a competência do tribunal, como o Protocolo de São Salvador, a Convenção Interamericana sobre o Desaparecimento Forçado de Pessoas, a Convenção Interamericana para Prevenir e Punir a Tortura e a Convenção Interamericana para Prevenir, Punir e Erradicar a Violência contra a Mulher. Portanto, a exceção preliminar que argumenta ausência de jurisdição *ratione materiae* indica que o caso não discute violações da Convenção Americana, mas sim o descumprimento a outras normas internas e/ou internacionais sobre as quais a Corte não possui jurisdição.

Já a jurisdição *ratione personae* se refere às partes do caso. Como visto, os atores que possuem capacidade processual para apresentar casos perante a Corte (legitimidade ativa) são a Comissão e os Estados-partes da CADH. Além disso, a vítima do caso deve ser uma pessoa sujeita à jurisdição do Estado demandado. A legitimidade passiva abrange os atores que podem sofrer condenações na Corte, ou seja, os Estados-partes da CADH que reconhecem sua competência contenciosa. A ausência de jurisdição *ratione personae* se verifica quando qualquer dos polos da ação não for constituído por estes agentes, trazendo à Corte atores não autorizados pela lógica processual do SIDH.

A ausência de jurisdição *ratione temporis* se verifica quando a situação discutida ocorreu antes de o Estado reconhecer a competência contenciosa da Corte, já que não pode haver aplicação retroativa das normas do SIDH. Em relação aos Estados que decidiram denunciar a Convenção, também estão fora da jurisdição temporal da Corte as situações ocorridas a partir do momento que a denúncia começou a produzir efeitos.[24] A jurisdição da Corte inclui ainda violações de caráter continuado que se iniciaram antes do reconhecimento da competência contenciosa, caso estas se prolonguem até o período abrangido por sua jurisdição temporal.[25] Por exemplo, a Corte pode analisar casos de desaparecimento forçado em que a vítima desapareceu antes de o Estado reconhecer a competência contenciosa da Corte, mas continuou desaparecida após a data do reconhecimento.

A jurisdição *loci* da Corte abrange todas as situações ocorridas no território do Estado demandado, assim como aquelas que, apesar de fora do seu território, também estão sob a jurisdição daquele Estado.[26]

---

[24] Conforme o artigo 79.1 da Convenção Americana, os efeitos da denúncia se iniciam um ano depois de sua notificação ao Secretário Geral da OEA.

[25] Veja-se, por exemplo, Corte Interamericana de Direitos Humanos, *Radilla Pacheco v. Mexico*, 23 de novembro de 2009, par. 22.

[26] No direito internacional dos direitos humanos, as obrigações assumidas pelo Estado se aplicam também fora de seu território, desde que esse tenha jurisdição sobre a situação analisada, ou seja, desde que exerça efetivo controle sobre o contexto em questão. Por exemplo, a Comissão já determinou que as pessoas detidas em Guantánamo, embora fora do território dos Estados

Além da ausência de jurisdição *ratione materiae, personae, temporis* ou *loci*, o Estado pode também levantar exceção preliminar argumentando que não houve esgotamento dos recursos internos. Embora este assunto já deva ter sido discutido na Comissão Interamericana, o Estado pode levantar a questão perante a Corte por discordar da conclusão a que chegou a CIDH. Contudo, para interpor essa exceção perante a CIDH, o Estado deve, necessariamente, ter feito alegação neste sentido durante a etapa de admissibilidade perante a Comissão. Caso contrário, se entende que a defesa abriu mão desse argumento, ainda que de forma tácita, não podendo utilizá-lo posteriormente.

Se a Corte analisar todas as exceções preliminares interpostas pelo Estado e concluir que nenhuma delas deve ser acolhida, o tribunal passa ao mérito do caso.

Na etapa de mérito, a Corte examina fatos e direito. O tribunal estabelece quais foram os fatos do caso com base em um procedimento probatório, que pode incluir provas documentais, testemunhais e periciais. Em regra, a parte peticionária tem o ônus da prova em relação aos fatos alegados, a menos que (i) tais fatos não sejam contestados pelo Estado; ou (ii) tais fotos somente possam ser comprovados utilizando evidências sob controle do Estado e este se recuse a cooperar.[27] Já a analise de direito é baseada no exame das obrigações do Estado, sendo devidamente considerados os argumentos das partes e as fontes de direito internacional que a Corte considerar apropriadas.

O Estado demandado pode aceitar os fatos do caso tal qual expostos pelos peticionários. Pode também reconhecer que violou suas obrigações e que, por tanto, deve ser responsabilizado internacionalmente. Realizados mediante declaração unilateral do Estado, estes *reconhecimentos de responsabilidade internacional* estão sujeitos a análise pela Corte, que determina sua procedência e seus efeitos jurídicos, assim como as medidas de reparação cabíveis.

As partes podem ainda comunicar à Corte que chegaram a uma *solução amistosa* do caso, ou seja, que negociaram um acordo. Assim como em caso de reconhecimento da responsabilidade internacional do Estado, o caso não é automaticamente encerrado. A Corte deve analisar a solução alcançada pelas partes e decidir se esta é compatível com o direito internacional dos direitos humanos.

Unidos, estão sob jurisdição dos EUA, já que estão sob autoridade e controle do governo americano (note-se, de toda forma, que os Estados Unidos não ratificaram a Convenção Americana e por isso a Corte não tem competência para se pronunciar sobre este tema). Veja-se, a respeito: Jo M. Pasqualucci, *The Practice and Procedure of the Inter-American Court of Human Rights*, 2012, pp. 147-148.

[27] Jo M. Pasqualucci, *The Practice and Procedure of the Inter-American Court of Human Rights*, 2012, p. 171.

Se a Corte concluir que o Estado é internacionalmente responsável por violação de direitos humanos, ela determina medidas de reparação da vítima. O dever de reparação pelo descumprimento de obrigações internacionais é um princípio geral de direito internacional, o qual a Corte Interamericana implementa de modo fortemente protetivo à vítima. O objetivo da reparação é restaurar a situação anterior à ocorrência da violação, caso isto não seja possível, deve remediar os efeitos da violação e compensar a vítima pelos danos sofridos. Além disso, as medidas de reparação se direcionam também a evitar que a violação volte a ocorrer no futuro. Esta abordagem é chamada de *reparação integral da vítima*.

Na prática, as reparações assumem formas diversas, que respondem às circunstâncias de cada caso. A Corte determina medidas de restituição, destinadas a restaurar a situação anterior à violação (por exemplo, libertando uma pessoa detida ilegalmente ou possibilitando que uma comunidade indígena retorne a um território de onde havia sido expulsa); satisfação, cujo objetivo é reconhecer o injusto sofrimento causado à vítima e oferecer formas de reparação não financeira (incluindo tanto medidas simbólicas, como a realização de homenagens ou a construção de memoriais, quanto ações destinadas a contribuir com suas condições de vida, como a concessão de bolsa de estudos); reabilitação (que focam nos efeitos físicos e psicológicos da violação, determinando, por exemplo, a disponibilização de acompanhamento psicológico para familiares de pessoas desaparecidas); e garantias de não repetição (direcionadas a alterar as causas estruturais da violação e, assim, evitar sua repetição no futuro – exemplos incluem mudanças legais, assim como o treinamento de autoridades policiais e judiciárias sobre normas de direitos humanos).[28] A Corte também estabelece que o Estado de investigar, processar e punir os indivíduos responsáveis pela violação. Por exemplo, em caso que envolva tortura, o Estado deve agir com a devida diligência para identificar os agentes estatais que cometeram e ordenaram os atos de tortura, processá-los e, se for determinada sua responsabilidade, puni-los. Por fim, a vítima deve receber uma indenização pecuniária pelos danos sofridos, incluindo os danos materiais, morais, e os gastos incorridos com o processo em instâncias nacionais e internacionais.

A determinação destas medidas é realizada com atenção aos desejos e demandas das vítimas, que frequentemente priorizam o reconhecimento público da violação e a responsabilização dos indivíduos diretamente envolvidos. Por este motivo, as medidas determinadas pela CIDH têm sido descritas como "reparações

---

[28] Ibid, pp. 188-250.

centradas na vítima", se diferenciando substancialmente da abordagem exclusivamente monetária adotada por outros órgãos.[29]

As decisões da Corte são finais, não havendo possibilidade de recurso. Após sua publicação, as partes podem solicitar à Corte que emita uma *interpretação de sentença,* caso trechos da decisão tenham ficado ambíguos e as partes discordem sobre seu significado. Este instrumento não pode, contudo, ser utilizado para contestar ou reexaminar a decisão da Corte, somente para esclarecer eventual ponto obscuro.

Conforme determinado pelo artigo 68.1 da Convenção, as sentenças da Corte são vinculantes, de modo que o Estado deve obrigatoriamente cumprir todas as decisões da CIDH em casos de que for parte. Além disso, deve implementar os parâmetros estabelecidos pela Corte em sua jurisprudência, mesmo aqueles determinados em sentenças a respeito de outros países, na medida em que nelas o tribunal indica qual sua interpretação sobre a Convenção. Como colocado por Valerio Mazzuoli, "para o Estado em causa, a sentença tem autoridade de *res judicata,* e para terceiros Estados, vale como *res interpretata.*"[30]

Os casos são monitorados pela Corte até que todas as medidas de reparação tenham sido executadas. Este monitoramento é feito mediante a elaboração de resoluções sobre o *cumprimento da sentença,* nas quais, com base nas informações prestadas pelo Estado e nas observações da parte peticionária, a Corte analisa se e como cada uma das medidas de reparação foi cumprida. O tribunal adotou também a prática de realizar audiências para ouvir as partes sobre o cumprimento das sentenças. A informação reunida nesses procedimentos é incluída em relatórios anuais para a Assembleia Geral da OEA, a quem caberia adotar medidas para pressionar os Estados a cumprir as sentenças da Corte.[31] A Assembleia Geral, porém, não tem tomado ações neste sentido, se demonstrando inefetiva como esfera de *accountability* para Estados que deixam de cumprir medidas de reparação. Por isso, tem cabido aos próprios órgãos do Sistema, assim como às vítimas e à sociedade civil, pressionar os Estados que não cumprem as medidas a fazê-lo.

De modo geral, os Estados tendem a cumprir medidas associadas ao Poder Executivo, especialmente o pagamento de indenização. Contudo, medidas associadas a outros poderes públicos – como a realização de reforma legislativa

---

[29]   Thomas M. Antkowiak, An Emerging Mandate for International Courts: Victim-Centered Remedies and Restorative Justice, 47 *Stanford Journal of International Law,* 2011, apud Jo M. Pasqualucci, *The Practice and Procedure of the Inter-American Court of Human Rights,* 2012, p. 191.

[30]   Valerio de Oliveira Mazzuoli, *Curso de Direitos Humanos,* 2019, p. 155.

[31]   Este é o sentido do artigo 65 da Convenção Americana, que estabelece: "A Corte submeterá à consideração da Assembléia Geral da Organização, em cada período ordinário de sessões, um relatório sobre suas atividades no ano anterior. De maneira especial, e com as recomendações pertinentes, indicará os casos em que um Estado não tenha dado cumprimento a suas sentenças."

Cap. 7 · ÓRGÃOS DE PROTEÇÃO | 151

– têm um menor grau de cumprimento. Em particular, é especialmente rara a execução completa de medidas ordenando que o Estado investigue, processe e puna os indivíduos responsáveis pela violação. Medidas desta natureza costumam enfrentar uma série de desafios domésticos, que vão desde a resistência política até a existência de leis de anistia, regras sobre prescrição e dificuldade probatória em virtude da passagem do tempo. Estes obstáculos, porém, não podem impedir o cumprimento das sentenças da Corte, que são de implementação obrigatória pelo Estado como um todo (incluindo os Poderes Legislativo e Judiciário), cabendo aos órgãos competentes adotar as medidas cabíveis para garantir que a medida seja executada.

O procedimento contencioso completo pode se provar longo, especialmente em situações de risco iminente. Por isso, a Corte conta com uma ferramenta destinada a possibilitar que ela aja de modo urgente em situações em que isto seja necessário para proteger a vítima. Trata-se do procedimento de *medida provisória,* similar ao mecanismo de medidas cautelares da Comissão. A Corte pode conceder medidas provisórias em situações graves, urgentes, e que apresentem risco de dano irreparável à vítima e/ou a seus direitos. Se estes elementos estiverem presentes, o tribunal determinará que o Estado adote medidas para proteger a vítima e impedir a concretização do risco iminente -mas não se pronunciará sobre o mérito do caso, de modo que a concessão de medidas provisórias não antecipa o resultado do procedimento contencioso.

Em casos sob análise da Corte, a parte peticionária pode solicitar medidas provisórias em qualquer etapa processual, desde que haja uma situação que cumpra os requisitos do instrumento (gravidade, urgência e risco iminente de dano irreparável). A Corte também pode decidir adotá-las por iniciativa própria, de ofício, em relação aos casos que já está analisando. Para casos que não estão na Corte, cabe à Comissão Interamericana solicitar que o tribunal adote medidas provisórias. A Comissão faz requerimentos desta natureza nas seguintes situações: (i) quando o Estado não implementar medidas cautelares determinadas pela CIDH; (ii) quando as medidas cautelares não se mostrarem eficazes; (iii) quando submeter à Corte um caso em relação ao qual exista uma medida cautelar; ou (iv) quando a Comissão considerar que a medida provisória é o instrumento mais efetivo para responder a determinada situação, justificando de modo fundamento esta avaliação.[32]

Embora as vítimas e seus representantes não possam iniciar casos contenciosos ou requerer medidas provisórias diretamente à Corte, eles têm o direito de participar de todas as etapas processuais a partir do momento em que o caso é submetido. Até 2001, sua participação era mais restrita: a Comissão atuava perante a Corte

---

[32] Conforme estabelecido pelo artigo 76 do Regulamento da Comissão Interamericana.

como representante da vítima. Atualmente, a CIDH exerce o papel de fiscal da lei, defendendo o interesse público interamericano, e a vítima tem autonomia completa perante o tribunal. A participação direta é essencial para garantir a incorporação de sua perspectiva, assegurando a *centralidade da vítima* no procedimento.

7.3. GRUPO DE TRABALHO DO PROTOCOLO DE SÃO SALVADOR

O Grupo de Trabalho para Analisar os Informes Periódicos dos Estados-partes do Protocolo de São Salvador (GTPSS) é o mecanismo criado para monitorar a implementação do Protocolo Adicional à Convenção Americana sobre Direitos Humanos em Matéria de Direitos Econômicos, Sociais e Culturais.[33]

O Protocolo estabelece o dever dos Estados de apresentar relatórios periódicos indicando a as medidas progressivas que tiverem adotado para assegurar o devido respeito aos direitos econômicos, sociais e culturais. As informações relacionadas a cada um dos direitos protegidos devem considerar mulheres, crianças, pessoas idosas, pessoas com deficiência, povos indígenas e afrodescendentes, assim como o papel da sociedade civil na formulação de leis e políticas públicas.[34] Estes relatórios são recebidos pelo GTPSS, que pode também receber informações da sociedade civil para melhor compreender a situação em cada país. Com base nestes dados, o grupo analisa o cumprimento do Protocolo e elabora um conjunto de recomendações destinadas a avançar a realização destes direitos no Estado em questão.

O GTPSS é composto por cinco membros: três especialistas independentes eleitos pela Assembleia Geral da OEA a partir de uma lista apresentada pelos Estados-partes do Protocolo; um especialista independente, indicado pelo Secretário-geral da OEA; e um representante da Comissão Interamericana. Há ainda um suplente para cada categoria (um especialista governamental, um especialista independente e um representante da CIDH). Suas decisões são tomadas por consenso.

Para analisar os relatórios com rigor e imparcialidade, o GTPSS desenvolveu uma metodologia inovadora, inédita no Sistema Interamericano, baseada em um sistema de indicadores. Elaborados pelo GTPSS e aprovados pelos Estados-membros da OEA, os indicadores visam a medir o desenvolvimento progressivo dos direitos econômicos, sociais e culturais quantitativa e qualitativamente, com especial ênfase para o acesso por grupos em situação de especial vulnerabilidade. A metodologia considera a extensão e a qualidade do acesso aos direitos, a dotação orçamentária que lhes corresponde, o status jurídico de cada direito e a recepção de parâmetros internacionais, assim como a efetiva capacidade do Estado para

---

[33] Complementarmente à atuação do GTPSS, os direitos à educação e à liberdade sindical estão sujeitos ao sistema de petições individuais da Corte e da Comissão Interamericanas.

[34] Par. 6

sua implementação. De modo transversal, são também observados os princípios da não discriminação, do acesso à justiça e do direito à participação informada.

Além de possibilitar a mensuração do cumprimento aos compromissos estabelecidos por meio do Protocolo de São Salvador, fortalecendo a *accountability* internacional dos Estados em relação aos direitos econômicos, sociais e culturais, o sistema de indicadores traz ainda outros avanços de direitos humanos. O sistema fomenta a geração de dados de qualidade sobre a situação dos direitos analisados em cada país, incluindo informações desagregadas sobre grupos em situação de vulnerabilidade, o que possibilita diagnósticos rigorosos. Os diagnósticos podem então ser utilizados como base para ação de atores variados em favor da implementação de direitos econômicos, sociais e culturais. O sistema de indicadores fornece também um guia para a incorporação da perspectiva de direitos humanos durante todo o ciclo das políticas públicas, desde sua concepção inicial até a implementação e avaliação de resultados. Por fim, ao constituir uma ferramenta para a identificação de prioridades e elaboração de estratégias, os indicadores podem contribuir para o aumento da qualidade das políticas públicas da região.

Questões objetivas

1. Qual das atividades abaixo *não* é exercida pela Comissão Interamericana de Direitos Humanos?

    a) A elaboração de relatórios sobre a situação de direitos humanos em Estados das Américas;

    b) O esgotamento dos recursos internos, para possibilitar o acesso ao mecanismo de petições individuais;

    c) A concessão de medidas cautelares em situações graves e urgentes que apresentem risco iminente de dano irreparável;

    d) O encaminhamento de casos para a Corte Interamericana de Direitos Humanos.

2. Durante o processo contencioso perante a Corte Interamericana, o Estado pode apresentar exceções preliminares para argumentar que a Corte não deve se pronunciar sobre o mérito do caso. Qual das alternativas abaixo *não* é uma possível exceção preliminar?

    a) Os fatos do caso ocorreram antes que o Estado aceitasse a competência contenciosa da Corte Interamericana;

    b) A parte peticionária não esgotou os recursos internos;

c) O caso discute a violação de uma lei doméstica, não violações da Convenção Americana;

d) A parte peticionária não é nacional de nenhum dos Estados-membros da OEA.

3. O Grupo de Trabalho do Protocolo de São Salvador:

a) Deve considerar a situação geral dos direitos econômicos, sociais e culturais em cada país, sendo irrelevante a situação de grupos específicos;

b) Pode determinar medidas protetivas em caso de situação grave e urgente que apresente risco iminente de dano irreparável;

c) Defende o interesse público interamericano nos procedimentos perante a Corte Interamericana;

d) Considera em suas análises o direito à não discriminação, o acesso à justiça e o direito à participação informada.

 Questões dissertativas

4. O que é a exigência de esgotamento dos recursos internos? Há exceções?

5. Quando determina que um Estado é internacionalmente responsável por violação de direitos humanos, a Corte Interamericana estabelece um conjunto de medidas destinadas a reparar integralmente a vítima pela violação sofrida. Quais são os tipos de medidas de reparação estabelecidas pela Corte?

6. O Protocolo de São Salvador estabelece duas formas de supervisão internacional: a submissão de relatórios e a possibilidade de petição perante o Sistema Interamericano. Explique como funciona cada um destes mecanismos no monitoramento de obrigações estabelecidas pelo Protocolo.

 Caso prático

Você advoga para uma organização não governamental brasileira cuja atuação inclui a apresentação de casos perante o Sistema Interamericano de Direitos Humanos. A organização foi procurada por Augusto Amaral, pai de uma pessoa desaparecida durante a ditadura militar. Os responsáveis pelo desaparecimento do filho de Augusto nunca foram punidos, e ele procurou a organização em que você trabalha com o objetivo de levar o caso à Corte Interamericana. Explique a Augusto como será o procedimento, caso ele decida apresentar uma petição ao Sistema Interamericano.

Capítulo 8
CONTROLE DE CONVENCIONALIDADE

8.1. CONTROLE DE CONVENCIONALIDADE EXTERNO

Ao ratificar um tratado internacional, o Estado voluntariamente se vincula ao conjunto de normas estabelecido pelo instrumento. O tratado cria obrigações do Estado que o ratifica para com as demais partes -ou seja, os outros Estados que aderiram à norma- e, no caso do direito internacional dos direitos humanos, cria deveres do Estado também para com as pessoas sob sua jurisdição. Estes deveres são incorporados ao ordenamento jurídico interno na forma determinada pela lei doméstica. Como se viu, no Brasil, a incorporação das normas internacionais de direitos humanos é tratada pela Constituição Federal, demonstrando a centralidade do princípio da dignidade humana para a ordem jurídica brasileira, assim como a forte adesão do Brasil ao movimento de internacionalização dos direitos humanos.

Uma vez estabelecidos estes deveres, nasce a questão sobre quem deve fiscalizar a obediência do Estado às normas internacionais. Caso não haja supervisão, há risco de que as normas sejam sistematicamente violadas, se tornando irrelevantes. Há também um segundo risco: de que os Estados aleguem estar cumprindo as normas de direito internacional, porém o façam a partir de sua própria interpretação. Nessa segunda hipótese, se estaria diante de um sistema cacofônico, em que cada Estado implementaria sua própria versão nacional das normas internacionais. Seja na primeira hipótese, seja na segunda, o projeto de internacionalização dos direitos humanos estaria gravemente prejudicado e as normas internacionais se tornariam ilusórias.[1]

---

[1] Veja-se, a respeito: André de Carvalho Ramos, *Responsabilidade Internacional do Estado por Violação de Direitos Humanos*, R. CEJ, n. 29, 2005, p. 53.

É para evitar a concretização destes riscos que se estabelecem mecanismos internacionais de supervisão, seja em âmbito global, regional ou mesmo bilateral. Em geral, estes mecanismos visam a esclarecer como o tratado internacional deve ser aplicado e fortalecer o *accountability* internacional por eventuais descumprimentos. No caso de órgãos jurisdicionais, o *accountability* tem a forma de responsabilização internacional do Estado, com o consequente estabelecimento de reparações pelos danos decorrentes do descumprimento da norma. Este exame se baseia em uma análise da compatibilidade entre as ações estatais e as obrigações determinadas pelo texto da convenção internacional.

A Corte Interamericana, como se viu, é o órgão jurisdicional do Sistema Interamericano. Quando provocada, a CIDH analisa as ações estatais e as compara com os tratados do SIDH, determinando se o comportamento do Estado cumpriu ou não o parâmetro regional. Esta análise inclui todas as ações (e inclusive omissões) do Estado, de modo que o direito interno também está sujeito ao exame da Corte. Isto inclui os atos do Legislativo, as normas proferidas e aplicadas pelo Executivo, assim como as decisões judiciais. Da mesma forma que, internamente, os tribunais realizam o controle de constitucionalidade dos atos normativos para verificar sua compatibilidade com a Constituição; em âmbito interamericano, a Corte Interamericana controla a compatibilidade das normas domésticas com a Convenção Americana e demais tratados internacionais aplicáveis. A esta análise se dá o nome de *controle de convencionalidade.*

A Corte Interamericana foi estabelecida pelos Estados-partes como intérprete autorizada da Convenção Americana, sendo responsável por determinar a correta aplicação da Convenção tanto no âmbito de consultas realizadas pelos Estados e pela CIDH (competência consultiva), quanto em casos concretos (competência contenciosa). Em caso de incerteza sobre o significado das disposições do tratado ou sobre a adequação de sua aplicação em um caso concreto, a Corte é a intérprete última. Por isso, o controle de convencionalidade exercido pela Corte é chamado *próprio* ou *original.*[2] Devido à sua natureza internacional, pode ser chamado também de controle de convencionalidade *externo.*[3]

---

[2]   Nas palavras de Sergio García Ramírez: "El control propio, original o externo de convencionalidad recae en el tribunal supranacional llamado a ejercer la confrontación entre actos domésticos y disposiciones convencionales, en su caso, con el propósito de apreciar la compatibilidad entre aquéllos y éstas - bajo el imperio del derecho internacional de los derechos humanos -, y resolver la contienda a través de la sentencia declarativa y condenatoria que, en su caso, corresponda. En defi nitiva, ese control incumbe, original y ofi cialmente, a la CorteIDH cuando se trata de examinar casos de los que aquélla conoce y a los que aplica normas conforme a su propia competência material. De ahí que haya aludido a un control propio, original o externo." Sergio García Ramírez, *El Control Judicial Interno de Convencionalidad*, IUS Revista del Instituto de Ciencias Jurídicas de Puebla, México, V(28), 2011, p. 126.

[3]   Ibid.

Cap. 8 · CONTROLE DE CONVENCIONALIDADE 159

Porém, a Corte Interamericana não é o único agente responsável por examinar a compatibilidade de atos normativos internos com a Convenção Americana. Na medida em que a Convenção estabelece obrigações para todos os órgãos do Estado, se incorporando ao próprio ordenamento nacional, agentes estatais domésticos também têm o dever de garantir que as normas internas são compatíveis com a Convenção Americana. Trata-se do controle de convencionalidade *interno*.

8.2. CONTROLE DE CONVENCIONALIDADE INTERNO

A ratificação de um tratado internacional vincula o Estado como um todo, incluindo todos os seus órgãos e agentes. Por isso, também os juízes estão sujeitos às obrigações gerais estabelecidas pela Convenção Americana, notadamente, os deveres de respeitar e garantir os direitos protegidos pelo tratado. Para a Corte Interamericana, isso significa que juízes e outros órgãos jurisdicionais devem zelar pelos dispositivos da Convenção, assegurando que eles não sejam comprometidos pela aplicação de normas internas contrárias ao tratado.[4] Para isso, os juízes internos devem realizar o controle de convencionalidade, verificando a compatibilidade das normas nacionais com a Convenção Americana e demais parâmetros de direito internacional dos direitos humanos aplicáveis. Por ser realizada em âmbito doméstico, esta forma de controle de convencionalidade pode ser chamada de controle de convencionalidade *interno*.

Os juízes devem realizar o controle de convencionalidade *de ofício*, não sendo necessário que as partes invoquem o direito internacional dos direitos humanos para que o magistrado proceda à análise da compatibilidade entre a norma em questão e as obrigações internacionais aplicáveis. De fato, este exame é um *dever* do juiz, quem, dentro do marco de suas competências e das leis processuais aplicáveis, não pode se subtrair das obrigações estabelecidas pela Convenção Americana e devidamente incorporadas ao ordenamento jurídico nacional.[5] No Brasil,

---

[4] A doutrina do controle de convencionalidade foi desenvolvida pela Corte Interamericana e vem adquirindo importância cada vez maior na jurisprudência do tribunal. Inicialmente, o Juiz Sergio García Ramírez tratou do controle de convencionalidade em seus votos (veja-se, por exemplo, Corte Interamericana de Direitos Humanos, Myrna Mack Chang vs. Guatemala, voto separado do Juiz Sergio García Ramírez, 25 de novembro de 2003, par. 27). Posteriormente, no caso Almonacid Arellano e outros vs. Chile, a Corte tratou do tema pela primeira vez em uma sentença (Corte Interamericana de Direitos Humanos, Almonacid Arellano e outros vs. Chile, 26 de setembro de 2006, par. 124). O tribunal seguiu desenvolvendo a doutrina em casos posteriores, e hoje sua utilização é constante nas análises do tribunal.

[5] A mecânica da aplicação da Convenção pelo ordenamento interno e pelo Judiciário é irrelevante para a Corte Interamericana, que analisará somente o cumprimento ou não da Convenção Americana, independentemente das divisões de atribuições e sistemas normativos adotados por cada jurisdição. Conforme estabelecido pela Convenção de Viena sobre Direitos dos Tratados e os princípios gerais de direito internacional, os Estados devem cumprir as obrigações que assumem de boa-fé, sem poder invocar o direito interno como justificativa para deixar de cumprí-las.

o juiz deve agir considerando a incorporação dos tratados de direitos humanos ao regime constitucional, com todas as consequências que este status traz para a análise normativa e para o seguimento do processo.[6]

Como visto, além da Convenção Americana, os Estados da região se vinculam também a outros tratados regionais de direitos humanos. Porque estes tratados também criam obrigações para seus Estados-partes, o controle de convencionalidade deve considerar não apenas a CADH, como também os outros parâmetros aplicáveis ao Estado em questão.[7] Por exemplo, se um Estado-parte ratificou a Convenção Americana, a Convenção Interamericana para Prevenir, Punir e Erradicar a Violência contra a Mulher e a Convenção Interamericana para Prevenir e Punir a Tortura, todos estes tratados integram o *corpus juris* convencional que deve ser considerado pelo juiz ao realizar o controle de convencionalidade.[8]

Ao considerar estes instrumentos internacionais, o magistrado interno se verá diante da necessidade de interpretar o significado do texto para aplica-lo à situação sob análise. Durante este exercício, deverá se referir à interpretação realizada pela Corte Interamericana, seja em opiniões consultivas, seja nas sentenças de casos contenciosos.[9] Ou seja, deve se basear na norma internacional *tal qual interpretada pelo órgão autorizado a realizar sua interpretação autêntica*. Caso contrário, se estaria diante de uma aplicação cacofônica da Convenção Americana, com cada operador de direito, em cada tribunal, em cada país, a interpretando de uma forma diferente.

---

[6]   Para uma análise sobre como o operador do direito brasileiro deve operacionalizar o controle de convencionalidade no ordenamento jurídico doméstico, referir-se a: Valerio de Oliveira Mazzuoli, *Curso de Direitos Humanos*, 2019, pp. 266-273.

[7]   Veja-se: Corte Interamericana de Direitos Humanos, *Gudiel Álvarez e outros (Diario Militar) vs. Guatemala*, 20 de novembro de 2012, par. 330.

[8]   A respeito, assim se pronunciou o Juiz Sergio García Ramírez: "En la especie, al referirse a un "control de convencionalidad" la Corte Interamericana ha tenido a la vista la aplicabilidad y aplicación de la Convención Americana sobre Derechos Humanos, Pacto de San José. Sin embargo, la misma función se despliega, por idénticas razones, en lo que toca a otros instrumentos de igual naturaleza, integrantes del corpus juris convencional de los derechos humanos de los que es parte el Estado: Protocolo de San Salvador, Protocolo relativo a la Abolición de la Pena de Muerte, Convención para Prevenir y Sancionar la Tortura, Convención de Belém do Pará para la Erradicación de la Violencia contra la Mujer, Convención sobre Desaparición Forzada, etcétera. De lo que se trata es de que haya conformidad entre los actos internos y los compromisos internacionales contraídos por el Estado, que generan para éste determinados deberes y reconocen a los individuos ciertos derechos." Corte Interamericana de Direitos Humanos, *Trabajadores Cesados del Congreso v. Peru*, voto separado do Juiz Sergio García Ramírez, 24 de novembro de 2006, par. 2.

[9]   Corte Interamericana de Direitos Humanos, *Direitos e Garantias de Crianças no Contexto da Migração e/ou em Necessidade de Proteção Internacional*, Opinião Consultiva 21/14, 19 de agosto de 2014, par. 31.

Cap. 8 · CONTROLE DE CONVENCIONALIDADE | **161**

Além dos juízes, outras autoridades nacionais envolvidas com a elaboração e aplicação do direito também têm o dever de realizar o controle de convencionalidade. Esta é uma obrigação ampla, que engloba todas as autoridades responsáveis por elaborar leis e outros atos normativos, por implementar estas normas, e por julgar casos relacionados à sua aplicação. Nesse sentido, embora inicialmente a jurisprudência da Corte sobre controle de convencionalidade tenha se focado no papel dos juízes, posteriormente, o tribunal esclareceu que os magistrados não são a única autoridade doméstica responsável por verificar a compatibilidade das normas domésticas com a Convenção Americana. Nas palavras da Corte Interamericana:

> "[...] Pelo simples fato de [o Estado] ser parte da Convenção Americana, *todos os seus poderes públicos e todos os seus órgãos, incluindo os órgãos democráticos, juízes e outros órgãos ligados à administração da justiça em todos os níveis*, estão vinculados ao tratado, razão pela qual devem exercer, no âmbito de suas respectivas competências e das normas processuais correspondentes, um controle da convencionalidade tanto na *emissão* e *aplicação* de normas, quanto à sua validade e compatibilidade com a Convenção, como na *determinação, julgamento e resolução de situações particulares e casos específicos*, levando em conta o próprio tratado e, conforme o caso, os precedentes ou diretrizes jurisprudenciais da Corte Interamericana."[10]

Isto é, as normas domésticas devem estar sob constante escrutínio das autoridades públicas. Ao elaborar, executar e julgar normas nacionais, os Poderes Legislativos, Executivo e Judiciário[11] devem se assegurar que tais normas não contrariam as obrigações internacionais assumidas pelo Estado em matéria de direitos humanos. O controle de convencionalidade é a ferramenta que as autoridades estatais devem utilizar para realizar esta tarefa, verificando, dentro do âmbito de suas competências e a partir das normas processuais aplicáveis, a compatibilidade das normas nacionais com as obrigações internacionais do Estado. Conforme esclarecido pela Corte, o controle deve se basear no conjunto de tratados ratificados pelo Estado, assim como na interpretação que a Corte Interamericana faz deles.

---

[10] Corte Interamericana de Direitos Humanos, *Gelman vs. Uruguai,* Supervisão de cumprimento de sentença, 20 de março de 2013, par. 69. Tradução livre, grifos não originais.

[11] No caso *Diario Militar*, a Corte Interamericana fez ainda referência ao Ministério Público: "Los jueces y órganos vinculados a la administración de justicia en todos los niveles están en la obligación de ejercer ex officio un "control de convencionalidad" entre las normas internas y los tratados de derechos humanos de los cuales es Parte el Estado, evidentemente en el marco de sus respectivas competencias y de las regulaciones procesales correspondientes. En esta tarea, los jueces y órganos vinculados a la administración de justicia, como el ministerio público, deben tener en cuenta no solamente la Convención Americana y demás instrumentos interamericanos, sino también la interpretación que de estos ha hecho la Corte Interamericana." Corte Interamericana de Direitos Humanos, *Gudiel Álvarez e outros (Diario Militar) vs. Guatemala*, 20 de novembro de 2012, par. 330.

8.3. EFEITOS DO CONTROLE DE CONVENCIONALIDADE

O controle de convencionalidade – tanto em sua modalidade externa quanto interna – é uma decorrência do regime de proteção aos direitos humanos estabelecido pelos Estados do continente americano. Ao desenvolver a doutrina do controle de convencionalidade interno, a Corte Interamericana se baseou nas obrigações gerais estabelecidas pela Convenção Americana – as quais determinam o dever dos Estados de respeitar e garantir os direitos humanos – interpretadas a partir de princípios gerais de direito internacional. Mas mais do que decorrência lógica do sistema normativo interamericano, o controle de convencionalidade é também peça chave para maximizar sua efetividade. O controle de convencionalidade leva à *prevenção* de violações de direitos humanos e favorece *o diálogo jurisdicional,* fortalecendo uma *cultura regional de proteção aos direitos humanos.* Ao fazê-lo, se converte em ferramenta de *congruência e harmonização* da proteção a direitos no espaço jurídico interamericano, resolvendo tensões e contribuindo para o fortalecimento dos direitos humanos na região.

Para tratar do caráter preventivo do controle de convencionalidade, é relevante relembrar que o sistema internacional de proteção aos direitos humanos é complementar e subsidiário às esferas domésticas. O Estado é o garante primário de direitos, cabendo ao sistema internacional agir apenas quando este falha. Uma das consequências desta lógica da subsidiariedade é a exigência do esgotamento dos recursos internos, ou seja, a exigência de que, diante do descumprimento de uma obrigação estatal, a vítima busque uma solução internamente, dando ao Estado a oportunidade de tratar da matéria antes do envolvimento de mecanismos internacionais. Por isso, quando há uma violação de direitos humanos, a vítima deve buscar as autoridades internas competentes para lidar com a situação. O Sistema Interamericano deve ser acionado apenas diante da falha destas autoridades em oferecer uma resposta compatível com as normas internacionais aplicáveis.

Se as autoridades internas realizarem o controle de convencionalidade de modo adequado, a violação pode não ocorrer ou, caso ocorra, ser adequadamente reparada pelas autoridades administrativas e judiciais domésticas, sem que seja necessário acionar esferas internacionais.

Como exemplo hipotético, suponha-se que o Legislativo de um Estado parte da Convenção Americana adotou uma lei determinando que pessoas homossexuais privadas de liberdade não têm o direito a receber visitas. Quando o Poder Executivo implementou a norma, um indivíduo entrou com uma ação judicial requerendo o direito a realizar visitas e alegando que estava sendo sujeito a discriminação, mas seu pedido foi indeferido por todas as instâncias. O indivíduo resolveu levar o caso à Comissão Interamericana, que se pronunciou em seu favor e decidiu encaminhar o caso à Corte Interamericana. A Corte determinou então que o Estado era internacionalmente responsável por violar a Convenção Americana e estabeleceu as medidas de reparação cabíveis. Só então o Estado, ao implementar as medidas de reparação, tomou medidas para cessar a discriminação e reparar as pessoas que haviam sido prejudicadas.

Neste caso hipotético, podem-se enxergar diversas oportunidades (desperdiçadas) para realizar o controle de convencionalidade. O Legislativo, ao elaborar a lei e votar por sua aprovação, deveria ter considerado que ela contraria a Convenção Americana e deixado de aprová-la. O Executivo, antes de implementar a lei, poderia ter utilizado os mecanismos internos disponíveis no Estado para questionar seu caráter discriminatório, o qual viola as obrigações internacionais do Estado. Por sua vez, quando provocado, o Judiciário deveria ter examinado a compatibilidade da lei com as normas internacionais de direitos humanos internalizadas pelo Estado (seguindo as regras processuais aplicáveis neste Estado hipotético). Se qualquer destas autoridades houvesse realizado o controle de convencionalidade, a materialização da violação poderia ter sido evitada, ou prontamente resolvida. A proteção subsidiária conferida pelo Sistema Interamericano não precisaria haver sido acionada.

O exemplo demonstra que o controle de convencionalidade se constitui como ferramenta para que o Estado exerça, de pronto, sua responsabilidade primária na implementação de normas internacionais de direitos humanos, fortalecendo seu papel de garante de direitos internacionalmente protegidos. Demonstra, também, que o controle de convencionalidade contribui para a prevenção a violações, fornecendo um instrumento para que agentes estatais implementem as obrigações da Convenção Americana *antes* do envolvimento de órgãos internacionais. O instrumento, portanto, reafirma a natureza subsidiária do monitoramento realizado pelos órgãos interamericanos.

Além disso, a doutrina do controle de convencionalidade tem também consequências práticas relacionadas ao alcance do Sistema Interamericano, já que o número de casos que a Comissão e a Corte são capazes de processar é necessariamente limitado por suas restritas estruturas. Diante dessa limitação fática, o controle de convencionalidade interno evita a sobrecarga do SIDH e *maximiza o impacto das normas interamericanas,* assegurando que a análise da compatibilidade de atos estatais com os tratados regionais *não* seja uma atribuição exclusiva da Comissão e da Corte. Muito ao contrário, os órgãos compartilham essa tarefa com todos os juízes da região, além de outras autoridades internas envolvidas com a elaboração, aplicação e julgamento de normas nacionais. Verifica-se uma verdadeira capilarização da responsabilidade de controlar a convencionalidade dos atos estatais. Nas palavras de Eduardo Ferrer Mac-Gregor Poisot:

> "O controle difuso [interno] de convencionalidade *converte o juiz nacional em juiz interamericano*: em um primeiro e autêntico guardião da Convenção Americana, de seus Protocolos adicionais (possivelmente de outros instrumentos internacionais) e da jurisprudência da Corte IDH que interpreta esta normatividade. Os órgãos de justiça e os juízes nacionais têm a importante tarefa de salvaguardar não apenas os direitos fundamentais previstos em âmbito interno,

mas também todo o conjunto de valores, princípios e direitos humanos que o Estado reconheceu nos instrumentos internacionais e cujo compromisso internacional assumiu. Os juízes nacionais se convertem nos primeiros intérpretes das normas internacionais, se considerado o caráter subsidiário, complementário e coadjuvante dos órgãos interamericanos".[12]

Outro efeito do controle de convencionalidade interno é o fortalecimento do diálogo entre as cortes nacionais e o Sistema Interamericano. Como o parâmetro para a realização do controle de convencionaliadade é a norma interamericana *interpretada*, as autoridades internas devem conhecer a jurisprudência da Corte Interamericana e basear suas decisões na interpretação realizada pelo tribunal regional. De fato, tribunais nacionais da mais alta hierarquia têm se referido aos precedentes da CIDH como base para o controle de convencionalidade, incluindo, por exemplo, a Sala Constitucional da Corte Suprema de Justiça da Costa Rica, o Tribunal Constitucional da Bolívia, a Suprema Corte de Justiça da República Dominicana, o Tribunal Constitucional do Peru, a Corte Suprema de Justiça da Nação Argentina e a Corte Constitucional da Colômbia.[13]

Da sua parte, a Corte Interamericana também se refere às decisões internas, tanto para determinar se os tribunais nacionais agiram de acordo com as obrigações internacionais do Estado em matéria de direitos humanos, quanto para melhor compreender as questões sob análise, citando os argumentos e quadro jurisprudencial utilizados pelos juízes nacionais. A própria Corte já reconheceu a existência deste diálogo bidirecional com tribunais internos, afirmando:

"[S]e instaurou um controle dinâmico e complementar das obrigações convencionais dos Estados de respeitar e garantir os direitos humanos, conjuntamente entre as autoridades internas (que têm a obrigação primária) e as instâncias internacionais (de forma complementar), de modo que os critérios de decisão possam ser conformados e adequados entre si. Assim, a jurisprudência do Tribunal inclui casos em que se retomam decisões de tribunais internos para fundamentar e conceptualizar a violação da Convenção no caso específico. Em outros casos, se tem sido reconhecido que, em conformidade com as obrigações internacionais, os órgãos, instâncias ou tribunais internos adotaram medidas adequadas para remediar a situação que deu origem ao caso; já resolveram a

---

[12] Corte Interamericana de Direitos Humanos, *Cabrera García Montiel Flores v. México,* voto separado do Juiz *ad hoc* Eduardo Ferrer Mac-Gregor Poisot, 26 de novembro de 2010, par. 24. Tradução livre, grifos não originais.

[13] No caso Cabrera García Montiel Flores v. México, a Corte reuniu um conjunto destas decisões. Veja-se: Corte Interamericana de Direitos Humanos, *Cabrera García Montiel Flores v. México,* 26 de novembro de 2010, pars. 226-231.

Cap. 8 · CONTROLE DE CONVENCIONALIDADE | **165**

violação alegada; determinaram reparações razoáveis; ou exerceram um controle de convencionalidade adequado."[14]

Este controle dinâmico e complementar, realizado a partir do diálogo entre as autoridades nacionais e interamericanas, favorece a adoção de interpretações coerentes entre diferentes autoridades nacionais e os órgãos do Sistema Interamericano. Ao fazê-lo, o controle de convencionalidade contribui para a criação de uma cultura jurídica comum, baseada em parâmetros de direitos humanos congruentes.[15] Se, na origem, o direito internacional dos direitos humanos é formulado coletivamente e nacionalmente aceito por todos os Estados-partes (razão pela qual normas de direitos humanos são comumente descritas como expressão de um *consenso da comunidade internacional*), o diálogo jurisdicional possibilita ao *corpus iuris* interamericano seguir como uma construção regional, coletiva e compartilhada.[16]

8.4. CONTROLE DE CONVENCIONALIDADE NA PRÁTICA

O controle de convencionalidade tem sido aplicado por tribunais de diferentes hierarquias em todo o espaço interamericano. As cortes nacionais analisam casos relacionados a diferentes temas de direitos humanos a partir dos tratados regionais e das interpretações realizadas pela Comissão e pela Corte, controlando a compatibilidade do direito interno com as obrigações internacionais assumidas pelo Estado. Exemplo deste processo é a sentença proferida pela Suprema Corte de Justiça do Uruguai no caso Nibia Sabalsagaray Curutchet.

Nibia Sabalsagaray Curutchet era professora de literatura e participava de grupos que se opunham à ditadura uruguaia. Em 29 de junho de 1974, foi detida, torturada e morta. Décadas depois, já no regime democrático, a irmã da vítima apresentou uma denúncia solicitando a investigação dos fatos que haviam resultado na morte de Nibia. A punição dos responsáveis nunca havia ocorrido, uma vez que a Lei 15.848, conhecida como *Ley de Caducidad*, impedia o exercício da pretensão punitiva do Estado em relação a delitos cometidos por militares e policiais durante a ditadura, desde que estes crimes houvessem sido motivados por razões políticas ou decorressem do cumprimento de ordens.

---

[14] Corte Interamericana de Direitos Humanos, *Masacre de Santo Domingo v. Colombia*, 30 de novembro de 2012, par. 143.

[15] Sergio García Ramírez, *El Control Judicial Interno de Convencionalidad*, IUS Revista del Instituto de Ciencias Jurídicas de Puebla, México, V(28), 2011, p. 129.

[16] Naturalmente, esta construção é mais difusa, já que, ao invés de representantes formalmente constituídos com um mandato para negociar tratados internacionais que gerarão obrigações, se está diante de ações não coordenadas de autoridades de todos países do SIDH.

Ao analisar o caso de Nibia, a Suprema Corte de Justiça esclareceu que os tratados internacionais de direitos humanos se integram à constituição do Uruguai,[17] reforçando também que a dignidade humana constitui limite ao exercício do poder soberano estatal e que, tal qual estabelecido pela Convenção de Viena sobre Direito dos Tratados, os Estados não podem invocar leis internas para justificar o descumprimento de tratado internacional. Por estes motivos, a Suprema Corte estabeleceu que o processo de elaboração e adoção das leis deve levar em consideração os direitos protegidos pela Convenção Americana, assim como pelo Pacto Internacional dos Direitos Civis e Políticos e pela Convenção contra a Tortura e outros Tratamentos ou Penas Cruéis, Desumanos ou Degradantes, todos ratificados pelo Estado uruguaio. Ainda segundo o tribunal constitucional doméstico, cabe ao juiz constitucional controlar a observância aos limites que estes tratados impõem aos poderes constituídos. Desta forma, embora sem sem referir ao termo, a Suprema Corte de Justiça aderiu à doutrina do controle de convencionalidade interno, e procedeu à sua realização.

Ao fazê-lo, o tribunal levou em consideração precedentes do Comitê de Direitos Humanos da ONU, da Comissão Interamericana e da Corte Interamericana. Estas decisões e observações internacionais analisavam tanto leis de anistia de modo geral, quanto a Ley de Caducidad de modo específico e direto. Em particular, a Suprema Corte de Justiça se referiu a um precedente da CIDH segundo o qual as consequências jurídicas da Ley de Caducidad eram incompatíveis com a Convenção Americana, por impedir a realização de investigação judicial imparcial e exaustiva que esclarecesse os fatos, determinasse os responsáveis e levasse à imposição das sanções penais correspondentes. Portanto, o tribunal não apenas analisou a Ley de Caducidad com base nas obrigações impostas pelo direito internacional dos direitos humanos, como o fez a partir das interpretações realizadas pelos órgãos internacionais competentes para esclarecer o sentido dos tratados relevantes.

Com base nesta análise, a Suprema Corte de Justiça concluiu que determinados artigos da Ley de Caducidad eram inconstitucionais e inaplicáveis ao caso concreto, possibilitando a investigação dos fatos relacionados à morte de Nibia Sabalsagaray Curutchet. Posteriormente, em caso relacionado aos mesmos temas, a Corte Interamericana se referiu ao caso Nibia Sabalsagaray Curutchet,

---

[17] A incorporação dos tratados internacionais se dá pela via do artigo 72 da Carta Constitucional Uruguaia, cujo texto estabelece: "La enumeración de derechos, deberes y garantías hecha por la Constitución, no excluye los otros que son inherentes a la personalidad humana o se derivan de la forma republicana de gobierno.". Conforme Suprema Corte de Justiça do Uruguai, "Sabalsagaray Curutchet Blanca Stela – Denuncia – Excepción de Inconstitucionalidad", sentença no. 365, de 19 de outubro de 2009, seção III.8, p. 47.

reconhecendo que, em sua sentença, a Suprema Corte de Justiça havia exercido o controle de convencionalidade de forma adequada.[18]

Questões objetivas

1. O que é o controle de convencionalidade?

   a) A análise da compatibilidade entre as normas domésticas e as obrigações internacionais do Estado, com base nos tratados do Sistema Interamericano e na jurisprudência da Corte Interamericana.

   b) A incorporação dos tratados internacionais ao sistema constitucional doméstico, com base na centralidade do princípio da dignidade humana.

   c) A implementação de medidas de satisfação, reabilitação e não repetição, com base no instituto da reparação integral.

   d) A exigência de esgotamento dos recursos internos, com base na subsidiariedade do direito internacional dos direitos humanos.

2. Qual dos atores abaixo *não* tem a responsabilidade de realizar o controle de convencionalidade *interno*?

   a) O Poder Executivo, pois apenas implementa leis elaboradas pelo Legislativo.

   b) As cortes constitucionais, pois suas atribuições se relacionam à Constituição, não às normas internacionais.

   c) A Comissão Interamericana, pois é órgão internacional de supervisão.

   d) Os juízes de primeira instância, pois suas atribuições se limitam à análise do caso concreto diante das normas aplicáveis.

3. Assinale a alternativa correta a respeito do controle de convencioalidade:

   a) Dever ser realizado de ofício, por todas as autoridades estatais, dentro do marco de suas competências e das leis processuais aplicáveis.

   b) Dever ser realizado de ofício, por todas as autoridades estatais, independentemente das leis processuais aplicáveis.

---

[18] Corte Interamericana de Direitos Humanos, *Gelman vs. Uruguai*, 24 de fevereiro de 2011, par. 239.

c) Dever ser realizado de ofício, pelos órgãos do Sistema Interamericano, com base apenas na Convenção Americana e na jurisprudência da Corte Interamericana.

d) Deve ser realizado por todas as autoridades estatais, dentro do marco de suas competências e das leis processuais aplicáveis, com base na Constituição Federal.

 Questões dissertativas

4. Por meio do controle de convencionalidade, deve-se verificar a compatibilidade do direito interno com quais parâmetros e normas?

5. De que forma o controle de convencionalidade contribui para a prevenção de violações de direitos humanos?

6. Por que se pode dizer que o controle de convencionalidade contribui para a criação de uma cultura jurídica comum nos países que integram o Sistema Interamericano? Por quê?

 Caso prático

Você é deputado federal em um Estado-parte da Convenção Americana. O país está atualizando suas leis sobre direito penal e direito processual penal, e você está em uma das comissões responsáveis por analisar o projeto de reforma. Ao ler o projeto, chamou sua atenção que a proposta de lei estabelece expressamente que todos os procedimentos do processo penal ocorrerão na língua oficial do Estado, sem mencionar o direito de interpretação e tradução. Temendo que essa omissão levasse à indisponibilidade de intérpretes e tradutores para as pessoas que não falam o idioma nacional, você decidiu apresentar uma emenda ao projeto. Baseada no artigo 8 da Convenção Americana, a emenda estabelece o "direito do acusado de ser assistido gratuitamente por tradutor ou intérprete, se não compreender ou não falar o idioma do juízo ou tribunal".

Justifique a necessidade da emenda proposta com base na doutrina do controle de convencionalidade.

Capítulo 9
CASOS EMBLEMÁTICOS

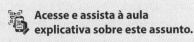

Acesse e assista à aula explicativa sobre este assunto.
> https://uqr.to/q9o0

Ao longo de suas quatro décadas de operação, a Corte Interamericana desenvolveu uma robusta jurisprudência sobre a Convenção Americana e demais tratados interamericanos de direitos humanos. A Corte analisou centenas de casos contenciosos e dezenas de questões consultivas, aplicando a cada caso as normas interamericanas, interpretadas conforme seu objeto e fim, e acompanhando a evolução dos tempos e o desenvolvimento contínuo do direito internacional. Ao fazê-lo, o tribunal desenvolveu parâmetros normativos detalhados, que guiam Estados e sociedade civil sobre o conteúdo dos direitos protegidos e o significado prático das obrigações correspondentes. A Corte determinou também medidas de reparação abrangentes, dirigidas à solução de problemas estruturais, que transformaram positivamente a realidade normativo-institucional da região e trouxeram impactos concretos para a proteção de direitos. Este capítulo trata de alguns casos emblemáticos deste corpo jurisprudencial.

9.1. DIREITOS CIVIS E POLÍTICOS

Esta seção descreve casos emblemáticos relacionados aos artigos 3 a 25 da Convenção Americana, que protegem direitos civis e políticos (DCP). Contudo, esses casos não tratam *exclusivamente* desta categoria de direitos, pois, como se viu, a realização dos DCP está intrinsicamente ligada à efetividade de direitos econômicos, sociais, culturais e ambientais (DESCA). Os direitos pertencentes a cada uma dessas categorias são interdependentes, de modo que a realização completa dos direitos civis e políticos não é possível se os DESCA não estiverem também sendo garantidos. Por isso, a violação de direitos de uma categoria costuma, em regra, envolver também violações a direitos da outra. Por exemplo, a remoção arbitrária de uma família de sua casa pode constituir, ao mesmo tempo, uma violação ao direito ao devido processo legal e uma violação ao direito à moradia.

A realização dos direitos está inter-relacionada, de modo que análise do cumprimento das obrigações estatais decorrentes de DCP, com frequência, se projeta sobre assuntos relacionados à efetividade de DESCA. Os casos emblemáticos descritos nas próximas páginas ilustram essa dinâmica, em uma demonstração prática da indivisibilidade dos direitos humanos.

9.1.1. Direito à vida

A Corte Interamericana considera o direito à vida como uma disposição central na Convenção Americana, visto que, em caso de violação, todos os demais direitos se extinguem.[1] Devido à natureza essencial de sua proteção, a Corte estabeleceu que não são admissíveis abordagens restritivas na determinação do conteúdo do direito à vida, de modo que ele implica uma série de obrigações para os Estados-partes. A primeira delas é a obrigação de respeito, ou seja, agentes estatais -assim como pessoas agindo com seu apoio ou sob sua direção- *não devem arbitrariamente privar qualquer pessoa de sua vida*. Paralelamente, os Estados têm também o dever de *proteger a vida das pessoas sob sua jurisdição contra ameaças de terceiros*. Tem, ainda, o dever de gerar as condições de vida mínimas compatíveis com a dignidade da pessoa humana; devendo adotar medidas concretas para garantir a satisfação do *direito a uma vida digna*, principalmente quando se tratar de pessoas em situação de vulnerabilidade ou risco.[2]

No caso *Gomes Lund (Guerrilha do Araguaia) vs. Brasil,* a Corte analisou situação em que agentes estatais diretamente privaram um grupo de pessoas de seu direito à vida. Durante a fase mais repressiva do regime militar brasileiro, o Exército foi responsável pelo desaparecimento forçado de 62 pessoas que se organizavam para combater a ditadura. O Estado se negou a fornecer informações sobre o destino destes indivíduos; quando o caso chegou à Corte, 38 anos depois do início dos desaparecimentos, o paradeiro dos restos mortais de apenas duas pessoas era conhecido. Ao analisar o caso, a Corte reiterou que, em geral, a prática de desaparecimentos implica a execução das vítimas, em segredo e sem julgamento, seguida da ocultação de seus restos mortais, com o objetivo de apagar quaisquer vestígios materiais do crime e assegurar a impunidade daqueles que o cometeram.[3] A Corte caracteriza esta sequência de atos como "uma violação brutal do direito à vida" que, ao lado da falta de investigação sobre os desaparecimentos, constitui descumprimento do dever de garantir a inviolabilidade da

---

[1] Corte Interamericana de Direitos Humanos, *Comunidade Indígena Yakye Axa vs. Paraguai,* 17 de junho de 2005, par. 161.

[2] Ibid., par. 162.

[3] Corte Interamericana de Direitos Humanos, *Gomes Lund e outros (Guerrilha do Araguaia) vs. Brasil,* 24 de novembro de 2010, par. 122.

Cap. 9 • CASOS EMBLEMÁTICOS | **171**

vida e o direito de não ser arbitrariamente privado dela, conforme estabelecidos pelos artigos 1.1 e 4 da Convenção Americana.[4] Além do direito á vida, a Corte decretou a responsabilidade internacional do Estado por descumprir as obrigações gerais estabelecidas pela Convenção Americana, violando os direitos à personalidade jurídica, à integridade, à liberdade, à liberdade de expressão, às garantias judiciais e à proteção judicial. Determinou, ainda, que a Lei da Anistia impede a investigação e sanção de graves violações de direitos humanos e é incompatível com a Convenção Americana.

A obrigação de garantir o direito à vida, prevenindo e investigando violações cometidas por agentes não estatais, esteve no centro da sentença da Corte sobre o caso *González e outras (Campo Algodoeiro) vs. México*. Os fatos do caso se relacionam à descoberta dos corpos de três mulheres, duas das quais tinham menos de dezoito anos, em um campo de algodão. Além dos homicídios, as vítimas haviam sido submetidas a maus tratos e atos de violência sexual. Nos dias entre o desaparecimento das mulheres e a descoberta de seus corpos, as famílias das vítimas procuraram as autoridades, porém estas não tomaram medidas efetivas para encontrar as três mulheres com vida e impedir os atos de violência que culminaram com seu falecimento. Apesar de não ter sido possível estabelecer se os autores dos crimes eram agentes estatais ou particulares, o tribunal determinou que o Estado era internacionalmente responsável pelas violações. Isto porque, especialmente diante dos altos índices de homicídio e violência contra a mulher naquela região, o Estado deveria ter adotado medidas concretas para prevenir a morte das vítimas.

No caso *Yakye Axa vs. Paraguai*, a Corte analisou a situação de uma comunidade indígena que reivindicava o retorno às terras que tradicionalmente havia ocupado. Diante da demora do Estado em resolver o processo de demarcação de terras, a comunidade se instalara à beira de uma estrada, local onde vivia em situação de extrema miséria, com escasso acesso a alimentação, água e serviços públicos. Diante destes fatos, a Corte ressaltou que uma das obrigações do Estado em relação à garantia do direito à vida é o dever de gerar condições de vida compatíveis com a dignidade humana, devendo adotar medidas concretas com o objetivo de assegurar a vida digna de todas as pessoas, especialmente aquelas em situação de risco vulnerabilidade.[5] O tribunal entendeu que a falha estatal em garantir o direito à propriedade comunitária havia privado as vítimas do acesso a recursos naturais necessários para sua subsistência,[6] e que o Estado tampouco havia agido

---

4   Ibid.

5   Corte Interamericana de Direitos Humanos, *Comunidade Indígena Yakye Axa vs. Paraguai,* 17 de junho de 2005, par. 162.

6   Segundo a Corte: "Las afectaciones especiales del derecho a la salud, y íntimamente vinculadas con él, las del derecho a la alimentación y el acceso al agua limpia impactan de manera aguda el derecho a una existencia digna y las condiciones básicas para el ejercicio de otros derechos

172 | CURSO DE DIREITOS HUMANOS – SISTEMA INTERAMERICANO • *Piovesan e Cunha Cruz*

para assegurar condições dignas de vida durante o período em que elas haviam permanecido fora de seu território. A situação se agravava ainda mais devido à especial vulnerabilidade das pessoas indígenas que não têm acesso à terra, especialmente as crianças e as pessoas idosas. A Corte determinou a responsabilidade internacional do Estado por violação do direito à vida, devido a sua inação frente às condições que impediram os membros da comunidade de viver uma vida digna. No mesmo caso, a Corte também estabeleceu a responsabilidade internacional do Estado por violação dos direitos à propriedade, à liberdade, à proteção judicial, além do direito à especial proteção das crianças.

Além das obrigações estatais de respeitar e garantir o direito à vida, incluindo o direito à vida digna, a Convenção Americana estabelece também obrigações relacionadas à pena de morte. O artigo 4 da Convenção Americana estabelece que a pena de morte deve ser aplicada apenas aos delitos mais graves, em circunstância excepcionais, obedecido o devido processo legal e sendo assegurado o direito de solicitar anistia, indulto ou condenação. No caso *Hilaire, Constantine, Benjamim e outros vs. Trinidad e Tobago,* a Corte analisou a situação de um grupo de pessoas condenadas à pena capital por haver cometido homicídio.[7] Neste caso concreto, o tribunal entendeu que estas obrigações não foram cumpridas, já que o procedimento de clemência a que as vítimas haviam tido acesso não era transparente. Além disso, as pessoas haviam sido condenadas com base em uma lei que estabelecia a pena de morte obrigatória para todos os condenados por homicídio intencional, impedindo que fossem consideradas as circunstâncias particulares do acusado e do delito e, desconsiderando, portanto, os diferentes níveis de gravidade que este crime pode assumir. Por isso, a Corte entendeu que Trinidad e Tobago havia descumprido suas obrigações de respeitar o direito à vida no contexto da aplicação da pena de morte, assim como o dever de adequar o direito interno às disposições da Convenção Americana. Como as vítimas viviam sob a constante perspectiva de serem levadas à forca, entendeu também que as afetações físicas e psíquicas geradas pelo Estado constituíam trato cruel, inumano ou degradante.

9.1.2. Direito à integridade

O artigo 5 da Convenção Americana protege o direito de todas as pessoas à integridade física, psíquica e moral, proibindo expressamente a tortura e os tratos

---

humanos, como el derecho a la educación o el derecho a la identidad cultural. En el caso de los pueblos indígenas el acceso a sus tierras ancestrales y al uso y disfrute de los recursos naturales que en ellas se encuentran están directamente vinculados con la obtención de alimento y el acceso a agua limpia." Corte Interamericana de Direitos Humanos, *Comunidade Indígena Yakye Axa v. Paraguai,* 17 de junho de 2005, par. 167.

[7] Corte Interamericana de Direitos Humanos, *Hilaire, Constantine, Benjamin e outros v. Trinidad e Tobago,* 21 de junho de 2002.

cruéis, desumanos ou degradantes. O artigo trata ainda da proteção à integridade das pessoas privadas de liberdade, especificando que elas devem ser tratadas com dignidade, que a pena não pode passar da pessoa, que os processados devem estar separados dos condenados e os menores dos adultos, e que a pena privativa de liberdade deve visar à readaptação social dos condenados.

A violação do direito à integridade pode ocorrer em diferentes graus, sendo a tortura o mais grave deles. A intensidade do sofrimento causado decorre das circunstâncias de cada caso concreto, dependendo tanto das violências cometidas quanto das características pessoais da vítima, que podem influir nos sentimentos de medo e humilhação.[8] Nesse sentido, o direito à integridade inclui a proteção contra o sofrimento psicológico e moral, de modo que a mera ameaça de uma agressão pode ser suficiente para constituir violação ao artigo 5, desde que o perigo seja suficientemente real e iminente para causar na vítima sentimentos de angústia e sofrimento.[9]

No caso *Penal Miguel Castro Castro* vs. Peru, a Corte analisou estas questões no contexto de uma operação realizada em uma penitenciária. Supostamente, o objetivo da operação era transferir um grupo de mulheres para outro centro de detenção; contudo, a Corte entendeu que esta era apenas uma desculpa para realizar um ataque premeditado contra a vida e a integridade de pessoas detidas por delitos relacionados ao conflito então vivido pelo Peru.[10] As forças estatais peruanas, incluindo a polícia e o exército, atiraram de forma indiscriminada contra as pessoas detidas, que se encontravam em um espaço fechado e escuro, utilizando ainda armas de guerra, explosivos e bombas de gás lacrimogêneo. O ataque durou quatro dias e resultou em mortes e lesões. Quando terminado, agentes estatais ainda separaram algumas pessoas, que foram executadas e torturadas. Muitos feridos foram deixados sem atenção médica e, mesmo após a transferência a outros centros penitenciários ou a hospitais, foram sujeitos a novos atos de violência e humilhação.

A Corte entendeu que o uso da força pelos agentes estatais claramente implicou em violações à integridade física das vítimas, que foram agravadas pela privação de alimentos, água, luz e atenção médica durante os quatro dias de ataque. Além disso, a Corte considerou que situação de perigo real e iminente consistiu uma forma de tortura psicológica, uma vez que as vítimas passaram dias sob condições que ameaçavam gravemente sua vida. Os atos de violência afetaram de modo particularmente intenso mulheres grávidas, que temiam não apenas pela própria integridade, mas também pela de seus filhos. Em um episódio especialmente marcante, a sentença

---

[8] Corte Interamericana de Direitos Humanos, *Família Barrios v. Venezuela,* 24 de novembro de 2011, par. 52.

[9] Corte Interamericana de Direitos Humanos, *Caso del Penal Miguel Castro Castro v. Peru,* 25 de novembro de 2006, par. 279.

[10] Ibid, par. 197.

descreve mulheres grávidas que tiveram de se arrastar com o ventre no solo, passando por cima de corpos sem vida, para fugir de rajadas de tiros.[11]

Ainda no âmbito do direito à integridade, a Corte desenvolveu uma jurisprudência consistente a respeito do sofrimento causado pelo Estado a familiares das vítimas de violações de direitos humanos. Devido aos sentimentos de angústia e sofrimento dos familiares, a Corte aplica uma presunção *iuris tantum* de que há violação à integridade pessoal dos membros da família das vítimas de desaparecimento forçado, massacres, execução extrajudicial e tortura.[12] Em casos de desaparecimento forçado, por exemplo, a negativa em fornecer informações (ou ainda o fornecimento de informações falsas) para a família das vítimas leva a um estado de permanente incerteza, com muitas famílias buscando, por décadas, descobrir o que se passou com seus filhos, companheiros ou pais. No caso *Herzog e outros vs. Brasil*, a Corte determinou que a divulgação de uma versão falsa sobre a morte de Vladimir Herzog afetou a integridade pessoal de todo seu núcleo familiar,[13] e que a falta de investigação, identificação e sanção dos responsáveis provou profunda angústia e sofrimento contínuo em sua família.[14]

9.1.3. Direito à igualdade

O princípio da igualdade e da não discriminação é considerado pela Corte Interamericana como parte inseparável da noção de dignidade humana, sendo incompatível com todas as situações que confiram privilégio a um grupo por considera-lo superior ou que criem hostilidades e desvantagens para pessoas que não façam parte dele.[15] O princípio é uma norma de *jus cogens*, sobre o qual se sustenta toda a ordem pública nacional e internacional.[16] Conforme estabelecido pela Convenção Americana, os Estados devem se abster de qualquer conduta que gere, direta ou indiretamente, discriminação *de jure* ou *de facto,* seja em relação à fruição dos direitos protegidos pela própria Convenção,[17] seja em relação a quaisquer disposições de direito interno.[18]

---

[11] Ibid., par. 290.

[12] Corte Interamericana de Direitos Humanos, *Herzog e outros. Brasil,* 15 de março de 2018, par. 351.

[13] Vladimir Herzog foi detido, torturado e executado pela ditadura militar brasileira. Após seu falecimento, as autoridades declararam que ele havia se suicidado.

[14] Corte Interamericana de Direitos Humanos, *Herzog e outros. Brasil,* 15 de março de 2018, par. 351-358.

[15] Corte Interamericana de Direitos Humanos, *Atala Riffo e filhas vs. Chile,* 24 de fevereiro de 2012, par. 79.

[16] Ibid.

[17] Em caso de discriminação em relação a direitos protegidos pela Convenção Americana, se estaria diante de violação ao artigo 1.1.

[18] Em caso de discriminação em relação a disposições de direito interno, se estaria diante de violação ao artigo 24 da Convenção Americana.

O caso *Atala Riffo e filhas vs. Chile* é um marco na jurisprudência da Corte sobre o direito à igualdade, sendo também o primeiro caso sobre direitos da população LGBTI. O Poder Judiciário chileno decidiu retirar a guarda das três filhas de Karen Atala, argumentando que a convivência da mãe com sua companheira seria prejudicial às crianças. A Corte esclareceu que a proibição contra a discriminação abrange a discriminação por motivo de orientação sexual, e que a sentença doméstica violava o direito da vítima à igualdade. Pontuou ainda que o argumento utilizado pela sentença – a proteção do interesse superior da criança – se ancorava em argumentos abstratos, estereotipados e discriminatórios. Além do direito à igualdade, a decisão de retirar a guarda das crianças contrariou também o direito à proteção da família, pois a Convenção Americana não protege um modelo familiar único, abarcando também a proteção a laços familiares que escapam à noção de família "tradicional".[19]

9.1.4. Direito à liberdade pessoal

A Corte Interamericana define o direito à liberdade como a capacidade de fazer tudo aquilo que esteja permitido pela lei, conferindo a cada pessoa a possibilidade de organizar sua vida individual e social a partir de suas próprias opções e convicções.[20] Trata-se de "um direito humano básico, próprio dos atributos da pessoa, que se projeta em toda a Convenção Americana".[21] Ou seja, cada um dos direitos protegidos pela Convenção, assim como pelos outros tratados interamericanos, é uma dimensão do direito à liberdade.[22]

Uma destas dimensões é o direito à liberdade pessoal, estabelecido pelo artigo 7 da Convenção Americana. Esta manifestação específica do direito à liberdade se refere à liberdade física, protegendo todos os indivíduos contra a detenção ilegal ou arbitrária e estabelecendo garantias para salvaguardar este direito. De modo expresso, a Convenção estabelece que toda pessoa privada de liberdade tem o direito a ser informada sobre as acusações formuladas contra ela, a ser levada prontamente a um juiz que possa revisar a legalidade da detenção ou retenção, assim como a recorrer a um tribunal e ser julgada em prazo razoável. Estas salvaguardas se somam ao direito às garantias judiciais e ao devido processo legal, protegido pelo artigo 8 da CADH.

---

[19] Corte Interamericana de Direitos Humanos, *Atala Riffo e filhas vs. Chile,* 24 de fevereiro de 2012, par. 142.

[20] Corte Interamericana de Direitos Humanos, *Chaparro Álvarez e Lapo Iñiguez vs. Equador,* 21 de novembro de 2007.

[21] Ibid.

[22] Ibid.

Parte substancial da jurisprudência interamericana sobre o artigo 7 se relaciona a privações de liberdade em contextos de repressão política ou no contexto do sistema de justiça criminal. Contudo, o direito à liberdade pessoal é relevante também em outras circunstâncias, incluindo a detenção relacionada à migração de pessoas. Neste sentido, no caso *Nadege Dorzema e outros vs. República Dominicana*, a Corte analisou a situação de 30 pessoas de nacionalidade haitiana que tentaram ingressar no território dominicano a bordo de um caminhão. Perseguido por agentes militares, o veículo acabou se acidentando, e várias pessoas morreram ou se lesionaram, tanto devido ao acidente quanto a tiros disparados pelos militares. Um grupo de sobreviventes foi detido em um quartel militar, onde militares exigiram que as vítimas lhes entregassem dinheiro em troca da possibilidade de serem levados de volta ao Haiti. As vítimas realizaram então uma coleta e pagaram os agentes estatais, que os transportaram até seu país. A privação de liberdade não foi registrada ou justificada formalmente, e as vítimas jamais foram conduzidas à presença da autoridade competente para se pronunciar sobre sua detenção. A Comissão e os representantes das vítimas apresentaram estes fatos como parte de um contexto de discriminação estrutural contra a numerosa população de origem haitiana vivendo na República Dominicana.[23]

A ausência de registro dos detidos violou tanto normas interamericanas[24] quanto internas. Da mesma forma, a falha em informar as pessoas detidas sobre o motivo da detenção contrariou expressamente a Convenção Americana e a lei doméstica. Por estes motivos, a privação de liberdade foi ilegal. Adicionalmente, a Corte classificou a detenção como arbitrária, conceito diverso da detenção ilegal, que se caracteriza por causas e métodos irrazoáveis, imprevisíveis ou desproporcionais (sejam eles legais ou não).[25] Em relação ao dever estatal de conduzir as pessoas detidas, sem demora, à presença de um juiz ou outra autoridade autorizada pela lei a exercer funções judiciais,[26] a Corte observou que os agentes militares aplica-

---

[23] Corte Interamericana de Direitos Humanos, *Nadege Dorzema e outros* v. República Dominicana, 24 de outubro de 2012, par. 40.

[24] A Corte estabeleceu que centros de detenção devem manter um registro de detentos que permita o controle da legalidade das detenções. Corte Interamericana de Direitos Humanos, *Nadege Dorzema e outros* v. República Dominicana, 24 de outubro de 2012, par. 131.

[25] Corte Interamericana de Direitos Humanos, *Nadege Dorzema e outros* v. República Dominicana, 24 de outubro de 2012, par. 133.

[26] A respeito dos contornos deste dever no contexto migratório, a Corte observou: "La Corte ha establecido que la "Convención Americana no establece una limitación al ejercicio de la garantía establecida en el artículo 7.5 de la Convención con base a las causas o circunstancias por las que la persona es retenida o detenida. Por lo tanto, en virtud del principio *pro persona*, esta garantía debe ser satisfecha siempre que exista una retención o una detención de una persona a causa de su situación migratoria, conforme a los principios de control judicial e inmediación procesal. Para que constituya un verdadero mecanismo de control frente a detenciones ilegales o arbitrarias, la revisión judicial debe realizarse sin demora y en forma tal que garantice el

ram a sanção de expulsão sem que as vítimas fossem postas diante da autoridade competente para se pronunciar sobre sua situação. As vítimas tampouco tiveram a oportunidade de recorrer a autoridades judiciais para questionar a legalidade de sua detenção, tendo em vista tanto a ausência de recursos desta natureza na legislação migratória, quanto a situação fática a que estavam submetidas. Por todos estes motivos, a Corte considerou que o Estado violou o direito à liberdade pessoal protegido pelo artigo 7 da Convenção Americana. Determinou, ainda, uma série de outras violações decorrentes do uso da força e da expulsão coletiva dos migrantes.

9.1.5. Direito à justiça

Os direitos ao acesso à justiça e ao devido processo legal são centrais na jurisprudência interamericana. Em particular, o artigo 8 da Convenção Americana, intitulado "garantias judiciais", foi considerado violado em mais de 95% dos casos contenciosos apreciados pela Corte.[27] Os Estados têm a responsabilidade de disponibilizar recursos eficazes e estabelecer as garantias do devido processo legal para proteger todas as pessoas sob sua jurisdição de atos que violem seus direitos, de modo que os direitos relacionados à justiça são não apenas importantes por si, mas são também instrumentais para a garantia dos demais direitos humanos. Além de estabelecer recursos e garantias em lei, o Estado tem o dever de assegurar sua devida aplicação pelas autoridades competentes; depois da emissão da decisão ou sentença, tem também o dever de garantir os meios para executar tais decisões finais.[28] Estas obrigações se aplicam a todos os procedimentos, inclusive administrativos, que levem à determinação de direitos e obrigações da população.[29]

---

cumplimiento de la ley y el goce efectivo de los derechos del detenido, tomando en cuenta la especial vulnerabilidad de aquél". Asimismo la Corte considera que, en materia migratoria, "la legislación interna debe asegurar que el funcionario autorizado por la ley para ejercer funciones jurisdiccionales cumpla con las características de imparcialidad e independencia que deben regir a todo órgano encargado de determinar derechos y obligaciones de las personas. En este sentido, la Corte ya ha establecido que dichas características no solo deben corresponder a los órganos estrictamente jurisdiccionales, sino que las disposiciones del artículo 8.1 de la Convención se aplican también a las decisiones de órganos administrativos". Toda vez que, en relación con esta garantía corresponde al funcionario de migración la tarea de prevenir o hacer cesar las detenciones ilegales o arbitrarias, "es imprescindible que dicho funcionario esté facultado para poner en libertad a la persona si su detención es ilegal o arbitraria"". Corte Interamericana de Direitos Humanos, *Nadege Dorzema e outros* v. República Dominicana, 24 de outubro de 2012, par. 136-137.

[27] Juana María Ibáñez Rivas, Artículo 8. Garantías Judiciales, in Christian Steiner e Patricia Uribe (coord.), *Convención Americana sobre Derechos Humanos comentada*, 2014, p. 210.

[28] Corte Interamericana de Direitos Humanos, *Baena Ricardo e outros vs. Panamá*, 28 de novembro de 2003, par. 79.

[29] Ibid.

O direito à justiça corresponde também ao dever do Estado de investigar violações de direitos humanos e sancionar os perpetradores, assim como todos aqueles que ajam para encobrir a violação.[30] Por isso, a Corte Interamericana considera que o dever de disponibilizar recursos efetivos inclui a obrigação de possibilitar que vítimas de violações de direitos humanos e seus familiares recorram à justiça para demandar o esclarecimento dos fatos relacionados à violação sofrida, a realização de uma investigação direcionada a identificar os responsáveis, e a punição dos perpetradores, na forma da lei.[31]

O caso *Bulacio vs. Argentina* envolveu o direito à proteção judicial e às garantias judiciais no contexto de detenções em massa realizadas pelo governo argentino. A vítima, o adolescente Walter Bulacio, foi detido arbitrariamente e sofreu agressões que levaram à sua morte. Diante do procedimento perante o Sistema Interamericano, a Argentina chegou a um acordo de solução amistosa com os representantes das vítimas, mediante o qual reconheceu sua responsabilidade internacional por violação dos direitos à proteção judicial e às garantias judiciais, estabelecidos pelos artigos 8 e 25 da Convenção Americana.[32] As violações ocorreram tanto durante a detenção, que não respeitou as garantias estabelecidas por normas internas e internacionais, quanto posteriormente, pois os familiares da vítima não tiveram acesso a um recurso judicial eficaz que possibilitasse esclarecer as causas da detenção e morte, buscar a punição dos responsáveis, e requerer reparações pela violação sofrida.[33]

Embora uma pessoa tenha sido identificada como responsável pela detenção ilegal, uma série de recursos protelatórios impediu o seguimento do processo penal, que acabou prescrevendo. A Corte observou que esta estratégia da defesa foi tolerada e permitida pelos órgãos judiciais, que ignoraram que "sua função não se limita a permitir um processo justo que garanta a defesa em juízo, mas também o dever de assegurar em um tempo razoável, o direito da vítima ou de seus parentes de saber a verdade do que aconteceu e que os possíveis responsáveis sejam punidos".[34] O direito à proteção judicial efetiva requer, portanto, que os juízes conduzam os procedimentos de forma a evitar atrasos e impedimentos indevidos que levem à impunidade, frustrando a devida proteção judicial dos direitos humanos.[35]

---

[30] Corte Interamericana de Direitos Humanos, *Juan Humberto Sánchez vs. Honduras,* 26 de novembro de 2003, par. 184.

[31] Ibid.

[32] O Estado reconheceu também ter cometido violações aos direitos à liberdade pessoal, à integridade pessoal, à vida e à especial proteção das crianças.

[33] Corte Interamericana de Direitos Humanos, *Bulacio vs. Argentina,* 18 de setembro de 2003, par. 38.d.

[34] Ibid. par. 114.

[35] Ibid., par. 115.

Especificamente em relação à prescrição, a Corte determinou que qualquer provisão de direito interno que impeça a investigação e sanção a violações de direitos humanos é incompatível com a Convenção Americana. Por estes motivos, a Corte exigiu que o Estado superasse a coisa julgada nacional e revertesse a situação de impunidade então existente -o que efetivamente ocorreu: após o procedimento perante o Sistema Interamericano, o caso foi reaberto, resultando na condenação de um indivíduo pelas violações cometidas.[36]

9.1.6. Direito à liberdade de expressão

A liberdade de expressão protege o direito de todas as pessoas a difundir ideias e informações, assim como de buscar, receber e conhecer as ideias e informações difundidas pelos demais.[37] Portanto, o direito tem uma dimensão individual, que requer que ninguém seja arbitrariamente impedido de manifestar seus pensamentos, e também uma dimensão coletiva, que protege o direito de toda a sociedade a receber informações e conhecer o pensamento de seus membros.[38]

A Convenção Americana proíbe expressamente todas as formas de censura prévia.[39] Caso a divulgação de determinada informação interfira com direitos alheios, como o direito à privacidade, eventual responsabilização deve ocorrer de modo posterior à divulgação da informação, sempre respeitando os limites estabelecidos pela jurisprudência da Corte Interamericana e pela própria Convenção.[40] A Convenção proíbe ainda restrições indiretas à comunicação e circulação de ideias, como o abuso de controles oficiais ou privados de papel de imprensa, frequências radioelétricas ou equipamentos e meios utilizados para exercer o direito à liberdade de expressão.[41]

O primeiro caso contencioso da Corte Interamericana sobre o direito à liberdade de expressão foi *"A Última Tentação de Cristo" (Olmedo Bustos e outros)*

---

[36] André de Carvalho Ramos, *Curso de Direitos Humanos,* 2016, p. 349.

[37] Corte Interamericana de Direitos Humanos, *Fontevechia e D'Amico vs. Argentina,* 29 de novembro de 2011, par. 42

[38] Corte Interamericana de Direitos Humanos, *La Colegiación Obligatoria de Periodistas,* Opinião Consultiva 5/85, 13 de novembro de 1985, par. 30.

[39] A única exceção é o controle de acesso a espetáculos públicos, com o objetivo de resguardar a moral da infância e da adolescência, conforme estabelecido pelo artigo 13.4 da Convenção Americana.

[40] Segundo o artigo 13.2 da Convenção Americana, "[o] exercício do direito [à liberdade de pensamento e expressão] não pode estar sujeito a censura prévia, mas a responsabilidades ulteriores, que devem ser expressamente fixadas pela lei e ser necessárias para assegurar: a. o respeito aos direitos ou à reputação das demais pessoas; ou b. a proteção da segurança nacional, da ordem pública, ou da saúde ou da moral públicas.

[41] Veja-se, a respeito: Corte Interamericana de Direitos Humanos, *Ivcher Bronstein vs. Peru,* 6 de fevereiro de 2001.

vs. Chile.[42] "A Última Tentação de Cristo" é um filme de 1988, que provocou a indignação de grupos cristãos por tratar da vida de Jesus Cristo de modo diverso à descrição dos Evangelhos, retratando sua existência a partir de provações humanas. No Chile, o filme foi submetido a um sistema de censura para produções cinematográficas, resultando na proibição de sua exibição. A Corte determinou que a proibição constituiu censura prévia, violando, portanto, a Convenção Americana. Como medida de reparação, determinou que o Estado deveria modificar seu ordenamento jurídico interno para adequá-lo aos parâmetros interamericanos sobre liberdade de expressão. A medida exigida pela Corte chama a atenção pois o sistema de censura cinematográfica estava previsto na Constituição chilena, de modo que a Corte estava, de fato, requerendo que o Estado realizasse uma reforma constitucional. O Chile cumpriu a medida, reformando sua Constituição para eliminar a censura prévia.

9.2. DIREITOS ECONÔMICOS, SOCIAIS, CULTURAIS E AMBIENTAIS

A Corte Interamericana atua com base na interdependência e indivisibilidade dos direitos civis e políticos e dos direitos econômicos, sociais, culturais e ambientais (DESCA), entendendo que ambas as categorias são exigíveis perante as autoridades competentes, sem qualquer distinção ou hierarquia.[43] A Corte tem jurisdição para se pronunciar sobre violações a quaisquer direitos estabelecidos pela Convenção Americana, inclusive sobre violações ao artigo 26, que protege direitos, econômicos, sociais e culturais.[44] Trata-se de uma norma aberta, que não lista todos os DESCA protegidos. Por isso, a cada caso, a Corte se refere às normas sobre educação, ciência e cultura constantes da Carta da OEA, assim como às demais normas interamericanas e ao *corpus juris* internacional, para estabelecer o conteúdo dos direitos protegidos e as obrigações estatais correspondentes.

Ao analisar casos sobre direitos DESCA, a Corte esclareceu que o artigo 26 estabelece dois tipos de obrigação. O primeiro é a adoção de medidas de natureza geral para avançar progressivamente na realização destes direitos, caminhando de maneira expedita e eficaz em direção a sua plena efetividade, na medida dos recursos disponíveis.[45] Trata-se de uma obrigação constante, de natureza progressiva e contínua. Já o segundo tipo tem natureza imediata: ainda que a realização completa

---

[42]   Corte Interamericana de Direitos Humanos, *"A Última Tentação de Cristo" (Olmedo Bustos e outros) vs. Chile,* 5 de fevereiro de 2001.

[43]   Corte Interamericana de Direitos Humanos, *Lagos del Campo vs. Peru,* 31 de agosto de 2017, par. 141.

[44]   Corte Interamericana de Direitos Humanos, *Acevedo Buendía e outros (cessantes y jubilados de la contraloría) vs. Peru,* 1 de julho de 2009, par. 100.

[45]   Corte Interamericana de Direitos Humanos, *Poblete Vilches e outros vs. Chile*, 8 de março de 2018, par. 104.

dos DESCA possa levar tempo, os Estados devem começar imediatamente a adotar medidas adequadas, deliberadas e concretas direcionadas a este fim. Também de modo imediato, devem garantir que não haja discriminação no acesso a DESCA.[46]

Esta seção traz alguns casos emblemáticos em que a Corte analisou DESCA diretamente. Trata-se de uma jurisprudência recente da Corte Interamericana,[47] que vêm se desenvolvendo principalmente desde 2017, quando a Corte determinou pela primeira vez uma violação ao artigo 26 da Convenção Americana.[48]

9.2.1. Direito ao trabalho digno

Um dos DESCA protegidos pelo artigo 26 da Convenção Americana é o direito ao trabalho em condições justas e satisfatórias. Com base na Carta da OEA e no *corpus juris* internacional, a Corte determinou que este direito implica, entre outras proteções, que o trabalhador possa realizar suas funções sob condições adequadas de segurança, higiene e saúde, prevenindo acidentes de trabalho.[49] A manutenção de condições adequadas é particularmente relevante quando se trata de atividades que envolvem riscos significativos para a vida e a integridade dos trabalhadores.[50]

Para determinar a forma de concretização destes direitos e obrigações, pode ser necessário que a Corte se refira à legislação interna de cada país. A inclusão das leis trabalhistas domésticas no quadro normativo que leva à determinação das obrigações do Estado se deve ao princípio da norma mais favorável, segundo o qual a norma internacional estabelece um piso mínimo de proteção, ao qual podem se agregar disposições mais protetivas de direito interno ou outros sistemas internacionais. Por exemplo, no caso *Empregados da Fábrica de Fogos de Artifício em Santo Antônio de Jesus e seus familiares vs. Brasil*, a Corte determinou que, à luz da legislação brasileira, o direito a condições de trabalho justas e satisfatórias implica "a adoção de medidas para a prevenção e redução dos riscos inerentes ao trabalho; a obrigação de prover equipamentos de proteção adequados frente aos riscos decorrentes do trabalho; [...] e a fiscalização destas condições."[51]

---

[46] Ibid.

[47] Veja-se, a respeito: Eduardo Ferrer MacGregor, Social rights in the jurisprudence of the Inter--American Court of Human Rights, in Christina Binder, Jane A. Hofbauer, Flávia Piovesan e Amaya Úbeda de Torres (eds.), *Research Handbook on International Law and Social Rights*, 2020.

[48] Trata-se do caso Lagos del Campo. Corte Interamericana de Direitos Humanos, *Lagos del Campo vs. Peru*, 31 de agosto de 2017.

[49] Corte Interamericana de Direitos Humanos, *Empregados da Fábrica de Fogos de Artifício em Santo Antônio de Jesus e seus familiares vs. Brasil*, 15 de julho de 2020, par. 174.

[50] Ibid.

[51] Ibid.

O caso da fábrica de fogos trata do falecimento de 60 pessoas, incluindo vinte crianças, em virtude de uma explosão em uma fábrica de fogos ade artifício localizada no Brasil. Seis outras pessoas ficaram feridas. Mesmo antes do acidente, os trabalhadores enfrentavam condições precárias: seus contratos eram informais, seus salários eram baixos, não havia equipamento de proteção individual, não havia treinamento. Sendo a fábrica privada, o Estado tinha o dever de garantir o direito a condições justas e satisfatórias de trabalho por meio da regulamentação das relações laborais e da fiscalização sobre seu cumprimento. Contudo, o Estado brasileiro jamais fiscalizou a fábrica. Por isso, a Corte estabeleceu que "apesar de o Brasil ter cumprido seu dever de regulamentar a atividade desenvolvida na fábrica de fogos, falhou no exercício do controle e da fiscalização das condições de trabalho, como medida necessária para a prevenção de acidentes."[52]

Além de decretar o Estado brasileiro como internacionalmente responsável pela violação ao direito ao trabalho, a Corte observou ainda que as vítimas estavam inseridas em um contexto de discriminação estrutural e interseccional. Em sua maioria, tratava-se de mulheres e meninas negras, que viviam em situação de pobreza. Estes fatores se relacionam tanto com o fato que as vítimas aceitaram trabalhar em condições tão perigosas, quanto com a possibilidade que a fábrica operasse sem qualquer fiscalização. Diante da especial vulnerabilidade das vítimas, o Estado deveria ter adotado medidas positivas para garantir que o direito ao trabalho seria exercido por elas em condições de igualdade material, sem qualquer forma de discriminação. Contudo, o Estado não o fez. Conforme determinado pela Corte:

> "ao permitir a instalação e funcionamento da fábrica de fogos em uma área em que uma parte substancial da população é vulnerável, o Estado tinha a obrigação reforçada de fiscalizar as condições de funcionamento das instalações e de garantir que efetivamente se adotassem medidas para a proteção da vida e da saúde das trabalhadoras e para garantir seu direito à igualdade material. Por esse motivo, ao não haver fiscalizado as condições de higiene, saúde e segurança do trabalho na fábrica, nem a atividade de fabricação de fogos de artifício para, especialmente, evitar acidentes de trabalho, o Estado do Brasil não só deixou de garantir o direito a condições equitativas e satisfatórias de trabalho das supostas vítimas, mas também contribuiu para agravar as condições de discriminação estrutural em que se encontravam."[53]

Por isso, a Corte entendeu que o Estado violou também o direito à igualdade.

---

[52] Ibid, par. 176.
[53] Ibid. par. 201.

9.2.2. Direito à saúde

A saúde é um estado completo de bem-estar físico, mental e social.[54] Todas as pessoas têm direito ao mais alto nível possível de saúde, que se configura como condição para o desfrute e adequado exercício de todos os demais direitos humanos.[55] Assim como o direito ao trabalho, o direito à saúde também é protegido pelo artigo 26 da Convenção Americana, interpretado a partir da Carta da OEA, da Declaração Americana, de normas domésticas de países da região e de outros tratados internacionais de direitos humanos.[56] A ele corresponde a obrigação estatal de garantir o acesso de todas as pessoas a serviços essenciais de saúde, os quais devem ser dotados de qualidade e eficácia, e de promover a melhoria das condições de saúde da população em geral.[57] Os Estados devem cumprir esta obrigação por meio de regulação e de políticas nacionais, as quais devem estar orientadas a assegurar a disponibilidade, acessibilidade, aceitabilidade e qualidade dos serviços de saúde.[58] Todas as instituições de saúde devem ser supervisionadas e fiscalizadas de modo constante para garantir que estes parâmetros sejam cumpridos.

Estas obrigações estatais foram analisadas pela Corte no caso *Poblete Vilches vs. Chile*. Poblete Vilches foi a o hospital devido a uma insuficiência respiratória grave. Por ser uma pessoa idosa, a vítima estava em situação de vulnerabilidade agravada, de modo que o Estado tinha obrigações reforçadas em relação à proteção

---

[54] Corte Interamericana de Direitos Humanos, *Poblete Vilches e outros vs. Chile*, 8 de março de 2018, par. 118.

[55] Ibid.

[56] Ibid., par. 105-114.

[57] Ibid., par. 118.

[58] A respeito de cada um destes elementos, a Corte Interamericana observou: "esta Corte estima que para efectos de las prestaciones médicas de urgencia, los Estados deben garantizar, al menos, los siguientes estándares: a) Respecto a la calidad, se debe contar con la infraestructura adecuada y necesaria para satisfacer las necesidades básicas y urgentes. Esto incluye cualquier tipo de herramienta o soporte vital, así como también disponer de recurso humano calificado para responder ante urgencias médicas. b) Respecto a la accesibilidad, los establecimientos, bienes y servicios de emergencias de salud deben ser accesibles a todas las personas. La accesibilidad entendida desde las dimensiones superpuestas de no discriminación, accesibilidad física, accesibilidad económica y acceso a la información. Proveiendo de esta forma un sistema de salud inclusivo basado en los derechos humanos. c) Respecto a la disponibilidad, se debe contar con un número suficiente de establecimientos, bienes y servicios públicos de salud, así como de programas integrales de salud. La coordinación entre establecimientos del sistema resulta relevante para cubrir de manera integrada las necesidades básicas de la población. d) Respecto de la aceptabilidad, los establecimientos y servicios de salud deberán respetar la ética médica y los criterios culturalmente apropiados. Además, deberán incluir una perspectiva de género, así como de las condiciones del ciclo de vida del paciente. El paciente debe ser informado sobre su diagnóstico y tratamiento, y frente a ello respetar su voluntad." Corte Interamericana de Direitos Humanos, *Poblete Vilches e outros vs. Chile*, 8 de março de 2018, par. 121.

e garantia de seu direito à saúde.[59] Seu caso requeria atenção médica urgente, a qual não foi proporcionada pelo sistema de saúde pública. Após uma série de problemas na atenção médica prestada, a vítima acabou falecendo. A Corte concluiu que o Estado violou o direito á saúde pois não garantiu que a vítima tivesse acesso a serviços médicos necessários e urgentes, especialmente se considerada sua condição de vulnerabilidade como pessoa idosa.

9.2.3. Direito à educação

O direito à educação é salvaguardado pelo Protocolo de São Salvador. Ao lado da liberdade sindical, ele é um dos dois direitos que o Protocolo expressamente determina como passível de ser analisado pelo sistema de petições individuais do SIDH. Por isso, para analisar violações ao direito à educação, a Corte pode se referir diretamente ao Protocolo, sem ser necessário analisar se o direito à educação decorre da Carta da OEA para fins de proteção pelo artigo 26 da Convenção Americana.[60]

Além de estabelecer os contornos do direito à educação, o Protocolo deixa claro que a educação "deverá orientarse para o pleno desenvolvimento da personalidade humana e do sentido de sua dignidade e deverá fortalecer o respeito pelos direitos humanos, pelo pluralismo ideológico, pelas liberdades fundamentais, pela justiça e pela paz". Também requer que a educação capacite "todas as pessoas para participar efetivamente de uma sociedade democrática e pluralista, conseguir uma subsistência digna, favorecer a compreensão, a tolerância e a amizade entre todas as nações e todos os grupos raciais, étnicos ou religiosos e promover as atividades em prol da manutenção da paz." Desta forma, o Protocolo abraça uma visão da educação que inclui a educação para os direitos humanos e para a democracia. Ao mesmo tempo, reconhece também a importância deste direito para que as pessoas sejam capazes de participar da vida social e assegurar meios de subsistência dignos. Para todos estes objetivos, a noção de igualdade é central: se, por um lado, a educação deve promover valores de não discriminação, por outro, ela também deve conferir a todos os grupos ferramentas para participar da vida intelectual, política, cultural e econômica da sociedade.

A igualdade no acesso à educação esteve no centro do caso *Gonzales Lluy e outros vs. Equador*. Aos três anos de idade, Talía Gonzales Lluy foi infectada pelo vírus HIV ao receber uma transfusão de sangue. Aos cinco anos, Talía começou a frequentar uma escola pública de educação básica. Contudo, quando sua professora

---

[59] Corte Interamericana de Direitos Humanos, *Poblete Vilches e outros vs. Chile*, 8 de março de 2018, par. 140.

[60] Desde que o Estado em questão tenha ratificado o Protocolo. Caso o Estado seja parte da Convenção, mas não do Protocolo, a análise deve ocorrer no âmbito do artigo 26 da CADH.

e o diretor da escola descobriram que ela vivia com HIV, Talía foi impedida de continuar seus estudos. Embora a família tenha questionado judicialmente a decisão da escola, os tribunais domésticos julgaram a causa contra a pretensão de Talía, com base no risco de que esta transmitisse o vírus a outras pessoas presentes no ambiente escolar. A Corte Interamericana estabeleceu que esta decisão estava baseada em abstrações e estereótipos, já que o risco de contágio na escola era mínimo, constituindo discriminação contra Talía. Além disso, determinou também que o direito à educação em relação a pessoas que vivem com HIV implica em três obrigações estatais: disponibilizar o acesso à informação sobre o vírus, assegurar que pessoas com HIV possam frequentar centros educativos, e garantir que a educação promova sua inclusão e não discriminação.[61] O Estado falhou em cumprir estas obrigações, sujeitando Talía a tratamento discriminatório que resultou em violação do seu direito à educação.[62]

 Questões objetivas

1. A jurisprudência da Corte Interamericana de Direitos Humanos sobre o direito à vida inclui:

   a) O dever de não privar ninguém de sua vida arbitrariamente (tal qual estabelecido pelo caso *Yakye Axa vs. Paraguai*).

   b) A obrigação de atuar com devida diligência para prevenir e investigar violações cometidas por agentes privados (conforme abordado no caso *Gomes Lund (Guerrilha do Araguaia vs. Brasil)*.

   c) O dever de assegurar o direito à vida digna (questão discutida no caso *González e outras (Campo Algodoeiro) vs. México*).

   d) Obrigações relacionadas à pena de morte (discutidas no caso *Hilaire, Constantine, Benjamim e outros vs. Trinidad e Tobago*).

---

[61] Corte Interamericana de Direitos Humanos, *Gonzales Lluy e outros vs. Equador*, 1 de setembro de 2015, par. 241.

[62] A Corte observou que a discriminação sofrida por Talía se baseava em múltiplos fatores -sua condição de menina, em situação de pobreza, vivendo com HIV- que interagiram de modo a produzir uma forma única de discriminação. Trata-se, portanto, de caso de discriminação interseccional. Veja-se: Corte Interamericana de Direitos Humanos, *Gonzales Lluy e outros vs. Equador*, 1 de setembro de 2015, par. 290.

2. O caso Atala Riffo e filhas *vs.* Chile:

   a) É um marco na jurisprudência da Corte Interamericana por ser o primeiro caso a discutir discriminação baseada na contaminação por HIV.

   b) Envolveu violações ao direito à igualdade e ao direito à educação.

   c) Consagrou que a Convenção Americana protege modelos diversos de família.

   d) Estabelece os limites ao exercício da liberdade de expressão

3. Assinale a alternativa *incorreta* a respeito do caso *Bulacio vs. Argentina*.

   a) O caso foi resolvido mediante solução amistosa.

   b) As medidas de reparação exigiram a superação da coisa julgada nacional.

   c) A sentença determinou que o responsável pela violação não deve ser punido, em virtude da prescrição da pretensão penal.

   d) O caso envolve violações ao direito à proteção judicial e às garantias judiciais no contexto de detenções em massa.

 Questões dissertativas

4. No caso *Penal Miguel Castro Castro vs.* Peru, o Estado interferiu com diferentes dimensões do direito à integridade pessoal. Quais são estas dimensões?

5. A situação abordada pelo caso *Nadege Dorzema e outros vs. República Dominicana* envolve uma situação de privação de liberdade arbitrária, ilegal ou ambas? Por quê?

6. No caso "*A Última Tentação de Cristo" (Olmedo Bustos e outros) vs. Chile*, as medidas de reparação determinadas pela Corte exigiram a reforma de um dispositivo constitucional. Discuta a adequação desta medida com base nas obrigações do Estado perante o direito internacional dos direitos humanos.

 Caso prático

Joana Macedo é uma mulher vivendo em situação de pobreza em uma pequena cidade brasileira. Ela concluiu apenas parte do ensino fundamental e tem dificuldades em encontrar oportunidades de trabalho. No início da pandemia de COVID-19, instalou-se em sua cidade uma fábrica de máscaras, onde Joana começou a trabalhar como costureira. Ela era paga ao final de cada dia, com base no número de máscaras produzidas. Com o objetivo de maximizar o número de máscaras produzidas, Joana passava longas horas na fábrica.

Seis meses após Joana começar a trabalhar no local, uma máquina de costura entrou em curto circuito, produzindo um incêndio de grandes proporções. Joana não conseguiu sair e ficou presa dentro da fábrica em chamas, até que foi resgatada por um grupo de pessoas que correu ao local para auxiliar os trabalhadores. Além de ter sofrido graves queimaduras, Joana teve sentimentos de pânico e desespero durante toda a duração do incêndio. A imprensa noticiou que a fábrica não possuía saídas de incêndio e que o fogo fora resultado da extrema precariedade da instalação elétrica.

Nestas circunstâncias, quais obrigações o Estado brasileiro deixou de cumprir? Discuta com base no direito ao trabalho e no direito à integridade pessoal.

Filmografia

A História Oficial (1985)
https://uqr.to/q9m9

Kamchatka (2002)
https://uqr.to/q9mb

Corumbiara (2009)
https://uqr.to/q9mf

No (2012)
https://uqr.to/q9mh

Uma Mulher Fantástica (2017)
https://uqr.to/q9mi

Capítulo 10
AGENDA CONTEMPORÂNEA

 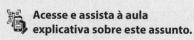

Acesse e assista à aula explicativa sobre este assunto.
> https://uqr.to/q9o3

10.1. DIREITOS HUMANOS E POBREZA

Mais de 165 milhões de habitantes das Américas vivem em situação de pobreza.[1] Estas pessoas enfrentam graves obstáculos para exercer seus direitos e, em alguns casos, a situação de desigualdade material em que vivem pode constituir violação às obrigações internacionais do Estado em matéria de direitos humanos.[2] Contextos relacionados a calamidades e emergências aumentam ainda mais a vulnerabilidade de pessoas em situação de pobreza, como demonstram desastres naturais e ameaças à saúde (tais como a pandemia de COVID-19). Nestes casos, os riscos enfrentados são ainda maiores, levando a situações de múltiplas violações ao conjunto de seus direitos humanos.[3]

A pobreza é um fenômeno multidimensional. As abordagens mais comuns para caracterizá-la são monetárias, estabelecendo um conceito de pobreza a partir da definição de um número que representa os ingressos requeridos para satisfazer as necessidades básicas de cada pessoa ou família. Complementarmente, podem ser considerados elementos adicionais, como o acesso a uma educação de qualidade, a capacidade de manter uma alimentação que satisfaça todas as necessidades nutricionais e de saúde, a possibilidade de habitar uma moradia adequada e a

---

[1] Comissão Interamericana de Direitos Humanos, *Pobreza e direitos humanos,* 7 de setembro de 2017, par. 13.
[2] Ibid., par. 2, 91 e 101.
[3] Ibid., par. 6.

integração à vida comunitária sem discriminação ou exclusão.[4] Nessa perspectiva mais ampla, a pobreza pode ser definida como uma privação sistemática de capacidades e liberdades básicas, incluindo do exercício a direitos civis, políticos, econômicos, sociais e culturais.[5]

Se adotada essa concepção multidimensional, a pobreza se caracteriza *por definição* por violações múltiplas e interconexas de direitos humanos. A pobreza é *em si* uma questão de direitos humanos, e pode estar tanto na *causa* quanto entre as *consequências* de violações a direitos civis, políticos, econômicos, sociais e culturais.[6] Ou seja, ao mesmo tempo que violações de direitos humanos (por exemplo, a execução extrajudicial de uma pessoa que sustentava sua família ou condições exploratórias de trabalho) podem levar uma pessoa ou uma família à pobreza, a situação de pobreza conduz a outras violações de direitos (por exemplo, submetendo estas pessoas à violência baseada em estigmatização social). As violações dos direitos humanos vão se somando umas às outras, cada uma produzindo impacto negativo sobre as demais, causando um ciclo vicioso de violações inter-relacionadas.[7] Por esses motivos, a pobreza é considerada pela Comissão Interamericana como uma violação generalizada de todos os direitos humanos, constituindo uma das questões de direitos humanos mais preocupantes da região.[8]

Apesar disso, a abordagem da pobreza como questão de direitos humanos é algo relativamente novo no Sistema Interamericano. De modo mais amplo, a OEA historicamente trabalha com questões relacionadas à pobreza por meio de ações voltadas ao desenvolvimento integral, efetivando compromissos estabelecidos já na Carta da organização.[9] Em paralelo, a Declaração Americana, a Convenção Ame-

---

[4]   Sobre os diversos conceitos de pobreza, veja-se: Óscar Parra Vera, Derechos humanos y pobreza en el Sistema Interamericano, *Revista IIDH vol.56, 2012*, pp. 274-281.

[5]   O Comitê de Direitos Econômicos, Sociais e Culturais define a pobreza como "uma condição humana caracterizada por privação contínua ou crônica dos recursos, da capacidade, das opções, da segurança e do poder necessários para desfrutar de um padrão de vida adequado e de outros direitos civis, culturais, econômicos, políticos e sociais.". Comitê de Direitos Econômicos, Sociais, e Culturais, *Cuestiones Sustantivas que se Plantean en la Aplicación del Pacto Internacional de Derechos Económicos, Sociales, y Culturales: la Pobreza y el Pacto Internacional de Derechos Económicos, Sociales y Culturales*, 10 de maio de 2001, par. 8.

[6]   Conselho de Direitos Humanos da Organização das Nações Unidas, *Princípios Orientadores sobre Extrema Pobreza e Direitos Humanos*, 18 de julho de 2012.

[7]   Comissão Interamericana de Direitos Humanos, *Pobreza e direitos humanos*, 7 de setembro de 2017, par. 96.

[8]   Comissão Interamericana de Direitos Humanos, *Terceiro Informe sobre a Situação de Direitos Humanos no Paraguai*, 9 de março de 2001, capítulo V, par. 5. e 17.

[9]   Mencione-se, por exemplo, o artigo 2 da Carta da OEA, que estabelece como um dos propósitos essenciais da Organização "erradicar a pobreza crítica, que constitui um obstáculo ao pleno desenvolvimento democrático dos povos do Hemisfério". No mesmo sentido, o artigo 3 determina: "a eliminação da pobreza crítica é parte essencial da promoção e consolidação da democracia

ricana e o Protocolo de São Salvador tratam de direitos cuja afirmação se vincula à superação da pobreza, com o preâmbulo da CADH expressamente reconhecendo o vínculo entre uma vida livre da miséria e a efetividade dos direitos humanos. Ao longo de sua história, tanto a Comissão quanto a Corte trataram de situações de direitos humanos relacionadas à pobreza, considerando esta como um marco conceitual que gera obrigações para o Estado.[10] Ainda assim, a Comissão e a Corte não costumavam abordar o tema de modo específico e sistemático, de modo que a jurisprudência interamericana sobre o tema ainda está em desenvolvimento. Foi apenas nos anos mais recentes que o Sistema passou a tratar diretamente da pobreza como questão de direitos humanos, um movimento simbolizado pela elaboração de um relatório da Comissão dedicado exclusivamente ao tema.[11]

Os direitos negativamente afetados pelo ciclo da pobreza incluem tanto direitos civis e políticos quanto direitos econômicos, sociais, culturais e ambientais. Em uma demonstração prática da interdependência dos direitos humanos, a experiência da Comissão Interamericana demonstra que, em regra, a violação de um direito pertencente a uma das categorias implica também violações associadas à outra.[12] Por exemplo, para alguns grupos, as privações materiais decorrentes da falta de acesso a direitos econômicos, sociais e culturais geram situações de exclusão social tão graves que sua possibilidade de participar da vida política da comunidade se torna ilusória.[13] Por isso, as obrigações do Estado em relação à pobreza são amplas, e abrangem a efetivação do conjunto dos direitos humanos para setores marginalizados da população. Isto não significa, porém, que a pobreza

---

representativa e constitui responsabilidade comum e compartilhada dos Estados americanos". A pobreza foi abordada por variados instrumentos posteriores, incluindo a Declaração de Margarita (2003), a Declaração de Mar del Plata (2005), a Carta Social das Américas (2012), a Declaração de Asunción (2014) e o Plano de Ação da Carta Social das Américas (2015).

[10] Em informe sobre Pobreza e Direitos Humanos, a Comissão analisou os precedentes do Sistema com relação ao tema, concluindo: "Si bien la jurisprudencia del sistema interamericano sobre la situación de personas que viven en pobreza, se encuentra aún en desarrollo, tanto la Comisión como la Corte Interamericanas han considerado dicha situación como un marco contextual especializado que se traduce en obligaciones estatales específicas. [...] La CIDH ha emitido informes de país, que permiten visibilizar la relación entre situaciones de pobreza estructural, discriminación, contextos de violencia generalizada, inseguridad ciudadana y la falta de respeto y garantía de derechos económicos, sociales y culturales. Por su parte, en el marco del sistema de casos y peticiones individuales, tanto la Comisión, como la Corte han observado como la situación de pobreza, exclusión y marginación pueden ser causas que faciliten las violaciones de los derechos humanos, como así también constituir un agravante de violaciones a derechos humanos o una consecuencia de tales violaciones." Comissão Interamericana de Direitos Humanos, *Pobreza e direitos humanos,* 7 de setembro de 2017, par. 142-144.

[11] Comissão Interamericana de Direitos Humanos, *Pobreza e direitos humanos,* 7 de setembro de 2017.

[12] Ibid., par. 3.

[13] Ibid.

não gere deveres específicos. Para além de buscar a melhoria das condições de vida da população em geral e de trabalhar pela efetividade dos direitos humanos como um todo, os Estados têm também deveres especificamente relacionados ao enfrentamento da pobreza a partir de uma perspectiva de direitos humanos.

Dentre estes deveres, adquirem especial relevância as obrigações relacionadas ao direito à não discriminação. O artigo 1.1 da Convenção Americana expressamente proíbe a discriminação com base em posição econômica, de modo que o Estado deve se abster de adotar qualquer medida que crie uma diferenciação injustificada no tratamento a pessoas em situação de pobreza. Além disso, deve também se atentar à discriminação indireta, se assegurando que as normas e as políticas aparentemente neutras que adote não criem desvantagens desproporcionais para estas pessoas. Como decorrência do conceito de igualdade material adotado no Sistema Interamericano, o Estado deve ainda adotar ações afirmativas para reverter situações discriminatórias e superar a desigualdade de oportunidades. Ou seja, deve estabelecer medidas para proteger as pessoas que, em virtude de sua situação de pobreza, não conseguiriam exercer seus direitos de modo efetivo sem o apoio do Estado.

A Comissão e a Corte analisam estes deveres associados à não discriminação a partir de uma perspectiva estrutural e interseccional.[14] Por exemplo, no caso Trabalhadores da Fazenda Brasil Verde vs. Brasil, a Corte reconheceu que as 85 vítimas de trabalho forçado estavam sujeitas a um contexto de discriminação estrutural histórica motivada por sua posição econômica, o que os havia tornado especialmente vulneráveis ao tráfico de pessoas e a formas contemporâneas de escravidão.[15] Já no caso Gonzales LLuy e outros vs. Equador, a Corte reconheceu que a vítima, uma menina vivendo com o vírus HIV devido a uma transfusão de sangue, havia sofrido discriminação por várias razões, incluindo sua situação de pobreza, e que todos estes fatores haviam interagido de modo a criar graves consequências.[16] Em concreto, a pobreza impactou negativamente o acesso da vítima à saúde, gerando o contágio por HIV, e criou obstáculos para o exercício do direito à educação e à moradia adequada; posteriormente, sua condição de

---

[14]   A respeito, a Comissão observou: "Las personas que viven en la pobreza y pobreza extrema sufren a menudo desventajas y discriminación basadas en la raza, el sexo, la edad, origen étnico, prácticas culturales, el idioma y otras condiciones. En efecto, personas, grupos y colectividades que han sido históricamente discriminados, tales como las mujeres, los niños, niñas y adolescentes, las personas mayores, las personas con discapacidad, los migrantes y sus familias, los refugiados, los solicitantes de asilo, los desplazados internos y los miembros de pueblos indígenas, entre otros, que viven en situación de pobreza y pobreza extrema en las Américas han sido y continúan siendo en numerosas ocasiones victimas de lo que se ha definido como discriminación inter seccional y discriminación estructural." Ibid., par.167.

[15]   Corte Interamericana de Direitos Humanos, *Trabalhadores da Fazenda Brasil Verde vs. Brasil*, 30 de outubro de 2016, par. 343.

[16]   Corte Interamericana de Direitos Humanos, *Gonzales Lluy e outros vs. Equador*, par. 290.

pessoa com HIV criou obstáculos adicionais ao acesso à educação; e o estigma social enfrentado por uma mulher vivendo com HIV gerava incertezas e dilemas. Portanto, a vítima não apenas enfrentava a soma de várias situações de discriminação que incluíam sua posição econômica, mas estava sujeita a impactos que decorreram da interação destes múltiplos fatores. Em ambos os casos, o Estado foi responsabilizado internacionalmente por violação a suas obrigações de direitos humanos em relação ao direito à não discriminação.

Conjuntamente ao direito à não discriminação, o Estado tem também o dever de assegurar o direito à vida digna, com especial atenção às pessoas que requeiram proteção acrescida por estarem em situação de vulnerabilidade. Como visto, a Corte Interamericana desenvolveu uma linha jurisprudencial importante e inovadora, segundo a qual o direito à vida não consiste apenas no direito a não ser privado arbitrariamente de sua vida, mas engloba também o direito a ter as condições necessárias para viver uma existência com dignidade.[17] Neste segundo sentido, a responsabilidade internacional de um Estado pode surgir devido à sua incapacidade de adotar as medidas necessárias para que indivíduos, grupos e comunidades em situações de pobreza tenham acesso às condições mínimas que lhes possibilitem viver dignamente.[18] Isso implica o dever do Estado de não criar obstáculos para o acesso às condições necessárias para o desfrute do direito à vida digna, de garantir que terceiros não impeçam o acesso a tais condições e de adotar medidas positivas para assegurar o exercício deste direito, especialmente em relação a pessoas em situação de risco ou vulnerabilidade.[19]

Por fim, de maneira mais abrangente, o Estado tem a obrigação de trabalhar pela erradicação da pobreza, adotando políticas públicas direcionadas a este fim, a partir de uma perspectiva de direitos humanos. A adoção da perspectiva de direitos humanos (também chamada *human rights-based approach* ou *enfoque de derechos humanos*) na formulação destas políticas significa que elas devem se ancorar no direito internacional dos direitos humanos.[20] Ao invés de considerar os usuários da política como beneficiários passivos de prestações assistenciais, a perspectiva de direitos humanos os reconhece como titulares de direito, que podem participar do processo de tomada de decisão, demandar o cumprimento

---

[17] Corte Interamericana de Direitos Humanos, *Villagran Morales e outros vs. Guatemala,* 19 de novembro de 1999, par. 144; Corte Interamericana de Direitos Humanos, *Comunidade Indígena Yakye Axa vs. Paraguai,* 17 de julho de 2005, par.161

[18] Comissão Interamericana de Direitos Humanos, *Pobreza e direitos humanos,* 7 de setembro de 2017, par. 204.

[19] Trata-se das obrigações gerais estabelecidas pelo artigo 1.1 da Convenção Americana.

[20] Conforme observado pela Comissão, "o direito internacional fornece um marco normativo explícito e imperativo que guia e orienta a formulação de políticas e estratégias nacionais". Comissão Interamericana de Direitos Humanos, *Pobreza e direitos humanos,* 7 de setembro de 2017, par. 16

das obrigações estatais e exigir que as autoridades prestem contas sobre a forma como estão cumprindo estes deveres. A integração de uma perspectiva de direitos humanos às políticas públicas também envolve a priorização da atenção a pessoas em situação de vulnerabilidade, como mulheres, crianças, pessoas indígenas e pessoas com deficiência, considerando suas necessidades específicas e adotando as medidas que sejam necessárias para garantir seu acesso efetivo às políticas em questão, assim como para remover obstáculos à concretização de seus direitos.

10.2. EMPRESAS E DIREITOS HUMANOS

O direito internacional dos direitos humanos opera a partir de um paradigma binário: de um lado, estão os indivíduos, como titulares dos direitos humanos; de outro, estão os Estados, que têm a obrigação de respeitar e garantir tais direitos. Os deveres estatais incluem a proteção do indivíduo contra violações cometidas por terceiros, assim como a sanção ao agente violador e a reparação à vítima. Por tanto, o paradigma presume que o Estado tem autoridade e capacidade para prevenir violações cometidas no âmbito de relações privadas e para sancionar os particulares que as cometam. Isto inclui violações de direitos humanos cometidas por empresas.

A aplicação prática destes parâmetros é mais complexa do que pode parecer à primeira vista. Como atores de grande relevância econômica e social, as empresas têm alta capacidade de influenciar Estados. Grandes empresas impactam a vida de milhões de pessoas, gerando empregos diretos e indiretos, receitas fiscais, e produtos e serviços essenciais para a sociedade. Além disso, empresas multinacionais operam em múltiplas jurisdições, dificultando a regulação de suas operações e aumentando seu poder de barganha em relações com governos. Por exemplo, diante de uma lei trabalhista que a empresa perceba como desvantajosa, ela pode mudar sua produção de país – o que funciona como um desincentivo para que o Estado adote medidas de proteção aos trabalhadores. A empresa pode ainda utilizar sua natureza transnacional para se evadir de responsabilização por violações aos direitos humanos. Nesse sentido, a relação entre empresas e indivíduos é frequentemente caracterizada por uma assimetria de poder, com as companhias tendo formas desproporcionais de fazer valer seus interesses. Por vezes, mesmo o Estado tem poderes limitados diante de companhias altamente influentes e internacionalizadas. Ilustrando este cenário, dados de 2017 indicam que dentre os 100 maiores atores econômicos do mundo, apenas 31 são Estados – os 69 restantes são empresas como o Walmart (que possui receita anual maior que a da Espanha), Volkswagen (com receita maior que a Rússia) e Apple (com receita similar à da Índia).[21]

---

[21] Dados compilados pela organização Global Justice. Veja-se: Global Justice, *69 of the richest 100 entities on the planet are corporations, not governments, figures show*, 17 de outubro de 2018, disponível em <https://www.globaljustice.org.uk/news/2018/oct/17/69-richest-100-entities- -planet-are-corporations-not-governments-figures-show>, acesso em outubro de 2020.

Por estes motivos, a aplicação do direito internacional dos direitos humanos a violações de direitos humanos cometidas por empresas traz uma série de complexidades. Estas especificidades *não* diminuem ou anulam as responsabilidades do Estado em matéria de direitos humanos. No entanto, elas demandam ferramentas de análise e parâmetros normativos capazes de lidar com os desafios específicos deste contexto.

No âmbito do sistema global, o Conselho de Direitos Humanos adotou os Princípios Orientadores sobre Empresas e Direitos Humanos, que são um verdadeiro guia para a aplicação de normas de direitos humanos no contexto de atividades empresariais. Partindo de obrigações internacionais já existentes, os Princípios Orientadores organizam estes deveres em três pilares: o dever das empresas de não violar os direitos humanos (obrigação de respeito); o dever dos Estados de prevenir, investigar, punir e reparar violações cometidas por empresas, por meio de políticas públicas, legislação, regulação e adjudicação (obrigação de proteção); e o dever de empresas e Estados de garantir o acesso a remediação efetiva.

Por sua vez, o Sistema Interamericano tem um longo histórico de engajamento com violações de direitos humanos cometidas por entes privados, incluindo no contexto de atividades empresariais.[22] A Comissão e a Corte analisam estas situações a partir das obrigações gerais estabelecidas pelos artigos 1.1 e 2 da Convenção Americana, que determinam o dever dos Estados de *respeitar* e *garantir* direitos. Caso o Estado tenha, por ação ou omissão, descumprido essas obrigações de modo a permitir a perpetração de violações, fica caracterizada sua responsabilidade internacional, sendo irrelevante a determinação de culpabilidade ou mesmo intencionalidade dos agentes envolvidos.[23] Assim, não obstante a complexidade das relações entre o governo e o setor empresarial, o descumprimento das obrigações estatais de respeito e garantia pode levar à responsabilização do Estado por violações cometidas por atores não estatais, como as empresas.[24]

Sistematizando os precedentes da Comissão e da Corte sobre a matéria, a Relatoria Especial de Direitos Econômicos, Sociais, Culturais e Ambientais da CIDH (REDESCA) esclareceu a forma como estas obrigações se aplicam a contextos que envolvem atividades empresariais.[25] A obrigação de *respeito* implica o dever do Estado de não lesionar diretamente os direitos protegidos pelo *corpus*

---

[22] Veja-se, a respeito: Comissão Interamericana de Direitos Humanos, *Empresas y Derechos Humanos: Estándares Interamericanos,* 1 de novembro de 2019; Comissão Interamericana de Direitos Humanos, *Pueblos Indígenas, comunicadas afrodescendientes y recursos naturales: protección de derechos humanos en el contexto de actividades de extracción, explotación y desarrollo,* 31 de dezembro de 2015.

[23] Comissão Interamericana de Direitos Humanos, *Empresas y Derechos Humanos: Estándares Interamericanos,* 1 de novembro de 2019, par. 57.

[24] Ibid., par. 66.

[25] Ibid.

juris interamericano. Este dever se aplica a todas as formas de exercício do poder público, inclusive a empresas exercendo atribuições estatais, tais como a segurança pública e funções militares. O Estado também descumpre a obrigação de respeito quando apoia, colabora, instruí ou tolera violações de direitos humanos cometidas por empresas, sejam elas públicas ou privadas.

Já a obrigação de *garantia* consiste no dever de organizar todo o aparato estatal para assegurar a realização plena dos direitos humanos, incluindo o estabelecimento de ordenamento jurídico compatível com o direito internacional dos direitos humanos e sua implementação efetiva por todas as instituições públicas. A obrigação implica no dever do Estado de atuar com devida diligência para prevenir, investigar e sancionar violações de direitos humanos, assim como de agir para garantir a reparação integral da vítima. Concretamente, o cumprimento da obrigação se desdobra em quatro tipos de ação: (i) a adoção de leis e sua adequada regulamentação; (ii) a prevenção de violações cometidas por empresas, mediante a identificação de riscos e a adoção de medidas que evitem sua concretização; (iii) a fiscalização das atividades das empresas; e (iv) a investigação de eventuais violações, a sanção dos responsáveis e a garantia do acesso das vítimas à reparação integral pelos danos sofridos.[26]

Em suma, o Estado pode ser responsabilizado não apenas por violações cometidas por empresas com as quais esteja envolvido (seja por estas estarem exercendo atribuições públicas, seja por estarem agindo com seu apoio, seguindo suas instruções, ou atuando sob seu controle), mas também por ter deixado de atuar com a devida diligência para prevenir e responder a violações cometidas por corporações. Conforme observado pela REDESCA, "o importante é determinar se o ato ilegal foi apoiado ou tolerado por agentes do Estado [obrigação de respeito] ou resultou do não cumprimento pelo Estado de sua obrigação de prevenir razoavelmente as violações dos direitos humanos, de investigar seriamente a fim de identificar e punir os responsáveis e de compensar adequadamente a vítima ou seus familiares pelos danos causados [obrigação de garantia]."[27]

Por fim, as empresas atuantes na região devem garantir que seu comportamento respeite os direitos humanos, "não apenas como uma responsabilidade baseada em uma expectativa social básica, mas também como uma consequência legal do cumprimento das obrigações dos Estados nestes contextos."[28]

10.3. DIREITO AO DESENVOLVIMENTO

Durante a segunda metade do século XX, fortaleceu-se na comunidade internacional um movimento pela afirmação do direito ao desenvolvimento. Trata-se

---

[26] Ibid., par. 86.
[27] Ibid., par. 59.
[28] Ibid., par. 66.

de uma garantia inalienável, que assegura a todas as pessoas e todos os povos o direito de participar do desenvolvimento econômico, social, cultural e político.[29] A participação no processo de desenvolvimento engloba tanto a possibilidade de contribuir para seu avanço, quanto o direito a desfrutar de seus resultados, de modo harmônico com as liberdades garantidas pelo direito internacional dos direitos humanos.

O movimento pela afirmação do direito ao desenvolvimento se relaciona com a independência (e consequente ingresso na comunidade internacional) de países que haviam sido submetidos ao colonialismo. Após se desvincular política e institucionalmente das metrópoles, estes Estados buscavam garantir condições justas em suas relações comerciais e financeiras, de modo a assegurar os recursos materiais para satisfazer as necessidades de suas populações e dar seguimento a seu projeto de futuro. O direito ao desenvolvimento, portanto, está estreitamente vinculado ao direito à autodeterminação dos povos, que garante a cada sociedade a possibilidade de escolher livremente seu status político, assim como a determinar sua forma de governo e decidir seu futuro, sem intervenções externas. Uma vez assegurada a independência, o direito ao desenvolvimento permitiria a cada comunidade efetivar, de modo livre e sem interferências, a visão de sociedade que escolha para si.[30]

Neste sentido, o direito ao desenvolvimento tem uma dimensão individual e uma dimensão coletiva.[31] Da perspectiva *coletiva*, as comunidades, devidamente representadas por seus governos, têm o direito de formular estratégias de desenvolvimento e a efetivá-las sem interferências indevidas. Têm, ainda, o direito a uma ordem internacional justa, que confira aos diferentes Estados a possibilidade material de se desenvolver. Estas estratégias de desenvolvimento devem estar orientadas a garantir a dignidade da população como um todo, com a proteção da dignidade humana e o avanço dos direitos humanos figurando no centro das políticas orientadas a este fim. Assim, da perspectiva *individual*, o direito ao desenvolvimento confere a cada pessoa o direito a participar e a se beneficiar do desenvolvimento no âmbito da sociedade em que vive.

Se a titularidade do direito ao desenvolvimento tem este duplo caráter, individual e coletivo, a responsabilidade de assegurá-lo também recai sobre dois sujeitos.[32] Por um lado, o *Estado* deve formular políticas públicas e estratégias

---

[29] Declaração das Nações Unidas sobre o Direito ao Desenvolvimento, artigo 1.1.

[30] Sobre a relação entre o direito à autodeterminação e o direito ao desenvolvimento, veja-se Mohammed Bedjaoui, The Right to Development, in *International Law: Achienements and Prospects,* 1991, p. 1182 e ss.

[31] Susan Marks e Andrew Clapham, The Right to Development, in *International Human Rights Lexicon,* 2005, p. 81.

[32] Ibid., p. 83.

nacionais que avancem o direito da população a desfrutar dos benefícios do desenvolvimento econômico, social e cultural. Deve, ainda, garantir que essas estratégias sejam compatíveis com o conjunto dos direitos humanos, não sendo aceitável justificar violação a direitos com base no imperativo de gerar desenvolvimento para o país. Complementarmente, além de agir por si, o Estado também deve atuar coletivamente, em conjunto com outros países e atores, para avançar o desenvolvimento como agenda global. Assim, o direito ao desenvolvimento também gera obrigações para a *comunidade internacional* (compreendendo os Estados, as organizações internacionais, os bancos multilaterais, as empresas multinacionais, as organizações não governamentais internacionais, entre outros atores).

Quanto a seu conteúdo, o direito ao desenvolvimento se configura a partir de três elementos principais.[33] O primeiro deles é a *justiça social*, ou seja, a distribuição justa dos benefícios do desenvolvimento. Todas as pessoas devem ter oportunidades iguais de acessar recursos básicos, educação, serviços de saúde, alimentação, habitação, emprego e distribuição de renda.[34] Para tanto, os Estados devem adotar as medidas que forem necessárias, incluindo a conformação de reformas econômicas e sociais ao objetivo de erradicar desigualdades.[35] O segundo elemento é a *participação* popular em todas as esferas de tomada de decisão a respeito da efetivação do direito ao desenvolvimento, incluindo a elaboração de políticas públicas, sua implementação e seu monitoramento. Indivíduos e comunidades impactados por estratégias de desenvolvimento devem poder influir de forma significativa em seus rumos, contribuindo para a definição de prioridades, condições e métodos. O terceiro elemento é a *adoção de estratégias nacionais e a cooperação internacional* direcionadas à promoção do desenvolvimento integral, compreendendo suas dimensões social, econômica, política e cultural.

Estes elementos estão presentes na *Declaração das Nações Unidas sobre o Direito ao Desenvolvimento,* adotada pela Assembleia Geral da ONU em 1986. Documento pioneiro no tema, a Declaração ainda hoje é a principal referência normativa sobre a configuração do desenvolvimento enquanto *direito*. O direito ao desenvolvimento encontra-se afirmado também por instrumentos regionais, como a Carta Africana dos Direitos Humanos e dos Povos,[36] e foi reafirmado por

---

[33] Veja-se, a respeito: Flávia Piovesan, Direito ao Desenvolvimentos: Desafios Contemporâneos, in: *Temas de Direitos Humanos,* 2018, p. 218.

[34] Declaração das Nações Unidas sobre o Direito ao Desenvolvimento, artigo 8.1.

[35] Ibid.

[36] O artigo 22 da Carta de Banjul estabelece:
"1. Todos os povos têm direito ao seu desenvolvimento econômico, social e cultural, no estrito respeito da sua liberdade e da sua identidade, e ao gozo igual do patrimônio comum da humanidade.

outros instrumentos do sistema global, como a Declaração e Programa de Ação de Viena.[37]

No âmbito do Sistema Interamericano, a Comissão tratou de temas relacionados ao direito ao desenvolvimento em diversos relatórios sobre a situação de direitos humanos em países da região, assim como em relatórios temáticos.[38] Em particular, em seu relatório sobre Empresas e Direitos Humanos, a CIDH afirmou:

> "Conduzir adequadamente a realização dos direitos humanos, incluindo o direito ao desenvolvimento, no marco dos processos de desenvolvimento e da atividade empresarial exigirá, fundamentalmente, o empoderamento dos indivíduos e comunidades como titulares de direitos, colocando-as no centro da forma como o desenvolvimento é concebido e implementado, assegurando sua livre participação, aplicando o princípio da não discriminação, bem como compartilhando equitativamente os benefícios do desenvolvimento. O crescimento econômico não é um fim em si mesmo, mas sim um componente da realização do direito ao desenvolvimento e dos direitos humanos em geral."[39]

Neste marco, o tema do direito ao desenvolvimento, que não é novo na agenda global, vem adquirindo nova relevância no Sistema Interamericano, na medida em

---

2. Os Estados têm o dever, separadamente ou em cooperação, de assegurar o exercício do direito ao desenvolvimento."

[37] A Declaração e Programa de Ação de Viena estabelece: "A Conferência Mundial sobre Direitos Humanos reafirma o direito ao desenvolvimento, conforme estabelecido na Declaração sobre o Direito ao Desenvolvimento, enquanto direito universal e inalienável e parte integrante dos Direitos Humanos fundamentais. Conforme estabelecido na Declaração sobre o Direito ao Desenvolvimento, a pessoa humana é o sujeito central do desenvolvimento. O desenvolvimento facilita o gozo de todos os Direitos Humanos, mas a falta de desenvolvimento não pode ser invocada para justificar a limitação de Direitos Humanos internacionalmente reconhecidos. Os Estados devem cooperar entre si para assegurar o desenvolvimento e eliminar os obstáculos que lhe sejam colocados. A comunidade internacional deve promover uma cooperação internacional efetiva com vista à realização do direito ao desenvolvimento e à eliminação de obstáculos ao desenvolvimento. O progresso duradouro no sentido da realização do direito ao desenvolvimento exige a adoção de políticas de desenvolvimento eficazes a nível nacional, bem como o estabelecimento de relações econômicas equitativas e a existência de um panorama econômico favorável a nível internacional."

[38] Veja-se, por exemplo: Comissão Interamericana de Direitos Humanos, *Empresas y Derechos Humanos: Estándares Interamericanos,* 1 de novembro de 2019; Comissão Interamericana de Direitos Humanos, *Pobreza e Direitos Humanos,* 7 de setembro de 2017; Comissão Interamericana de Direitos Humanos, *Situação de Direitos Humanos na Guatemala,* 31 de dezembro de 2017; Comissão Interamericana de Direitos Humanos, *Pueblos Indígenas, comunicadas afrodescendientes y recursos naturales: protección de derechos humanos en el contexto de actividades de extracción, explotación y desarrollo,* 31 de dezembro de 2015.

[39] Comissão Interamericana de Direitos Humanos, *Empresas y Derechos Humanos: Estándares Interamericanos,* 1 de novembro de 2019, par. 45.

200 | CURSO DE DIREITOS HUMANOS – SISTEMA INTERAMERICANO • *Piovesan e Cunha Cruz*

que este enfrenta temas indissociavelmente relacionados a processos orientados ao desenvolvimento socioeconômico, como são o enfrentamento da pobreza e a agenda de direitos humanos e empresas.

10.4. DIREITOS DIGITAIS

A internet é um instrumento poderoso, que se tornou indispensável para o exercício de diversos direitos humanos na contemporaneidade. Como veículo de comunicação multidirecional, ela permite que as pessoas acessem informações, se expressem e se organizem coletivamente, expandindo as possibilidades de exercício do direito à liberdade de expressão. Ao mesmo tempo, também pode ser utilizada como meio para efetivação de outros direitos. Por exemplo, a comunicação digital pode integrar campanhas de combate ao vírus da dengue, contribuindo para a efetivação do direito à saúde, ou ainda fornecer ferramentas para a educação à distância quando aulas presenciais não são possíveis, fortalecendo as possibilidades de acesso à educação durante situações emergenciais. A internet pode também facilitar o controle social sobre as ações estatais, possibilitando a disseminação de denúncias sobre violações e a articulação de demandas por respeito aos direitos humanos.

Os benefícios da internet para os direitos humanos estão estreitamente vinculados a determinadas características da arquitetura da rede. Em particular, são forças positivas a natureza multidimensional e interativa das comunicações digitais, seu alcance global e seu relativo baixo custo, assim como os princípios de abertura, descentralização e neutralidade da rede.[40] Sempre que o Estado ou entes particulares adotarem medidas que possam afetar o funcionamento da internet, estas características devem ser preservadas. As medidas devem também se basear nos direitos humanos, principalmente o direito à liberdade de expressão e o direito à privacidade, que se aplicam plenamente a ambientes virtuais.

Para se conformar a parâmetros de direitos humanos, a atuação do Estado em relação ao ambiente virtual deve se guiar por um conjunto de princípios orientadores.[41] O primeiro deles é o princípio do acesso universal, que visa a garantir que todas as pessoas possam utilizar a rede. Ele implica, entre outros deveres, a obrigação do Estado de adotar medidas positivas para fechar a "brecha digital", ou seja, para garantir que todas as pessoas, especialmente aquelas em situação de marginalização e vulnerabilidade, tenham acesso à infraestrutura e aos serviços

---

[40] Comissão Interamericana de Direitos Humanos, *Estándares para uma Internet libre, aberta e inluyente,* 15 de março de 2017, par. 3.

[41] Comissão Interamericana de Direitos Humanos, *Libertad de expresión e internet,* in: Informe anual de la Comisión Interamericana de Derechos Humanos, 31 de dezembro de 2013, par. 10-24.

Cap. 10 · AGENDA CONTEMPORÂNEA | 201

necessários para acessar a internet. O Estado deve ainda adotar medidas para fomentar a alfabetização digital, fornecendo a todas as pessoas as habilidades e informações necessárias para que estas utilizem a internet de forma autônoma, independente e responsável.

O segundo princípio consiste na preservação do pluralismo e da diversidade em ambientes digitais. Para tanto, o Estado deve se abster de tomar quaisquer medidas que reduzam as vozes e conteúdos disponíveis na internet. Da mesma forma, as políticas públicas sobre a internet devem proteger sua natureza multidirecional, promovendo plataformas que permitam a busca e difusão de informações e ideias diversas.[42]

De modo relacionado, o terceiro princípio é a não discriminação. Aplicando o dever geral de não discriminação ao contexto digital, este princípio estabelece que os Estados devem adotar medidas para assegurar que todas as pessoas possam difundir conteúdo na internet em igualdade de condições. Além de promover o acesso à internet e o pluralismo na rede, isto significa que os Estados devem assegurar que não haja discriminação de determinados conteúdos em favor de outros. A não discriminação se associa, por tanto, à neutralidade da rede, ou seja, à ideia de que todas as informações devem trafegar de igual forma, sem distinções de velocidade, filtros ou bloqueios baseados em seu conteúdo. Se respeitada, a neutralidade assegura a autonomia do usuário, possibilitando que este escolha livremente a forma como vai utilizar a internet, sem interferências indevidas. Os Estados devem estabelecer a neutralidade da rede por lei e garantir sua efetiva implementação, estabelecendo órgãos de controle que atuem de modo independente.[43]

Por fim, o direito à privacidade, protegido pelo artigo 11 da Convenção Americana, adquire relevância no contexto virtual. Conforme observado pela Comissão Interamericana, o funcionamento da internet se baseia na criação, armazenamento e administração de dados, de modo que uma enorme quantidade de informações pessoais corre o risco de ser interceptada, armazenada e analisada por Estados ou entes privados.[44] Esta realidade trouxe novos desafios para a proteção do direito à privacidade, que apenas se agravaram com a criação de ferramentas especificamente direcionadas a extrair informações pessoais do usuário, incluindo dados sobre localização, preferências, comunicações e praticamente qualquer aspecto da vida do indivíduo. Por isso, uma das principais dimensões do direito à privacidade no contexto das comunicações digitais é a

---

[42] Ibid., par. 19.

[43] Ibid., par. 32.

[44] Comissão Interamericana de Direitos Humanos, *Estándares para uma Internet libre, aberta e inluyente,* 15 de março de 2017, par. 203.

proteção de dados pessoais. Os Estados devem desenvolver sistemas de proteção de dados que regulem o armazenamento, processamento, uso e transferência de dados pessoais, incluindo a proibição da utilização destas informações sem o consentimento informado da pessoa envolvida.[45]

10.5. DIREITOS HUMANOS E CORRUPÇÃO

A corrupção afeta muitos dos países da região de maneira estrutural. Entendida como um abuso de poder que substitui o interesse público por um benefício privado,[46] a corrupção atinge níveis estruturais quando o desenho organizacional de determinada instituição permite e fomenta diversas formas de corrupção, operando a partir de redes de poder cuja principal função é manter a impunidade pelos atos cometidos.[47] Devido às graves consequências do fenômeno para a democracia, o Estado de Direito e a proteção aos direitos humanos, a Comissão Interamericana tem desenvolvido normas e parâmetros de direitos humanos a respeito do tema. Em 2018, adotou a resolução 1/18 intitulada "Corrupção e Direitos Humanos" e, já no ano seguinte, publicou um relatório detalhado, em que analisa a corrupção estrutural a partir de uma perspectiva de direitos humanos e faz recomendações aos Estados.[48]

Em diferentes países da região, a corrupção estrutural produz impactos particularmente significativos sobre o sistema eleitoral e o sistema de justiça.[49] A corrupção do sistema eleitoral prejudica diretamente o exercício dos direitos políticos, submetendo a tomada de decisão a interesses privados e anulando a possibilidade de que os indivíduos participem de modo efetivo da determinação dos rumos da sociedade. A corrupção eleitoral favorece ainda a concentração de poder e a impunidade, ao mesmo tempo em que diminui o controle social sobre a gestão pública e sobre o cumprimento das obrigações do Estado em matéria de direitos humanos. A longo prazo, portanto, produz graves afetações institucionais que ameaçam o próprio Estado de Direito. Em sentido semelhante, a corrupção judicial prejudica a independência e a imparcialidade do sistema de justiça, minando um dos pilares de sustentação do Estado de Direito e da proteção aos direitos humanos.

---

[45] Ibid., par. 204-205.

[46] Comissão Interamericana de Direitos Humanos, *Corrupción y derechos humanos,* Resolução 1/18.

[47] Comissão Interamericana de Direitos Humanos, *Corrupción y derechos humanos: estándares interamericanos,* 6 de dezembro de 2019, par. 114.

[48] Comissão Interamericana de Direitos Humanos, *Corrupción y derechos humanos: estándares interamericanos,* 6 de dezembro de 2019.

[49] Ibid.

A corrupção também impacta negativamente a realização dos direitos econômicos, sociais, culturais e ambientais (DESCA), na medida em que compromete a capacidade dos Estados de direcionar o máximo dos recursos disponíveis para políticas públicas orientadas à sua efetivação.[50] Pessoas em situação de vulnerabilidade são particularmente afetadas, principalmente aquelas em situação de pobreza. A corrupção prejudica a formulação e execução de programas essenciais para a população mais pobre, seja desviando recursos de seu orçamento, seja submetendo-os a decisões baseadas em interesses escusos. Por exemplo, na Guatemala, a instituição responsável pela administração do sistema público de saúde realizou contratos com empresas que não tinham condições técnicas de cumpri-los, resultando em impactos negativos para a saúde de vários pacientes.[51] Atos de corrupção também prejudicaram a qualidade e o abastecimento de medicamentos essenciais para a população do país.

Considerando a relação entre corrupção e direitos humanos, o combate efetivo à corrupção pode eliminar também causas estruturais de violação a direitos da população. Ao mesmo tempo, as estratégias de enfrentamento à corrupção devem respeitar os direitos humanos em sua totalidade, incluindo o acesso à informação, o acesso à justiça e o devido processo legal. A convergência destes elementos se traduz na obrigação estatal de adotar estratégias eficazes para combater a corrupção a partir de uma perspectiva de direitos humanos. Segundo a Comissão Interamericana, a perspectiva de direitos humanos se caracteriza pelo respeito aos princípios da igualdade, da participação social, do acesso à justiça e do acesso à informação, assim como pela proteção prioritária a grupos em situação de discriminação histórica e pela inclusão da perspectiva de gênero nas estratégias de combate à corrupção.[52]

Por fim, de modo coerente com os parâmetros interamericanos sobre violações de direitos humanos, a Comissão considera que medidas de reparação são um elemento essencial de programas de enfrentamento à corrupção pautados pelos direitos humanos.[53] Quando o ato de corrupção contribui para a ocorrência de uma violação de direitos, o Estado deve adotar medidas para garantir que as vítimas sejam devidamente reparadas pelos danos sofridos, o que requer medidas de investigação, restituição, reabilitação e indenização. Para além das vítimas diretas, o Estado deve também adotar medidas abrangentes, destinadas a reparar o dano sofrido pela sociedade e orientadas ao fortalecimento do Estado de Direito.

---

[50]   Ibid., par. 154.

[51]   Ibid., par. 167.

[52]   Ibid., capítulo 6.

[53]   Ibid., par. 521.

 Questões objetivas

1. Assinale a alternativa incorreta a respeito da adoção da perspectiva dos direitos humanos em políticas voltadas à erradicação da pobreza:

    a) Os usuários da política são considerados titulares de direito, podendo participar das decisões que os envolvem e demandar o cumprimento das obrigações estatais.

    b) A perspectiva de direitos humanos favorece a não discriminação, na medida em que confere particular atenção a grupos em situação de vulnerabilidade.

    c) Para cumprir suas obrigações de direitos humanos, os Estados devem adotar políticas direcionadas à erradicação da pobreza.

    d) A implementação de medidas de ação afirmativa deve ser evitada, na medida em a perspectiva de direitos humanos privilegia medidas que não estabeleçam distinções entre os usuários da política.

2. No Sistema Interamericano de Direitos Humanos, as empresas:

    a) São sujeitos de direito, possuindo o direito incondicional de apresentar petições individuais perante a Comissão Interamericana.

    b) Possuem obrigações em relação à proteção de direitos humanos, de modo que a Comissão pode inclui-las no polo passivo dos casos apresentados à Corte.

    c) Não podem ser acionadas diretamente no sistema de petições individuais. Violações cometidas por empresas são consideradas no marco de análises sobre o cumprimento das obrigações estatais.

    d) Possuem a obrigação internacional de respeitar e garantir os direitos humanos, devendo implementá-los a partir da indivisibilidade das categorias de direitos e do princípio *pro persona*.

3. Assinale a alternativa *incorreta* sobre o direito ao desenvolvimento:

    a) Seus três principais elementos constitutivos envolvem a afirmação da justiça social, a participação dos titulares de direitos e a adoção de estratégias nacionais e medidas de cooperação internacional.

    b) Envolve a atuação do Estado tanto isoladamente quanto em cooperação com outros atores da comunidade internacional.

c) No âmbito do sistema global, está protegido por uma convenção internacional vinculante, dedicada exclusivamente ao tema.

d) Possui uma dimensão individual e uma dimensão coletiva.

 Questões dissertativas

4. De que forma o direito à não discriminação se relaciona ao enfrentamento à pobreza nas Américas?

5. Como as obrigações gerais da Convenção Americana se aplicam a contextos que envolvem atividades empresariais?

6. O que é o direito ao desenvolvimento? Quais seus principais elementos?

 Caso prático

A mineradora Ouro Verde S.A. opera uma mina de ouro na beira de um rio da bacia amazônica. O rio é fonte de água de uma comunidade indígena, cujos líderes denunciaram a ocorrência de uma série de problemas de saúde desde que a mina começou a operar. Os problemas de saúde, que são típicos de contaminação pelas substâncias utilizadas na mina, impactaram especialmente as crianças da comunidade, levando ao falecimento de duas meninas.

Quais elementos devem ser considerados para determinar se há responsabilidade internacional do Estado por violação aos direitos humanos? Responda descrevendo quais seriam as obrigações do Estado diante deste cenário, desde antes da instalação da mina até depois do falecimento das duas crianças.

 Filmografia

 O Jardineiro Fiel (2005)
https://uqr.to/q9mk

Diamante de Sangue (2006)
https://uqr.to/q9ml

Debaixo da Terra Fértil (2008)
https://uqr.to/qdan

Indústria Americana (2019)
https://uqr.to/q9mm

PARTE III

O IMPACTO DO SISTEMA INTERAMERICANO DE DIREITOS HUMANOS

Capítulo 11
INSTITUTO DA REPARAÇÃO INTEGRAL

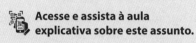

Acesse e assista à aula explicativa sobre este assunto.
> https://uqr.to/q9o7

11.1. PRINCÍPIO DA REPARAÇÃO INTEGRAL

A reparação é a consequência inerente à determinação da responsabilidade internacional do Estado. No Sistema Interamericano, a responsabilidade internacional do Estado é determinada pela Corte Interamericana, com base na análise dos fatos do caso frente às obrigações que o Estado adquiriu ao ratificar a Convenção Americana e outros tratados regionais de direitos humanos. Uma vez determinada a responsabilidade internacional, a Corte estabelece as medidas que o Estado deve adotar para reparar a vítima pelos danos sofridos.

A obrigação de reparar danos decorrentes da quebra de compromissos internacionais é um princípio do direito internacional,[1] que se aplica também ao direito internacional dos direitos humanos. O objetivo prioritário da reparação é reestabelecer a situação que provavelmente teria existido se a violação não tivesse ocorrido, eliminando também todos os efeitos do ato ilegal.[2] Caso isso seja impossível, podem ser adotadas medidas de compensação, como o pagamento de indenização.

---

[1] Já no início do século XX, a Corte Permanente de Justiça Internacional, órgão da Liga das Nações que precedeu a atual Corte Internacional de Justiça, esclareceu: "o Tribunal observa que se trata de um princípio do direito internacional, e até uma concepção geral do direito, que qualquer violação de um compromisso envolve a obrigação de reparar. [...] o Tribunal já estabeleceu que a reparação é o complemento indispensável da falha em aplicar uma convenção [...]." Corte Permanente de Justiça Internacional, *Case Concerning the Factory at Chorzow,* 13 de setembro de 1928, p. 29, tradução livre.

[2] Corte Permanente de Justiça Internacional, *Case Concerning the Factory at Chorzow,* 13 de setembro de 1928, p. 47.

A Convenção Americana prevê expressamente a reparação das vítimas pelos danos sofridos em consequência de ilícitos internacionais. Seu artigo 63 codifica o direito costumeiro sobre o tema, estabelecendo que, quando a Corte Interamericana decidir que um Estado violou um direito protegido pela Convenção, determinará que se assegure à vítima o gozo do direito violado, que sejam reparadas as consequências da violação, e que se pague indenização justa. A partir deste dispositivo, a Corte desenvolveu uma rica jurisprudência em matéria de reparações, estabelecendo medidas abrangentes e, muitas vezes, criativas, que visam conferir à vítima a máxima possibilidade de retomar seu projeto de vida, compensar os danos sofridos e combater as causas estruturais da violação.

Este corpo jurisprudencial se baseia no *instituto da reparação integral*. Com base nos princípios gerais de direito internacional e no mandato da Convenção Americana, a Corte entende que a reparação requer restituição plena (*restitutio in integrum*), ou seja, o reestabelecimento do status anterior à violação.[3] Quando isto não é possível (por exemplo, quando a violação consiste em uma execução extrajudicial), o tribunal determina um conjunto de medidas para garantir que os direitos passem a ser respeitados e para eliminar efeitos da violação, além de estabelecer uma indenização para a vítima.[4] A Corte também requer que o Estado adote medidas de natureza positiva para assegurar que as violações não se repitam no futuro.[5]

Ao determinar este conjunto de medidas, a Corte procura responder às demandas das vítimas, priorizando as formas de reparação que estas considerem mais adequadas. Enquanto no direito internacional[6] a compensação tende a ser exclusivamente monetária, no Sistema Interamericano, a Corte busca também atender demandas por reconhecimento, restauração e justiça.[7] Trata-se de uma abordagem compatível com as finalidades do Sistema Interamericano: se o objetivo final é a proteção da dignidade humana, o pagamento de compensações meramente pecuniárias seria pouco efetivo. Por exemplo, diante da comprovação da prática sistemática de tortura, as vítimas costumam buscar o Sistema Interamericano para exigir o fim da impunidade dos torturadores, a admissão oficial das ocorrências

---

[3] Corte Interamericana de Direitos Humanos, *Almonacid Arellano e outros vs. Chile*, 26 de setembro de 2006, par. 132.

[4] Ibid.

[5] Ibid.

[6] A reparação exclusivamente monetária é comum mesmo em algumas cortes de direitos humanos. Notadamente, os casos da Corte Europeia de Direitos Humanos costumam resultar em reparações declaratórias e pecuniárias.

[7] Veja-se, a respeito: Thomas M. Antkowiak, An Emerging Mandate for International Courts: Victim-centered Remedies and Restorative Justice, *Stanford Journal of International Law,* 47, 2011, pp. 279-332.

e o reconhecimento público do sofrimento causado. A abordagem da Corte, que visa responder a este tipo de demanda, se pauta pela *centralidade da vítima.*

Com base nestes princípios e objetivos, a Corte estabelece medidas de *restituição, reabilitação, satisfação e não repetição,* além de determinar a obrigação do Estado de *investigar, processar e punir* os responsáveis pela violação e *compensar* as vítimas.[8] Todos os aspectos das medidas de reparação são determinados pela Corte Interamericana, incluindo seu alcance, natureza, modalidades e beneficiários.[9] O Estado não pode decidir modificar as medidas de reparação durante sua execução, seja por razões de direito interno ou quaisquer outros motivos. Caso circunstâncias extraordinárias exijam alterações, estas devem ser aprovadas internacionalmente, durante a etapa de supervisão.[10]

11.2. MEDIDAS DE RESTITUIÇÃO

A restituição é a forma prioritária de reparação. Ela consiste no reestabelecimento da situação que existia antes da violação e que, provavelmente, existiria caso a violação não houvesse ocorrido. Por exemplo, em casos de detenção ilegal, a Corte já estabeleceu que o Estado deveria libertar a vítima.[11] Outros exemplos incluem a devolução de bens confiscados; o retorno seguro ao local de onde a vítima havia sido deslocada; a reintegração ao emprego do qual a vítima havia sido afastada arbitrariamente; a anulação de antecedentes criminais, administrativos e policiais, assim como dos registros correspondentes; e a devolução, demarcação e titulação de terras tradicionalmente ocupadas por populações indígenas.[12]

Exemplo deste último tipo de medida de restituição é o caso Comunidade Mayagna (Sumo) Awas Tingni vs. Nicarágua. Habitando a costa atlântica da Nicarágua, a comunidade indígena Mayagna (Sumo) Awas Tingni é formada por mais de 600 pessoas, cuja subsistência se baseia na agricultura familiar, coleta de frutas e plantas medicinais, caça e pesca. Essas atividades se conectam ao território historicamente ocupado pela comunidade, e são organizadas a partir de um sistema coletivo tradicional. Contudo, à época dos fatos do caso, a comunidade não tinha um título real de propriedade sobre as terras que tradicionalmente ocupa.

---

[8] Jo M. Pasqualucci, *The Practice and Procedure of the Inter-American Court of Human Rights,* 2012, capítulo 6.

[9] Corte Interamericana de Direitos Humanos, *Almonacid Arellano e outros vs. Chile,* 26 de setembro de 2006, par. 132.

[10] Jo M. Pasqualucci, *The Practice and Procedure of the Inter-American Court of Human Rights,* 2012, pp. 328-330.

[11] Corte Interamericana de Direitos Humanos, *Loayza Tamayo vs. Peru,* 17 de setembro de 1997, par. 84.

[12] Corte Interamericana de Direitos Humanos, *Relatório Anual,* 2011, p. 18.

212 CURSO DE DIREITOS HUMANOS – SISTEMA INTERAMERICANO • *Piovesan e Cunha Cruz*

Em 1996, o Estado outorgou uma concessão para aproveitamento florestal do território, sem consultar a comunidade.

A Corte Interamericana concluiu que a Nicarágua havia violado o direito à propriedade privada, protegido pelo artigo 21 da Convenção Americana, entendido a partir do marco da propriedade coletiva tradicional de comunidades indígenas, além do direito à proteção judicial. Como medida de restituição, estabeleceu que o Estado deveria delimitar, demarcar e titular o território da comunidade, e que este processo deveria contar com a plena participação de seus membros e levar em consideração suas normas, valores, usos e costumes.[13] Efetivamente, em 14 de dezembro de 2008, o Estado entregou ao representante da comunidade Awas Tingni o título de propriedade sobre 73.394 hectares de território tradicionalmente ocupado por ela, cumprindo assim a medida determinada pela Corte Interamericana.[14] Ao se pronunciar sobre o cumprimento da sentença, a CIDH reconheceu o cumprimento integral desta e das outras medidas de reparação estabelecidas no caso, caracterizando o cumprimento como um "importante precedente legal para o direito internacional dos direitos humanos, por ser este um caso paradigmático no reconhecimento do direito à propriedade dos povos indígenas, assim como de seus valores, usos e costumes ancestrais."[15]

11.3. MEDIDAS DE REABILITAÇÃO

Violações de direitos podem causar sérios impactos na saúde física e mental das vítimas, assim como de seus familiares. Medidas de reabilitação respondem a essas consequências do ilícito internacional, exigindo que o Estado proporcione atenção médica e psicológica às vítimas e seus familiares. O acompanhamento médico e psicológico deve ser oferecido de modo completo, incluindo todos os serviços e medicamentos que sejam necessários, sem qualquer custo. O tratamento deve ainda se basear em uma avaliação individual e deve ser discutido com cada pessoa, de modo a responder às circunstâncias e necessidades específicas de cada vítima.[16]

No caso Manuel Cepeda Vargas vs. Colômbia, a Corte Interamericana determinou a responsabilidade internacional do Estado colombiano frente ao assassinato de Manuel Cepeda Vargas, comunicador social, político e membro do

---

[13] Corte Interamericana de Direitos Humanos, *Comunidade Mayagna (Sumo) Awas Tingni vs. Nicarágua,* 31 de agosto de 2001, par. 164.

[14] Corte Interamericana de Direitos Humanos, *Comunidade Mayagna (Sumo) Awas Tingni vs. Nicarágua,* 3 de abril de 2009, par. 14.

[15] Ibid., par. 15.

[16] Corte Interamericana de Direitos Humanos, *Caso de la Masacre de las Dos Erres vs. Guatemala,* 24 de novembro de 2009, par. 270.

Congresso que foi morto devido às suas atividades políticas. Entre outras formas de reparação, a Corte considerou necessário estabelecer uma medida direcionada a responder aos padecimentos psicológicos sofridos pela família da vítima. Por isso, determinou "a obrigação do Estado de fornecer, gratuita e imediatamente, o tratamento médico e psicológico exigido pelos familiares do Senador Cepeda, com o consentimento prévio informado e pelo tempo que seja necessário, incluindo o fornecimento de medicamentos."[17] A Corte esclareceu ainda que o tratamento deveria ser realizado por pessoas e instituições especializadas em atender vítimas de atos de violência da mesma natureza que as violações discutidas no caso, e que "ao proporcionar tal tratamento, também devem ser consideradas as circunstâncias e necessidades particulares de cada vítima, de modo que lhes seja dado tratamento coletivo, familiar e individual, conforme acordado com cada uma delas e após uma avaliação individual".[18]

O caso Manuel Cepeda Vargas vs. Colômbia exemplifica uma abordagem comumente adotada pela Corte Interamericana para incluir a atenção psicológica a familiares no conjunto de reparações determinadas pela Corte. De fato, a supervisão da implementação dessa medida se dá de forma conjunta a medidas semelhantes em oito outros casos envolvendo a Colômbia.[19] Além do atendimento psicológico, a jurisprudência da Corte sobre medidas de reabilitação inclui também atenção médica para tratar de consequências físicas das violações sofridas.

11.4. MEDIDAS DE SATISFAÇÃO

Medidas de satisfação procuram reparar danos imateriais de modo não pecuniário. Em geral, elas estão orientadas a mitigar o sofrimento das vítimas, a corrigir alterações que a violação tenha causado em suas circunstâncias de vida, e a reconhecer valores que lhes sejam caros e tenham sido colocados em xeque pelos fatos da caso.[20] Trata-se da categoria mais flexível dentre os tipos de medida de reparação, já que responde diretamente às demandas e às condições particulares das vítimas de cada caso.

Violações de direitos humanos atacam diretamente a dignidade da vítima, negando seu valor na sociedade e rejeitando a legitimidade de suas demandas. Além disso, é comum que o Estado negue a ocorrência das violações cometidas. A Corte

---

[17]   Corte Interamericana de Direitos Humanos, *Manuel Cepeda Vargas vs. Colômbia,* 26 de maio de 2010, par. 235.

[18]   Ibid.

[19]   Veja-se: Resolución del Presidente de la Corte Interamericana de Derechos Humanos, *Supervisión de Cumplimiento de las Medidas de Reparación sobre Atención Médica y Psicológica Ordenadas en Nueve Casos Colombianos,* Convocatoria de Audiencia Privada, 8 de fevereiro de 2012.

[20]   Corte Interamericana de Direitos Humanos, *Relatório Anual,* 2011, p. 18-19.

costuma estabelecer medidas de satisfação que respondem a estes dois elementos: por um lado, exigem que o Estado reconheça as vítimas como titulares de direitos humanos, que merecem respeito social e devem ser tratadas com dignidade; por outro, também requerem que o Estado admita que cometeu as condutas violatórias, contribuindo para o estabelecimento da verdade histórica e a disseminação de informações sobre o ocorrido. Ao fazê-lo, medidas desta natureza contribuem para a consolidação de uma cultura de direitos humanos, relembrando a comunidade sobre o sofrimento gerado pelas violações e sobre a importância do respeito aos direitos e liberdades de todos.

Um exemplo de medida de satisfação que responde a estes propósitos é a organização de atos públicos. Em casos de violação ao direito à vida, à integridade e à liberdade, é comum que a Corte exija a realização de um ato de desagravo às vítimas, mediante o qual o Estado reconhece publicamente sua responsabilidade pelas violações cometidas.[21] Também com estas finalidades, a Corte constantemente requer a divulgação de sua sentença, mediante publicação em veículos oficiais e em jornal de grande circulação. Outras medidas desta natureza envolvem a realização de homenagens, como a construção de monumentos.

Outro tipo de medida de satisfação é a concessão de bolsas de estudo para as vítimas ou seus familiares. A racionalidade por trás destas medidas é que a violação de direitos humanos alterou as circunstâncias em que a pessoa vivia, interrompendo o seu plano de vida. Por exemplo, se uma pessoa foi ilegalmente detida durante a realização de seus estudos, a violação impediu a conclusão de sua educação. Similarmente, a educação dos filhos de vítimas de desaparecimento forçado pode ter sido interrompida devido à violação cometida contra seus pais. A concessão de bolsas de estudos visa a retificar essas consequências da violação.

Na jurisprudência da Corte Interamericana, há também casos de violações de grande escala, que atingiram comunidades inteiras. Em casos de massacres, por exemplo, as graves perdas individuais se somam ao dano coletivo sofrido pela comunidade. Para reparar ilícitos desta natureza, as medidas de satisfação podem requerer a implementação de programas sociais na comunidade atingida, incluindo ações relacionadas a moradia, saúde, educação e emprego.[22]

---

[21] Embora esse tipo de medida de satisfação seja mais comumente determinada para casos relacionados a estes direitos, ela já foi estabelecida também em casos relacionados a outras violações. Conforme Jo M. Pasqualucci, *The Practice and Procedure of the Inter-American Court of Human Rights,* 2012, p. 204.

[22] Por exemplo, no caso *Masacre Plan de Sánchez vs. Guatemala,* a Corte determinou: "Dado el daño ocasionado tanto a los miembros de la comunidad de Plan de Sánchez como a los miembros de las comunidades de Chipuerta, Joya de Ramos, Raxjut, Volcanillo, Coxojabaj, Las Tunas, Las Minas, Las Ventanas, Ixchel, Chiac, Concul y Chichupac, por los hechos del presente caso, este Tribunal dispone que el Estado debe desarrollar en dichas comunidades, independientemente de las obras públicas del presupuesto nacional que se destinen para esa región o municipio, los

11.5. MEDIDAS DE NÃO REPETIÇÃO

Como se viu, grande parte das medidas de reparação determinadas pela Corte Interamericana visa a eliminar ou corrigir as consequências de violações a direitos humanos. O conjunto de medidas determinado pelo tribunal, contudo, não se limita a olhar para os *efeitos* de uma violação. Ao contrário, a Corte considera essencial analisar também as *causas* da conduta ilícita.

Violações de direitos humanos costumam ser resultado de problemas estruturais, de modo que, a menos que se identifiquem e se modifiquem essas causas, o ilícito internacional tende a ocorrer novamente. Por isso, a Corte determina medidas de não repetição, que beneficiam não apenas as vítimas do caso, mas também a sociedade em geral. Por definição, elas possuem um caráter abrangente, que visa a transformar de modo duradouro a circunstância que deu origem ao ato contrário aos direitos humanos.

Caso a violação se relacione a uma incompatibilidade do direito doméstico com a Convenção, a Corte determina medidas de adequação da legislação interna aos parâmetros convencionais. Quando uma lei contraria as normas interamericanas, o tribunal exige que o Estado anule, reforme ou revogue a lei inconvencional.[23] A incompatibilidade pode dizer respeito também à ausência de leis necessárias para efetivar os direitos protegidos pelo Sistema Interamericano, demandando a adoção de medidas legislativas. Por exemplo, no caso Gomes Lund e outros (Guerrilha do Araguaia) vs. Brasil, a Corte determinou que o Brasil deveria tipificar o delito de desaparecimento forçado.[24] No mesmo sentido, no caso Claude Reyes e outros vs. Chile, o tribunal

---

siguientes programas: a) estudio y difusión de la cultura maya achí en las comunidades afectadas a través de la Academia de Lenguas Mayas de Guatemala u otra organización similar; b) mantenimiento y mejoras en el sistema de comunicación vial entre las indicadas comunidades y la cabecera municipal de Rabinal; c) sistema de alcantarillado y suministro de agua potable; d) dotación de personal docente capacitado en enseñanza intercultural y bilingüe en la educación primaria, secundaria y diversificada de dichas comunidades, y e) establecimiento de un centro salud en la aldea de Plan de Sánchez con el personal y las condiciones adecuadas, así como la formación del personal del Centro de Salud Municipal de Rabinal para que puedan brindar atención médica y psicológica, a las personas que se hayan visto afectadas y que requieran de este tipo de tratamiento." Corte Interamericana de Direitos Humanos, *Caso Masacre Plan de Sánchez vs. Guatemala*, 19 de novembro de 2004, par. 110.

[23] Note-se que em casos sobre leis de anistia, ao invés de determinar que o Estado revogasse as leis, a Corte procedeu a declarar, ela mesma, que a lei não tinha efeitos jurídicos por ser manifestamente incompatível com a Convenção Americana. Veja-se, por exemplo: Corte Interamericana de Direitos Humanos, *Barrios Altos vs. Peru*, par. 44. Ao fazê-lo, a Corte essencialmente exigiu que os juízes nacionais deixassem de aplicar a lei em questão. Conforme Jo M. Pasqualucci, *The Practice and Procedure of the Inter-American Court of Human Rights*, 2012, p. 217.

[24] Corte Interamericana de Direitos Humanos, *Gomes Lund e outros (Guerrilha do Araguaia) vs. Brasil*, 24 de novembro de 2010, par. 254.

216 | CURSO DE DIREITOS HUMANOS – SISTEMA INTERAMERICANO • *Piovesan e Cunha Cruz*

exigiu que o Estado reformasse sua legislação interna para garantir o direito de acesso à informação, adotando "as medidas necessárias para garantir a proteção do direito de acesso às informações sob controle do Estado, devendo assegurar a eficácia de um procedimento administrativo adequado para o processamento e a resolução".[25]

Sem a reforma legislativa, a inadequação jurídica continuaria produzindo efeitos, gerando novas violações em série. Para fazer valer seus direitos, cada nova vítima precisaria esgotar os recursos internos e recorrer à Comissão Interamericana e, depois, à Corte. A exigência de modificação legal previne novas violações, evita que novas vítimas enfrentem um longo e custoso processo perante o Sistema Interamericano, e evita que o Sistema Interamericano seja sobrecarregado por casos repetitivos.

Ao lado de adequações legais, outra medida de não repetição bastante comum na jurisprudência interamericana é a capacitação de funcionários públicos. A depender dos fatos de cada caso, a Corte requer que o Estado treine policiais, militares, juízes, promotores, agentes penitenciários, dentre outros funcionários públicos potencialmente expostos a circunstâncias similares às do caso analisado. Em geral, a Corte determina que as capacitações incluam não apenas normas gerais de direitos humanos, mas também tópicos especificamente relacionados às violações sofridas e às funções dos funcionários em questão. Por exemplo, no caso *González e outras (Campo Algodoeiro) vs. México*, a Corte determinou a responsabilidade internacional do Estado pelo homicídio e violência sexual contra três mulheres, dentro de um contexto de altas taxas de impunidade por delitos semelhantes. Como parte das medidas de não repetição, requereu que o Estado implementasse cursos permanentes de treinamento em: "(i) direitos humanos e gênero; (ii) perspectiva de gênero para a devida diligência na condução de investigações preliminares e processos judiciais relacionados com discriminação, violência e homicídios de mulheres por razões de gênero; e (iii) superação de estereótipos sobre o papel social da mulher."[26] A Corte determinou ainda questões específicas sobre estes programas, incluindo seus destinatários ("policiais, promotores, juízes, militares, funcionários responsáveis pelo cuidado e assistência jurídica das vítimas de crimes, e qualquer funcionário público, seja a nível local ou federal, que participe direta ou indiretamente na prevenção, investigação, acusação, punição e reparação"), assim como a inclusão de instrumentos de direito internacional dos direitos humanos, como a Convenção Interamericana para Prevenir, Punir e Erradicar

---

[25] Corte Interamericana de Direitos Humanos, *Claude Reyes e outros vs. Chile,* 19 de setembro de 2006, par. 163.

[26] Corte Interamericana de Direitos Humanos, *González e outras vs. (Campo Algodoeiro) vs. México,* 16 de novembro de 2009, par. 541-542. Tradução livre.

a Violência contra a Mulher (Convenção de Belém do Pará), a Convenção para a Eliminação de Todas as Formas de Discriminação contra a Mulher, o Manual para a Investigação e Documentação Eficazes da Tortura e Outras Penas ou Tratamentos Cruéis, Desumanos ou Degradantes (Protocolo de Istambul) e o Manual sobre Prevenção e Investigação Efetiva de Execuções Extrajudiciais, Arbitrárias e Sumárias das Nações Unidas.[27]

Além da adequação legal e da capacitação de funcionários públicos, em cada caso, a Corte usualmente determina a realização de outras ações para garantir a não repetição das violações. Estas medidas, que são bastante diversas, respondem às demandas das vítimas e às sugestões da Comissão.

11.6. OBRIGAÇÃO DE INVESTIGAR, JULGAR E, SE FOR O CASO, SANCIONAR

A ausência de investigação, julgamento e sanção dos responsáveis pela violação é, em si, um descumprimento da Convenção Americana. Com frequência, esta é também uma das principais demandas das vítimas, que buscam o sistema internacional visando o fim da impunidade pelas violações sofridas. Para cessar a violação ao direito à justiça, sempre que aplicável, a Corte inclui entre as medidas de reparação a obrigação de garantir a investigação efetiva dos fatos do caso, com vistas a determinar os autores materiais e intelectuais das violações e aplicar as sanções correspondentes.[28]

Para alcançar estes fins, o Estado deve remover todos os obstáculos, de fato e de direito, que impeçam a devida investigação dos fatos, além de utilizar todos os meios disponíveis para tornar os procedimentos mais ágeis.[29] Os agentes públicos responsáveis pela investigação não podem tratá-la como mera formalidade e devem ter à sua disposição todos os recursos necessários para conduzi-la de modo efetivo. Devem, ainda, basear os procedimentos nos parâmetros internacionais aplicáveis.[30]

Com base nos resultados da investigação, o Estado deve proceder ao julgamento dos responsáveis. Ainda que os acusados sejam membros das Forças Armadas, eles devem ser processados perante a justiça comum, não em cortes

---

[27] Ibid.

[28] Corte Interamericana de Direitos Humanos, *Relatório Anual*, 2011, p. 19.

[29] Ibid.

[30] Por exemplo, em casos de tortura, devem se referir ao Protocolo de Istambul, que contém diretrizes para a investigação eficaz de atos de tortura e outras formas de tratamento cruel, desumano ou degradante.

militares.[31] Caso os acusados tenham deixado o país, a Corte requer que o Estado utilize todos os meios disponíveis, incluindo meios diplomáticos e judiciais, para buscar sua extradição.[32] Respeitadas todas as normas de direito interno e internacional aplicáveis, se o julgamento resultar em condenação, o Estado deve sancionar adequadamente os responsáveis pela violação.

11.7. COMPENSAÇÃO

Ainda que a Corte não adote uma abordagem exclusivamente monetária na determinação das medidas de reparação, a compensação financeira é parte do conjunto de medidas determinadas pelo tribunal. A compensação visa indenizar a vítima ou seus familiares por danos materiais e imateriais causados pela violação, assim como pelos valores gastos devido ao litígio perante tribunais internos e no Sistema Interamericano.

Para calcular a compensação por danos materiais, a Corte considera gastos decorrentes da violação (por exemplo, despesas médicas) assim como lucro cessante (ou seja, rendimentos que a vítima deixou de acumular devido à violação). Já danos imateriais incluem o sofrimento causado, a erosão de valores muito significativos para a vítima, e as alterações de natureza não pecuniária em suas condições de vida.[33] Como não há equivalente pecuniário preciso para danos imateriais, a Corte determina os valores com base em um julgamento por equidade. A indenização estabelecida é paga às vítimas ou, em caso de falecimento, a seus familiares.[34]

---

[31] Corte Interamericana de Direitos Humanos, *Radilla Pacheco vs. México*, 23 de novembro de 2009, par. 332.

[32] Corte Interamericana de Direitos Humanos, *Goiburú e outros vs. Paraguai*, 22 de setembro de 2006, par. 166.

[33] Corte Interamericana de Direitos Humanos, *Acosta Calderón vs. Equador*, 24 de junho de 2005, par. 158.

[34] Observe-se que quando as violações atingem uma comunidade tradicional, a Corte pode fazer adaptações para garantir que os valores sejam geridos de forma compatível com seus sistemas sociais. Por exemplo, no caso Comunidade Indígena Xákmok Kásek vs. Paraguai, o tribunal determinou "[La] indemnización por daño inmaterial a favor de los miembros de la Comunidad que fallecieron [...] deberá ser puesta a disposición de [los líderes de la Comunidad Xákmok Kásek], en el plazo de dos años a partir de la notificación de esta Sentencia, para que de conformidad con sus costumbres y tradiciones entreguen la cantidad que corresponda a los familiares de las personas fallecidas o inviertan el dinero en lo que decida la Comunidad, conforme a sus propios procedimientos de decisión." Corte Interamericana de Direitos Humanos, *Comunidade Indígena XákMok Kásek vs. Paraguai*, 24 de agosto de 2010, par. 325.

 Questões objetivas

1. No Sistema Interamericano, o que leva à responsabilização internacional do Estado?

   a) Qualquer dano à dignidade humana, atribuível ou não à conduta estatal.

   b) Qualquer ação ou omissão imputável ao Estado que gere riscos para a proteção de direitos, resultando ou não em danos para as pessoas sob sua jurisdição.

   c) Qualquer violação aos direitos estabelecidos por tratados internacionais, ainda que o Estado não os tenha ratificado.

   d) Qualquer ação ou omissão imputável ao Estado que descumpra as normas interamericanas de direitos humanos e gere um resultado lesivo para pessoas sob sua jurisdição.

2. Qual das medidas abaixo *não* é uma medida de restituição?

   a) O retorno de uma comunidade indígena a um território que tradicionalmente ocupava.

   b) Libertação de uma pessoa cuja detenção se baseia em um processo em que não houve duplo grau de jurisdição.

   c) Pagamento de compensação à comunidade que foi vítima de violação.

   d) Exclusão de registros criminais de indivíduo injustamente acusado de terrorismo.

3. A respeito dos diferentes tipos de medidas de reparação, assinale a alternativa *incorreta*:

   a) Medidas de restituição visam reestabelecer o status anterior à violação.

   b) Medidas de satisfação estabelecem formas pecuniárias de reparação para danos imateriais.

   c) Medidas de não repetição se focam nas causas estruturais da violação.

   d) Medidas de compensação abrangem tantos danos materiais quanto imateriais.

Questões dissertativas

4. Como você descreveria a abordagem da Corte Interamericana para a determinação de medidas de reparação? Discuta a partir do instituto da reparação integral.

5. O que são medidas de satisfação? Responda a partir de exemplos.

6. Apesar de sua pequena estrutura e seus escassos recursos, o Sistema Interamericano tem tido um efeito transformador nos países americanos, impactando a vida de milhões de pessoas da região. Discuta a forma como as medidas de não repetição contribuem para gerar estes impactos transformadores.

 Caso prático

Maria de Lourdes Martins era estudante de medicina em uma universidade federal brasileira. Ao entrar na faculdade, ela rapidamente se envolveu com o movimento estudantil, onde realizava ações de oposição ao regime militar. Em 1971, Maria de Lourdes saiu de casa para ir à faculdade e não retornou mais. Os pais da estudante, Carolina e Eduardo Martins, buscaram informações sobre a filha desde o dia de seu desaparecimento, sem sucesso. Colegas de turma reportaram terem visto Maria de Lourdes sendo detida ao chegar na faculdade, contudo, as autoridades sempre negaram a detenção. Décadas depois, foram revelados documentos que listavam Maria de Lourdes como militante detida e executada por oficiais do regime militar. Carolina e Eduardo enviaram uma petição sobre o caso ao Sistema Interamericano e, após todo o procedimento, a Corte decretou a responsabilidade internacional do Estado.

Como juiz da Corte Interamericana, quais medidas de reparação você estabeleceria para este caso?

Capítulo 12
CONSTITUCIONALISMO REGIONAL TRANSFORMADOR

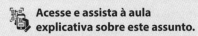

Acesse e assista à aula explicativa sobre este assunto.

> https://uqr.to/q9o9

12.1. *IUS CONSTITUCIONALE COMMUNE* NA AMÉRICA LATINA

Enquanto o Sistema Interamericano dava seus primeiros passos, paradoxalmente, prevaleciam na região regimes autoritários, que cometiam violações sistemáticas aos direitos humanos. Gradativamente, os Estados passaram por transições democráticas, que visaram mover os países para longe do paradigma ditatorial. De modo geral, nestes momentos de transição, os Estados adotaram novas constituições (como a Constituição Brasileira de 1988) ou reformaram suas cartas constitucionais. Os novos diplomas buscam se diferenciar do passado autoritário, fortalecendo o Estado de Direito, a democracia e os direitos humanos. Para tanto, as cartas constitucionais se centram no princípio da dignidade humana, consagrando a proteção dos direitos humanos como base do ordenamento jurídico. Elas também se marcam por cláusulas de abertura, que incorporam o direito internacional dos direitos humanos ao regime constitucional. Possibilitam, assim, maior diálogo e interação com o Sistema Interamericano.

Essa estrutura institucional, que tem pontos de apoio nacionais e internacionais, visa impedir o retorno à realidade ditatorial, criando formas de prevenção e resistência a ameaças autoritárias. Mas este não é seu único objetivo: as promessas constitucionais latino-americanas vão além, visando implantar um regime de direitos abrangente, ancorado na igualdade e na dignidade humana e protegendo direitos civis, políticos, econômicos, sociais, culturais e ambientais. O Sistema Interamericano, sempre mediante a força catalisadora da sociedade civil, vem contribuindo para estes objetivos. Por meio de seus diferentes instrumentos, o SIDH salvou e continua a salvar vidas, contribui para a consolidação do Estado de Direito e da democracia, combate a impunidade por violações de direitos, e possibilita a reparação a vítimas. Este sistema -nacional e interamericano, constitucional e internacional- constitui um verdadeiro *constitucionalismo regional transformador*, também chamado *Ius Constitutionale Commune na América Latina* (ICCAL).

O conceito de ICCAL captura este novo fenômeno constitucional latino-americano, constituído por elementos provenientes de diferentes ordenamentos jurídicos que se interconectam no espaço interamericano.[1] Ele "vincula a Convenção Americana sobre Direitos Humanos aos outros instrumentos jurídicos interamericanos, às garantias estabelecidas nas constituições nacionais, às cláusulas constitucionais que abrem o sistema jurídico nacional ao direito internacional e à jurisprudência nacional e internacional relevante".[2] Constitui, assim, uma verdadeira rede, que interconecta não apenas as cortes constitucionais com a Corte Interamericana, mas também todo um conjunto de atores -diferentes instituições estatais, organizações da sociedade civil, academia- que trabalha pela consolidação do Estado de Direito, da democracia, e dos direitos humanos a partir de um vocabulário compartilhado.

O ICCAL é resultado da combinação de três processos, que se fortaleceram mutuamente durante as transições democráticas.[3] O primeiro deles é o *crescente empoderamento do Sistema Interamericano de Direitos Humanos*. A Comissão, cuja atuação histórica contribuiu para a afirmação de direitos desde os tempos ditatoriais, responde aos desafios contemporâneas da Américas se reinventando continuamente, desempenhando seu mandato por meio de ferramentas inovadoras que buscam a efetividade dos direitos protegidos pelo SIDH. Ao lado do sistema de casos, das atividades de promoção e dos já tradicionais relatórios, a Comissão desenvolveu mecanismos para monitorar situações em que há graves violações a direitos, como o Mecanismo Especial de Acompanhamento da questão de Ayotzinapa[4] e o Mecanismo Especial de Acompanhamento para a Nicarágua.[5]

---

[1] Armin von Bogdandy, Eduardo Ferrer Mac-Gregor, Mariela Morales Antoniazzi, Flávia Piovesan, Ximena Soley, Ius Constitutionale Commune en América Latina: un enfoque regional del constitucionalismo transformador, in: Armin von Bogdandy Mariela Morales Antoniazzi Eduardo Ferrer Mac-Gregor, *Ius Constitutionale Commune en América Latina Textos básicos para su comprensión*, 2017, p. 19

[2] Ibid.

[3] Flávia Piovesan, *Direitos Humanos e o Direito Constitucional Internacional*, 2018, p. 395.

[4] O caso Ayotzinapa trata do desaparecimento forçado de 43 estudantes no México. O Mecanismo Especial acompanha a implementação de medidas cautelares estabelecidas pela Comissão para responder ao desaparecimento, contribuindo com as buscas, acompanhando as investigações e prestando assessoria técnica.

[5] O Mecanismo Especial foi criado para supervisionar a implementação de uma série de medidas cautelares relacionadas a violações cometidas no contexto de protestos sociais ocorridos na Nicarágua em 2018. Adicionalmente, o Mecanismo tem também a função de acompanhar a implementação das recomendações realizadas pela Comissão em seu relatório sobre o tema.

Outras inovações institucionais da CIDH incluem audiências itinerantes, que visam aproximar o Sistema Interamericano de atores em diferentes países, e o SIMORE, uma plataforma colaborativa de monitoramento de recomendações emitidas pela CIDH.[6] Por meio deste conjunto de ferramentas, a Comissão se mantém ativa e relevante no espaço interamericano, contribuindo tanto para o desenvolvimento de parâmetros normativos regionais quanto para sua efetiva implementação.

Por sua vez, as sentenças da Corte formam um robusto corpo jurisprudencial, que inclui análises sobre o legado dos regimes ditatoriais e sobre as transições democráticas (com ênfase nos direitos à verdade e à justiça),[7] assim como casos que evidenciam a necessidade de fortalecer instituições e consolidar o Estado de Direito.[8] Complementarmente, a Corte também vem desenvolvendo jurisprudência sobre os direitos econômicos, sociais, culturais e ambientais,[9] e tem uma linha consistente de sentenças a respeito da proteção a direitos de grupos em situação de vulnerabilidade, como as crianças,[10] os povos tradicionais e indígenas[11] e as mulheres.[12] Em cada uma destas categorias de casos, a Corte se baseou no instituto da reparação integral para determinar medidas de reparação abrangentes, que têm causado transformações profundas nos países da região.

---

[6]   Veja-se: Comissão Interamericana de Direitos Humanos, *A CIDH lança o SIMORE interamericano para o acompanhamento das suas recomendações,* 10 de junho de 2020, disponível em <http://www.oas.org/pt/cidh/prensa/notas/2020/132.asp >, acesso em setembro de 2020.

[7]   Por exemplo: Corte Interamericana de Direitos Humanos, *Gomes Lund e outros (Guerrilha do Araguaia) vs. Brasil,* 24 de novembro de 2010; Corte Interamericana de Direitos Humanos, *Gelman vs. Uruguay,* 24 de fevereiro de 2011.

[8]   Vejam-se, por exemplo, casos sobre independência judicial: Corte Interamericana de Direitos Humanos, *Tribunal Constitucional vs. Peru,* 31 de janeiro de 2001; Corte Interamericana de Direitos Humanos, *Chocrón Chocrón vs. Venezuela,* 1 de julho de 2011; Corte Interamericana de Direitos Humanos, *Corte Suprema de Justicia (Quintana Coello e outros) vs. Equador, 23 de agosto de 2013;* Corte Interamericana de Direitos Humanos, *Tribunal Constitucional (Camba Campos e outros) vs. Equador,* 28 de agosto de 2013.

[9]   Veja-se: Corte Interamericana de Direitos Humanos, *Lagos del Campo vs. Peru,* 31 de agosto de 2017; Corte Interamericana de Direitos Humanos, *Trabajadores Cesados de Petroperú e outros vs. Peru, 23 de novembro de 2017;* Corte Interamericana de Direitos Humanos, *Poblete Vilches vs. Chile,* 8 de março de 2018; Corte Interamericana de Direitos Humanos, *Cuscul Pivaral e outros vs. Guatemala,* 23 de agosto de 2018.

[10]   Veja-se: Corte Interamericana de Direitos Humanos, *Niños de la Calle (Villagrán Morales e outros) vs. Guatemala,* 19 de novembro de 1999; Corte Interamericana de Direitos Humanos, *niñas Yean y Bosico vs. República Dominicana,* 8 de setembro de 2005.

[11]   Veja-se, por exemplo: Corte Interamericana de Direitos Humanos, *Comunidade Indígena Yekye Axa vs. Paraguay,* 17 de julho de 2005; Corte Interamericana de Direitos Humanos, *Povo Indígena Kichwa de Sarayaku vs. Equador,* 27 de junho de 2012.

[12]   Veja-se, por exemplo: Corte Interamericana de Direitos Humanos, *González e outras (Campo Algodonero) vs. México.*

O segundo processo fundamental para a constituição do ICCAL é a *abertura dos ordenamentos jurídicos latino-americanos ao direito internacional dos direitos humanos.* As mencionadas cláusulas de abertura constitucional incorporam tratados de direitos humanos ao chamado bloco de constitucionalidade,[13] criando uma ligação expressa entre o direito nacional e internacional. Ao mesmo tempo, a realização do controle de convencionalidade requer que os juízes se refiram à normativa interamericana e à jurisprudência da CtIDH, aplicando estes parâmetros aos casos que se apresentam à jurisdição doméstica. Também favorecendo o diálogo entre as cortes destes diferentes espaços, o princípio *pro persona* exige que, diante de normas internas e internacionais sobre o mesmo tema, o operador do direito aplique aquela que for mais protetiva. Desta forma, tanto tribunais domésticos quanto a Corte Interamericana devem examinar o conjunto das normas aplicáveis considerando tanto o direito interno quanto internacional. Por fim, as sentenças da Corte Interamericana são de implementação obrigatória pelos Estados envolvidos.

Todos esses fatores indicam que não há uma rígida separação entre direito interno e internacional. Ao invés da rígida pirâmide kelseniana centrada no Estado, a ordem jurídica passa a ser permeável, com influências bidirecionais entre tribunais de diferentes esferas, que se engajam uns com os outros a partir de um diálogo multinível. Como os países latino-americanos possuem um referencial normativo compartilhado (a Convenção Americana e os outros tratados interamericanos, interpretados conforme a jurisprudência da CIDH, que por sua vez se constitui a partir da interação contínua entre a Corte Interamericana e as diferentes jurisdições nacionais), a abertura a parâmetros interamericanos confere aos distintos ordenamentos jurídicos domésticos uma orientação comum, que favorece um desenvolvimento comum.[14] Fortalecendo esse processo, cortes nacionais utilizam

---

[13]   Conforme descrito por Armin von Bogdandy, o bloco de constitucionalidade foi uma invenção europeia, criada para conferir status constitucional a determinadas normas estatais. O Conselho Constitucional francês desenvolveu esta figura para integrar a Declaração dos Direitos do Homem e do Cidadão ao regime constitucional. Na América Latina, o bloco de constitucionalidade ganhou novos contornos, sendo utilizado para integrar normas internacionais ao direito constitucional, fortalecendo o processo de transição democrática. Veja-se Armin von Bogdandy, *Ius Constitutionale Commune* en América Latina. Aclaración conceptual, in: Armin von Bogdandy Mariela Morales Antoniazzi Eduardo Ferrer Mac-Gregor, *Ius Constitutionale Commune en América Latina Textos básicos para su comprensión*, 2017, p. 167.

[14]   A esse respeito, observam Armin von Bogdandy, Eduardo Ferrer Mac-Gregor, Mariela Morales Antoniazzi, Flávia Piovesan e Ximena Soley: "El enfoque analítico del ICCAL no se centra en cada una de las constituciones nacionales, sino que se refiere a la interacción horizontal trasnacional del derecho nacional de varios países entre sí y de estos con las instituciones internacionales. Ciertamente, esta interacción se produce con diferentes grados y mecanismos en cada uno de los países. Existen tanto casos de interacción intensa (*i.e.* Colombia) como ejemplos en los cuales la interacción apenas puede ser descrita como emergente (*i.e.* Chile)." Armin von Bogdandy, Eduardo Ferrer Mac-Gregor, Mariela Morales Antoniazzi, Flávia Piovesan, Ximena Soley, Ius

o direito comparado para se engajar em diálogos horizontais, referindo-se à juris-prudência de outros Estados latino-americanos para desenvolver análises sobre questões semelhantes.[15] Daí se falar em *Ius Commune*.[16]

O terceiro processo central na constituição do ICCAL é o *fortalecimento da sociedade civil*. Vítimas de violações de direitos humanos, organizações não governamentais nacionais e internacionais, movimentos sociais – em suas diferentes esferas de atuação, estes atores impulsionam o constitucionalismo transformador e, assim, catalisam o movimento regional em favor dos direitos humanos. A atuação da sociedade civil é parte integrante de todo o ciclo do sistema de petições: em geral, são as organizações da sociedade civil que documentam as violações, esgotam os recursos internos, apresentam a petição perante a Comissão Interamericana, defendem a posição da vítima perante a Comissão e a Corte e, caso haja responsabilidade internacional por violação de direitos humanos, pressionam pela implementação das medidas de reparação. De forma semelhante, a sociedade civil também é parte essencial de outras formas de atuação do Sistema (por exemplo, contribuindo com relatórios, visitas e audiências). As organizações são, assim, as vozes dos titulares de direito nas instituições do SIDH, transformando o Sistema Interamericana em verdadeira caixa de ressonância das questões de direitos humanos que afligem a região. Mais além, fora dos mecanismos do SIDH, a sociedade civil dissemina o conhecimento sobre o Sistema e incorpora os parâmetros interamericanos em seus discursos e ações. Desta forma, não apenas ela *impulsiona* as ações do Sistema, como também *capilariza* o ICCAL, disseminando os parâmetros interamericanos pela região e utilizando essa linguagem de direitos como ferramenta de transformação social.

Por meio destes três processos (empoderamento do SIDH, abertura do direito doméstico ao direito internacional dos direitos humanos e fortalecimento da sociedade civil), criou-se um vocabulário comum para tratar de desafios de direitos humanos na região. Esta linguagem não é utilizada exclusivamente no meio jurídico, tendo sido incorporada por movimentos socais, correntes políticas e pelo debate público. A aplicação de princípios universais à realidade latino-americana levou também a inovações jurídicas, que viriam a inspirar outros sistemas de direitos

---

Constitutionale Commune en América Latina: un enfoque regional del constitucionalismo trans-formador, in: Armin von Bogdandy Mariela Morales Antoniazzi Eduardo Ferrer Mac-Gregor, *Ius Constitutionale Commune en América Latina Textos básicos para su comprensión*, 2017, p. 50.

[15] Por exemplo, na ADPF 347, o Supremo Tribunal Federal reconheceu a figura do estado de coisas inconstitucional, consagrada pela jurisprudência colombiana. A figura foi utilizada para caracterizar o sistema penitenciário brasileiro, levando à determinação de medidas para assegurar a integridade física e moral das pessoas privadas de liberdade.

[16] Armin von Bogdandy, *Ius Constitutionale Commune* en América Latina. Aclaración conceptual, in: Armin von Bogdandy Mariela Morales Antoniazzi Eduardo Ferrer Mac-Gregor, *Ius Constitutionale Commune en América Latina Textos básicos para su comprensión*, 2017, p. 142.

humanos. Houve desenvolvimentos desta natureza em relação a anistias, desaparecimento forçado, à propriedade coletiva de populações indígenas, aos direitos de pessoas migrantes e à aos direitos das pessoas afrodescendentes.[17] Desta forma, o ICCAL produziu impactos para além do discurso jurídico regional, influenciando também processos político-sociais da América Latina e o desenvolvimento do direito internacional dos direitos humanos.

Naturalmente, reconhecer a existência do ICCAL não significa ignorar as diferenças entre os Estados latino-americanos, tampouco buscar a homogeneidade de seus ordenamentos jurídicos. Cada país é distinto dos demais, e a região comporta uma grande variedade de realidades jurídicas, sociais, culturais e econômicas. O que o ICCAL destaca é que a aplicação de princípios universais (democracia, direitos humanos e Estado de Direito) a experiências concretas da América Latina, por meio de um referencial normativo compartilhado e das instituições do SIDH, levou à criação de um fenômeno jurídico regional. Este fenômeno parte daquilo que é comum entre os países, incluindo tanto tratados regionais quanto experiências históricas paralelas e desafios sociais semelhantes, para construir caminhos comuns que buscam a realização de objetivos compartilhados. Não se trata, portanto, de um projeto de homogeneização, mas sim de *fortalecimento mútuo na busca pela afirmação de direitos*.

A agenda do ICCAL se centra principalmente em dois temas.[18] O primeiro é o *enfrentamento a déficits institucionais* que enfraquecem a proteção a direitos e fomentam a impunidade por violações. Muitos dos direitos fundamentais assegurados pelas normas nacionais e internacionais não são implementados, e outros são implementados seletivamente, de modo que apenas algumas pessoas podem desfrutar do exercício de direitos que deveriam ser de todos. Ao mesmo tempo, o Poder Judiciário não é capaz de supervisionar efetivamente o respeito e garantia a esses direitos, seja devido a barreiras de acesso ao sistema de justiça, em alguns países, seja devido à cooptação do Judiciário pelo Executivo, em outros. A estes déficits se soma ainda a corrupção estrutural. Estas fraquezas institucionais prejudicam o funcionamento do Estado de Direito e da democracia, violando diretamente algumas garantias e criando obstáculos para a realização do conjunto dos direitos humanos.

O segundo tema é a melhoria das condições da vida da população, principalmente de grupos discriminados e em situação de vulnerabilidade, a partir

---

[17]   Ibid., p. 151.
[18]   Armin von Bogdandy, Eduardo Ferrer Mac-Gregor, Mariela Morales Antoniazzi, Flávia Piovesan, Ximena Soley, Ius Constitutionale Commune en América Latina: un enfoque regional del constitucionalismo transformador, in: Armin von Bogdandy Mariela Morales Antoniazzi Eduardo Ferrer Mac-Gregor, *Ius Constitutionale Commune en América Latina Textos básicos para su comprensión*, 2017, p. 23.

do *combate às desigualdades*. Nos diferentes países da região, setores inteiros da população estão privados do exercício dos direitos humanos. A falta de acesso à educação e à saúde, a inexistência de condições materiais que permitam uma vida com dignidade, a impossibilidade de participação efetiva na determinação dos rumos da sociedade, a violência – todos estes fatores são formas de privação do exercício dos direitos humanos que levam à exclusão de determinadas pessoas dos sistemas sociais.

O enfrentamento a estes dois elementos – deficiências estruturais e exclusão – está no centro da agenda temática do ICCAL.

12.2. A INTERAÇÃO ENTRE ATORES NACIONAIS E INTERNACIONAIS

O ICCAL constitui-se como esfera transnacional de defesa de direitos, baseada em um substrato normativo compartilhado que inclui a Convenção Americana e demais tratados interamericanos, constituições caracterizadas pela centralidade da dignidade humana e pela abertura ao direito internacional dos direitos humanos, e por precedentes nacionais e internacionais. Este *corpus juris* se configura a partir das respostas a problemas de direitos humanos, que muitas vezes refletem desafios compartilhados por diferentes países da região na efetivação de direitos. Embora a América Latina ainda seja marcada por graves deficiências em relação ao exercício dos direitos humanos, o ICCAL contribui para modificar as formas pelas quais o poder deve ser justificado, os objetivos que devem ser perseguidos, e os métodos aceitáveis para buscá-los, inserindo parâmetros de direitos humanos em cada um destes elementos.[19] O ICCAL também traz impactos concretos a questões específicas de direitos humanos, causando modificações em políticas, leis e práticas. Estes impactos se baseiam na interação de atores nacionais e internacionais, que utilizam as ferramentas disponibilizadas pelo Sistema Interamericano para avançar objetivos de direitos humanos.

Na prática, este processo se dá por meio do reequilíbrio de forças internas em favor da proteção de direitos. O Sistema Interamericano -assim como o direito internacional dos direitos humanos em geral- tem natureza subsidiária, de modo que o recurso a seus mecanismos se justifica somente quando as esferas internas falham no cumprimento de suas obrigações de direitos humanos. Na democracia, que é hoje o sistema político de praticamente todos os Estados das Américas,[20] as violações de direitos humanos tendem a se abater sobre grupos incapazes de

---

[19] Ibid., p. 21.

[20] Com a exceção de Cuba, todos os países da Organização dos Estados Americanos são formalmente democráticos. A região ainda encontra, contudo, desafios para garantir a qualidade da democracia e assegurar que garantias formais sejam veículo para a concretização material dos ideais democráticos.

228 | CURSO DE DIREITOS HUMANOS – SISTEMA INTERAMERICANO • *Piovesan e Cunha Cruz*

fazer valer seus direitos por meio das instituições democráticas, seja por serem minoritários, seja por estarem sujeitos a processos de discriminação estrutural e/ou opressão histórica. Estes grupos são submetidos à indiferença da sociedade, para quem a proteção de seus direitos não é importante ou prioritária, ou ainda à hostilidade direta da população, que considera que as violações aos direitos dessas pessoas são justificadas ou merecidas.[21] Por exemplo, a população pode se mostrar indiferente ao sofrimento da população em situação de rua, de modo que embora as violações aos direitos desse grupo sejam conhecidas, elas não geram reações sociais, políticas e jurídicas capazes de produzir mudanças. Em relação a outros grupos da população -como, por exemplo, pessoas acusadas de cometer delitos- a sociedade pode se mostrar não apenas indiferente como abertamente hostil, identificando-os como inimigos e colocando-os fora da esfera protetiva do direito. Os linchamentos são uma das expressões deste sentimento. No mesmo sentido, a população carcerária é vítima de abusos graves, incluindo condições desumanas, massacres e tortura, sem que haja reações significativas por parte da sociedade.

Nestes casos, a democracia pode se provar disfuncional para garantir os direitos humanos. A defesa dos grupos sujeitos à indiferença e/ou hostilidade contraria interesses eleitorais, de modo que as instituições governamentais podem acabar por reproduzir parâmetros socialmente generalizados – ignorando suas obrigações de direitos humanos e agindo de modo negligente com alguns grupos e violento com outros.[22] Potencialmente, o sistema de justiça tem a capacidade de intervir sobre estes processos, agindo de forma contra majoritária para proteger direitos dos grupos excluídos e oprimidos. Ao fazê-lo, tem à sua disposição toda a normativa interamericana, que pode ser mobilizada pelas partes e deve ser aplicada pelos juízes por meio do controle de convencionalidade. Contudo, nem sempre o judiciário se mostra efetivo na proteção aos direitos internacionalmente protegidos. Estando inseridos nas mesmas estruturas sociais do restante da população, os operadores do direito não são imunes a sentimentos de discriminação ou de naturalização de determinadas violações, de modo que por vezes suas decisões legitimam ou reproduzem injustiças.

O Sistema Interamericano se apresenta então como espaço onde as vítimas podem se fazer ouvidas. Demandas que antes eram ignoradas ou naturalizadas passam a ser tratadas como violações de direito internacional dos direitos humanos, ganhando visibilidade nas relações diplomáticas, no governo e na mídia. Ao tratar da situação vivida pelas vítimas, o SIDH reconhece a credibilidade de seus relatos e os analisa a partir de uma nova luz, com base em critérios de universalidade e igualdade. Como resultado, os pronunciamentos da Comissão e da Corte atribuem

---

[21] Veja-se, a respeito: Oscar Vilhena Vieira, A desigualdade e a subversão do Estado de Direito, in: Oscar Vilhena Vieira e Dimitri Dimoulis (orgs.), *Estado de Direito e o desafio do desenvolvimento*, 2011, pp. 207-232.

[22] Ibid.

legitimidade às demandas das vítimas e pressionam as esferas competentes a agir. Com base em evidências, eles demonstram que o Estado está descumprindo as obrigações que ele mesmo contraiu, indicando de que forma as instituições estatais devem agir para reparar as violações sofridas. Desta forma, o Sistema Interamericano é utilizado como ferramenta para exigir que autoridades domésticas ajam para proteger direitos que, de outra forma, se veriam desamparados.

O que leva as autoridades domésticas a implementar as decisões do Sistema Interamericano, se antes do envolvimento do SIDH as esferas nacionais tinham ignorado ou rejeitado a demanda das vítimas? Quando perguntados, os atores envolvidos com o Sistema apresentam uma resposta praticamente uniforme: vontade política.[23] Embora este termo seja vago, ele captura algo que vem sendo enfatizado pela literatura sobre direito internacional dos direitos humanos: diante da inação dos outros Estados,[24] atores domésticos são o principal vetor de implementação de normas e decisões internacionais.[25] Ao visibilizar o sofrimento das vítimas e determinar que o Estado está descumprindo suas obrigações internacionais, a Comissão e a Corte reequilibram as forças internas, gerando novos incentivos e pressões em prol da efetivação dos direitos violados. A força normativa do direito internacional e a pressão gerada pela exposição internacional da violação motivam atores internos agir, seja no âmbito do Executivo, Legislativo ou Judiciário.

Por vezes, o Executivo decide agir para implementar uma recomendação da Comissão ou uma sentença da Corte por iniciativa própria. Medidas implementadas a partir da ação do Executivo costumam refletir predisposições do governo (ou de parte dele), que não eram parte da agenda política prioritária, mas adquirem nova importância devido à intervenção do Sistema Interamericano. O pronunciamento do SIDH fortalece o tema, contribuindo para a superação de eventual resistência à medida em questão e para atribuir-lhe urgência e prioridade.

---

[23] Courtney Hillebrecht, The Domestic Mechanisms of Compliance with International Human Rights Law: Case Studies from the Inter-American Human Rights System, in *Human Rights Quarterly*, vol. 34, n. 4, 2012, p. 966.

[24] Embora a Corte Interamericana informe a Assembleia Geral da OEA sobre o status de cumprimento de suas decisões, enfatizando os casos em que estas não foram implementadas, os Estados não costumam agir para exigir o cumprimento das sentenças. Esta inação se explica pela falta de incentivos para que Estados pressionem seus pares pelo cumprimento das decisões. Por um lado, os outros Estados não são diretamente afetados pelas violações, já que as obrigações internacionais dizem respeito à relação de cada Estado com as pessoas sob sua própria jurisdição. Por outro, objetivos imediatos de política externa podem prevalecer sobre esta questão. Além disso, em geral os Estados estão em falta com a implementação das decisões da Corte contra si, de modo que levantar essa questão no âmbito da Assembleia Geral poderia trazer atenção sobre seus próprios déficits de implementação.

[25] Courtney Hillebrecht, The Domestic Mechanisms of Compliance with International Human Rights Law: Case Studies from the Inter-American Human Rights System, in *Human Rights Quarterly*, vol. 34, n. 4, 2012, p. 966; Beth Simmons, *Mobilizing for Human Rights: International law in domestic politics*, 2009.

De modo semelhante, quando as medidas requeridas pelo SIDH envolvem o Poder Legislativo, deputados e senadores impulsionam a medida no âmbito de suas respectivas casas, ancorando-se no poder normativo do direito internacional dos direitos humanos e na natureza legal da obrigação internacional. Estes fatores fortalecem a pauta, contribuindo para a superação do desinteresse em e/ou oposição a projetos de lei necessários para a efetividade do direito internacionalmente protegido. Desta forma, o SIDH contribui para o reequilíbrio das forças em disputa em âmbito legislativo, favorecendo medidas legais necessárias para a efetivação de direitos humanos.

Por sua vez, o sistema de justiça também pode ser acionado para implementar a determinação internacional. Diante de uma decisão específica, o Judiciário se vê diante da obrigação de dar efeito ao mandato internacional. Ainda que possa haver resistências à implementação de decisões internacionais também no interior do sistema de justiça, a carga argumentativa necessária para contrariar as instituições interamericanas aumenta significativamente, já que os tratados interamericanos, devidamente incorporados ao ordenamento interno, não deixam dúvidas sobre a autoridade da Comissão e da Corte para interpretar as obrigações internacionais do Estado, tampouco sobre a natureza vinculante das sentenças da Corte Interamericana.

Quando os Poderes Executivo, Legislativo e Judiciário não se movimentam para implementar a decisão internacional por iniciativa própria, ganha importância a pressão exercida pela sociedade civil. Conforme documentado por Beth Simmons, um dos efeitos mais poderosos do direito internacional dos direitos humanos é reconhecer demandas de grupos oprimidos como direitos, fortalecendo suas reivindicações na esfera pública nacional.[26] Ao expor internacionalmente as violações ocorridas, reconhecer a credibilidade dos relatos das vítimas e conferir legitimidade jurídica a suas demandas, o SIDH impacta a opinião da população, favorecendo a mobilização política e o apoio público a determinada questão de direitos humanos. Ao mesmo tempo, as organizações da sociedade civil utilizam a decisão do SIDH como instrumento de pressão sobre as autoridades.

Frequentemente, a implementação das decisões interamericanas demanda coalizões que envolvem todos estes atores. Como se viu, as medidas de reparação determinadas pela Corte Interamericana têm natureza abrangente, requerendo não apenas a reparação das vítimas, mas também a alteração das condições estruturais que deram origem à violação. Em sentido semelhante, as recomendações realizadas pela Comissão por meio de seus diferentes mecanismos visam a provocar transformações nas sociedades nacionais, que maximizem a realização

---

[26]   Beth Simmons, *Mobilizing for Human Rights: International law in domestic politics*, 2009, p. 139.

Cap. 12 · CONSTITUCIONALISMO REGIONAL TRANSFORMADOR | 231

de direitos para todos os segmentos da população. Por isso, a implementação das medidas determinadas por ambas as instituições costuma requerer esforços de colaboração intragovernamental e interinstitucional, envolvendo diferentes poderes da República e níveis federativos. A sociedade civil e os representantes das vítimas desempenham papel chave, seja pressionando as autoridades relevantes para que ajam, seja assegurando que o processo de implementação de fato cumpra os parâmetros estabelecidos internacionalmente. Em regra, em casos bem sucedidos de cumprimento das decisões interamericanas, atores destas diferentes esferas cooperam para reparar as vítimas e efetivar reformas que impedem a repetição das violações.

12.3. DESAFIOS PARA O *IUS CONSTITUTIONALE COMMUNE* NA AMÉRICA LATINA

A agenda do ICCAL se centra em dois objetivos estruturais: o combate a fragilidades do Estado de Direito e o enfrentamento à elevada desigualdade, que sistematicamente priva segmentos da população latino-americana do desfrute dos direitos humanos. Estes dois fenômenos se ramificam em violações a todo o conjunto dos direitos humanos, estando na raiz dos problemas de direitos humanos na América Latina. Eles se relacionam ainda a reminiscências do legado de regimes autoritários e ditatoriais, a uma cultura de violência e impunidade e a uma tradição precária de respeito aos direitos humanos. Cada um destes fenômenos se conecta aos demais, estabelecendo ciclos viciosos que se combinam e produzem consequências nefastas para a proteção de direitos na região.

Para contrapor estes fenômenos, três desafios emergem como formas de avançar os objetivos do ICCAL e efetivar as promessas do constitucionalismo transformador latino-americano.[27] O primeiro deles é fomentar a consolidação de uma *cultura jurídica inspirada na emergência de um novo paradigma de direito público*. Abandonando a concepção rígida de um ordenamento fechado e estatocêntrico, este novo paradigma se pauta pela noção de estatalidade aberta, pelo diálogo jurisdicional multinível e pela prevalência da dignidade humana enquanto princípio central. As bases normativas do ICCAL – as Constituições centradas nos direitos humanos, as cláusulas constitucionais abertas e os tratados internacionais – são fundamentais, mas não são suficientes para assegurar a consolidação deste paradigma transformador. Sem uma cultura jurídica correspondente, corre-se o risco de que interpretações reducionistas e restritivas comprometam seu potencial. Faz-se necessário, portanto, o fomento

---

[27] Flávia Piovesan, *Direitos Humanos e o Direito Constitucional Internacional,* 2018, p. 396-397.

a uma doutrina e uma jurisprudência emancipatórias, pautadas pela dignidade humana e abertas ao diálogo jurisdicional.

O segundo desafio é o *fortalecimento do Sistema Interamericano de Direitos Humanos,* a partir da expansão de sua abrangência, independência e sustentabilidade. O número de Estados que ratificaram os tratados interamericanos e reconheceram a competência contenciosa da Corte ainda é pequeno se comparado ao número de membros da OEA: a Convenção Americana conta com apenas 23 Estados-partes,[28] frente aos 34 Estados-membros da OEA que poderiam ratificá-la, e o número de ratificações a outros tratados interamericanos é ainda menor. Esta limitação ao potencial do ICCAL pode ser superada mediante a expansão da quantidade de Estados que optem por se vincular às normas interamericanas e à jurisdição contenciosa da Corte.

Complementarmente, é necessário assegurar a independência dos órgãos do Sistema, que depende fundamentalmente da eleição de pessoas qualificadas e imparciais para integrar a Comissão e a Corte. Em particular, o processo de indicação de candidatos deve ser sujeito a publicidade e escrutínio, possibilitando maior controle social sobre as escolhas realizadas pelos Estados a este respeito. A independência e a efetividade do SIDH dependem ainda da existência de recursos para que os órgãos interamericanos exerçam suas funções adequadamente, com autonomia e qualidade. Para tanto, é imperativo que os Estados assegurem a sustentabilidade autônoma destes órgãos, provendo-os com os recursos financeiros e humanos necessários.

O terceiro desafio é o *avanço na proteção aos direitos humanos, à democracia e ao Estado de Direito.* Trata-se do objetivo último do ICCAL, para o qual todas as suas ferramentas, estratégias e mecanismos convergem. Com base nas constituições abertas e nos tratados interamericanos, atores nacionais e internacionais mobilizam os instrumentos do SIDH para fortalecer demandas por direitos e exigir a efetividade das promessas socialmente realizadas durante as transições democráticas. Por meio de suas diferentes ferramentas, a Corte e a Comissão vêm contribuindo para este objetivo, produzindo impactos contundentes, que protegem os indivíduos das Américas contra violações de direitos e transformam de modo permanente as realidades nacionais.

---

[28] Os Estados-partes da Convenção são: Argentina, Barbados, Bolívia, Brasil, Chile, Colômbia, Costa Rica, Dominica, Equador, El Salvador, Granada, Guatemala, Haiti, Honduras, Jamaica, México, Nicarágua, Panamá, Paraguai, Peru, República Dominicana, Suriname e Uruguai (informação atualizada em 2020). Note-se que Trinidad e Tobago e Venezuela apresentaram denúncia à Convenção Americana sobre Direitos Humanos em 1998 e 2012, respectivamente.

 Questões objetivas

1. O *Ius Constitutionale Commune* na América Latina se caracteriza como fenômeno jurídico regional, que confere uma linguagem comum à busca pela afirmação de direitos em diferentes Estados. Qual dos fenômenos abaixo não é um fator constitutivo deste processo?

   a) O controle de convencionalidade.

   b) O princípio *pro persona*.

   c) O duplo grau de jurisdição.

   d) As cláusulas constitucionais abertas.

2. Sentenças da Corte Interamericana e recomendações da Comissão fortalecem pautas de direitos humanos em âmbito doméstico, reequilibrando forças internas em favor da proteção de direitos. Sobre este processo, assinale a alternativa *incorreta*.

   a) As sentenças da Corte Interamericana são vinculantes, de modo que seu descumprimento resulta em processo de execução internacional contra o Estado.

   b) O sistema de petições individuais é subsidiário, de modo que o envolvimento do Sistema Interamericano com determinado caso se justifica somente quando os atores nacionais não se mostram dispostos ou capazes de garantir a proteção de direitos sem o envolvimento de instituições internacionais.

   c) Os mecanismos do Sistema Interamericano conferem visibilidade a violações de direitos humanos negligenciadas em âmbito doméstico devido à indiferença da população.

   d) Os mecanismos do Sistema Interamericano atribuem legitimidade a demandas de pessoas hostilizadas em âmbito doméstico, apoiando as reivindicações pela efetivação de direitos na força normativa do direito internacional.

3. Qual dos desafios abaixo *não* caracteriza a fase atual do ICCAL?

   a) O fortalecimento do Sistema Interamericano, mediante a expansão de sua abrangência e garantia de sua independência e sustentabilidade;

   b) A criação de uma Corte Internacional competente para analisar violações à Convenção Americana de Direitos Humanos.

c) O avanço na proteção dos direitos humanos, da democracia e do Estado de Direito, objetivo máximo do constitucionalismo regional transformador.

d) A consolidação de uma cultura jurídica baseada na prevalência da dignidade humana, na permeabilidade do ordenamento jurídico estatal e no diálogo jurisdicional.

 Questões dissertativas

4. Quais os três processos que, ao longo das transições democráticas, contribuíram para a criação e consolidação do *Ius Constitutionale Commune* na América Latina?

5. Em que se centra a agenda do ICCAL? Discuta seus elementos.

6. De que forma o envolvimento do Sistema Interamericano pode contribuir para a proteção a direitos de grupos discriminados? De que forma atores nacionais e internacionais interagem para buscar este objetivo?

 Caso prático

Você é líder de um movimento social que defende os direitos da população em situação de rua de uma grande cidade brasileira. Os integrantes do movimento sofrem privações diárias, estando sujeitos não apenas à falta de moradia, mas também a problemas de saúde, a uma alimentação precária e à violência. Recentemente, o serviço de limpeza urbana da prefeitura começou a recolher os pertences destas pessoas, trazendo uma série de novos problemas. Elas passaram a estar ainda mais expostas ao frio, muitas perderam seus documentos e algumas foram privadas de materiais necessários para suas atividades econômicas. Ainda, algumas pessoas foram sujeitas a atos de violência ao tentar impedir que seus pertences fossem levados. Em uma destas situações, João Costa, de 15 anos, sofreu uma lesão no olho direito, que comprometeu permanentemente sua visão. O movimento social decidiu questionar a prefeitura a respeito, mas não obteve resposta a suas reivindicações. Também ingressou com uma ação judicial demandando reparações a João Costa e a todas as pessoas que haviam perdido seus pertences, mas o processo está há anos em etapas iniciais. Diante desse quadro, o movimento social levou o caso ao Sistema Interamericano. Ao final do procedimento, a Corte determinou a responsabilidade internacional do Estado e exigiu o pagamento de reparações a João

Costa, o fim da política de recolhimento de pertences e a capacitação de agentes de limpeza urbana sobre os direitos da população em situação de rua. Determinou ainda a adoção de medidas para assegurar que a população em situação de rua tenha acesso a programas de moradia, alimentação e saúde.

Como líder do movimento social, de que forma você agiria para levar o Estado a cumprir as medidas determinadas pela Corte Interamericana?

Capítulo 13
IMPACTO DO SISTEMA INTERAMERICANO: CASOS EMBLEMÁTICOS

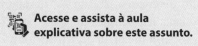

Acesse e assista à aula explicativa sobre este assunto.
> https://uqr.to/q9oa

13.1. RELATÓRIO E VISITA *IN LOCO*

A caixa de ferramentas da Comissão Interamericana contém uma gama variada de instrumentos. A CIDH recebe denúncias por meio de seu *sistema de petições individuais*, analisa as alegações recebidas e faz recomendações, além de atuar perante a Corte Interamericana nos casos que chegam a esta etapa. Analisa também pedidos de *medidas cautelares*, instrumento que permite à Comissão responder a situações graves, urgentes e que apresentem risco de dano irreparável. Com apoio das relatorias, a CIDH *monitora* a situação de direitos humanos no continente, emite *comunicados de imprensa*, elabora *relatórios temáticos* e *desenvolve parâmetros normativos*. Além dos relatórios temáticos, fazem parte deste conjunto de ferramentas também os *relatórios de país*, nos quais a Comissão documenta a situação de direitos humanos em um Estado com base em fontes variadas, incluindo, usualmente, uma *visita in loco* dos comissionados. Por fim, a Comissão realiza *audiências* e *atividades de promoção*, tais como cursos e capacitações. Por meio destes instrumentos, a Comissão é capaz de responder a diferentes tipos de situações, usando métodos que se adequem às possibilidades e demandas de cada contexto.

Caso emblemático do impacto destes instrumentos é a visita *in loco* realizada pela Comissão à Argentina em 1979, que levou à publicação do *Relatório sobre a Situação de Direitos Humanos na Argentina*, de 11 de abril de 1980.

A Argentina era governada desde 1976 por uma junta militar. Desde que a junta tomara o poder, a Comissão passou a receber um conjunto expressivo de denúncias, que indicavam a ocorrência de violações graves, generalizadas e sistemáticas aos direitos humanos.[1] Decidiu então elaborar um relatório sobre a situação do país e solicitou permissão ao governo para realizar observações *in loco,* por considerar que este era o meio mais idôneo para documentar os fatos de modo preciso e objetivo.[2] Após alguma resistência, o Estado decidiu convidar a Comissão para realizar uma visita.[3]

Os Comissionados estiveram no país por duas semanas. Durante este período, reuniram-se com autoridades públicas, ex-presidentes da República, entidades de direitos humanos e uma série de associações políticas, profissionais, sindicais e empresariais. Visitaram também centros de detenção e receberam 5.580 denúncias de violações à Declaração Americana. O relatório elaborado pela Comissão documenta um conjunto de graves atentados à dignidade de indivíduos sob jurisdição argentina, incluindo detenções arbitrárias, desaparecimentos, atos de tortura e execuções extrajudiciais. Concluiu que estes fatos haviam afetado os direitos à vida, à liberdade pessoal, à integridade, à justiça e ao devido processo legal, assim como os direitos políticos, a liberdade de expressão e os direitos laborais.

Logo após a visita, a Comissão documentou que as violações diminuíram; em particular, nos meses entre a visita e a publicação do relatório, não foram registrados novos casos de desaparecimento forçado.[4] Embora não seja claro se a diminuição pode ser atribuída exclusivamente à atuação da CIDH,[5] a visita fez parte de um conjunto de fatores que alterou as circunstâncias políticas dentro e fora do regime.[6]

De fato, a visita atraiu atenção considerável para as violações de direitos humanos cometidas pela ditadura argentina, tanto nacional quanto internacionalmente.[7] A Comissão documentou de modo consistente a natureza sistemática das violações, produzindo informações tanto sobre sua extensão quanto sobre sua gravidade. Estes dados impactaram não apenas o público em geral, mas especialmente a oposição ao regime, que passou a contar com um novo vocabulário

---

[1] Comissão Interamericana de Direitos Humanos, *Relatório sobre a Situação de Direitos Humanos na Argentina,* 11 de abril de 1980, Introdução, par. 1.

[2] Ibid., par. 2.

[3] Segundo Kathryn Sikkink, o governo argentino decidiu convidar a Comissão devido a pressões vindas dos Estados Unidos, que condicionou a concessão de um empréstimo à realização do convite. Kathryn Sikkink, *Mixed Signals: U.S. Human Rights Policy and Latin America,* 2004, p. 133.

[4] Comissão Interamericana de Direitos Humanos, *Relatório sobre a Situação de Direitos Humanos na Argentina,* 11 de abril de 1980, Conclusões e Recomendações, par. 4.

[5] Par Engstrom, A Special Relationship Gone Normal? Argentina and the Inter-American Human Rights System 1979-2013, in: *Pensamiento Propio,* Vol. 38, 2013, p. 5.

[6] Veja-se, a respeito: Kathryn Sikkink, *Mixed Signals: U.S. Human Rights Policy and Latin America,* 2004, pp. 133-136.

[7] Par Engstrom, A Special Relationship Gone Normal? Argentina and the Inter-American Human Rights System 1979-2013, in: *Pensamiento Propio,* Vol. 38, 2013, p. 5.

Cap. 13 · IMPACTO DO SISTEMA INTERAMERICANO: CASOS EMBLEMÁTICOS | 239

para resistir à ditadura. Nesse sentido, o relatório é considerado como um ponto de inflexão para a oposição, que passou a formular suas reivindicações em novos termos, tendo como pontos de apoio fortes evidências fáticas, a força moral dos argumentos de direitos humanos e o suporte normativo do direito internacional.[8]

A ditadura argentina caiu em 1983, três anos após a publicação do relatório pela Comissão. O colapso do regime foi causado por uma combinação de fatores, incluindo a derrota na Guerra das Ilhas Malvinas, problemas econômicos e escândalos de corrupção.[9] As pressões internas e externas sobre temas de direitos humanos, as quais foram substancialmente influenciadas pelo relatório da Comissão, contribuíram para este clima político, que culminou com a transição para a democracia. Crucialmente, a visita também produziu um impacto significativo na cultura jurídica, política e social da Argentina. O direito internacional dos direitos humanos em geral e a Comissão Interamericana em particular se tornaram conhecidos pela população, e a sociedade civil incorporou o recurso ao SIDH como uma estratégia relevante para a proteção de direitos humanos no país. Pavimentou-se, assim, o caminho para uma forte relação entre o Sistema Interamericano e a sociedade argentina.

13.2. SISTEMA DE PETIÇÕES DA COMISSÃO INTERAMERICANA

Os casos submetidos ao sistema de petições da Comissão Interamericana também têm o potencial de gerar impactos significativos sobre as sociedades nacionais da América Latina. Seja por meio de soluções amistosas, seja por meio do cumprimento das recomendações realizadas no informe de mérito, os Estados envolvidos com casos perante a CIDH podem decidir agir para solucionar os problemas em questão, reparando as vítimas e realizando reformas para prevenir a ocorrência de novas violações. Caso emblemático desta dinâmica e o caso *Maria da Penha Maia Fernandes vs. Brasil.*[10]

Maria da Penha foi vítima de atos contínuos de violência doméstica, que culminaram com duas tentativas de assassinato. Na primeira delas, seu então marido deu-lhe um tiro, resultando em lesões graves que causaram uma condição irreversível de paraplegia. Apenas duas semanas depois de Maria da Penha retornar do hospital, ele tentou também eletrocutá-la. Julgado pelo tribunal do júri, o agressor foi condenado a dez anos de prisão. Contudo, quase vinte anos depois do ocorrido, ele permanecia em liberdade, pois a ação não havia transitado em julgado. Maria da Penha decidiu então levar o caso à Comissão Interamericana,

---

[8] Ibid., p. 6.

[9] Ibid., p. 6.

[10] Comissão Interamericana de Direitos Humanos, *Maria da Penha Maia Fernandes vs. Brasil,* caso 12.051, 4 de abril de 2001.

atuando de modo conjunto com duas organizações da sociedade civil, o Centro pela Justiça e o Direito Internacional (CEJIL) e o Comitê Latino-Americano de Defesa dos Direitos da Mulher (CLADEM). Os peticionários alegaram que o Estado não havia tomado medidas efetivas para prevenir e punir a violência contra a mulher, descumprindo as obrigações assumidas por meio da Convenção Interamericana para Prevenir, Punir e Erradicar a Violência contra a Mulher (Convenção de Belém do Pará) e a Convenção Americana sobre Direitos Humanos.

A Comissão Interamericana concluiu que o processo criminal contra o agressor fora marcado por "ineficácia, negligência ou omissão por parte das autoridades judiciais brasileiras e uma demora injustificada no julgamento de um acusado".[11] Com a aproximação da data da prescrição, havia ainda um risco de que a possibilidade de o punir se fechasse definitivamente. A Comissão ressaltou que não se tratava de um caso isolado: a impunidade por agressões contra a mulher era algo estrutural da realidade brasileira. Dados da época indicavam que 70% das denúncias de violência doméstica eram suspensas sem conclusão; e apenas 2% levavam à condenação do agressor. A ausência de punição foi caracterizada pela CIDH como um ato de tolerância estatal com as agressões, levando à perpetuação das raízes psicológicas, sociais e históricas da violência contra a mulher.[12] Nas palavras da Comissão:

> "Dado que essa violação contra Maria da Penha é parte de um padrão geral de negligência e falta de efetividade do Estado para processar e condenar os agressores, a Comissão considera que não só é violada a obrigação de processar e condenar, como também a de prevenir essas práticas degradantes. Essa falta de efetividade judicial geral e discriminatória cria o ambiente propício à violência doméstica, não havendo evidência socialmente percebida da vontade e efetividade do Estado como representante da sociedade, para punir esses atos."[13]

Sendo assim, a Comissão recomendou que o Estado concluísse o processo penal contra o agressor de Maria da Penha e reparasse a vítima pelas violações sofridas. Recomendou, ainda, a adoção de medidas para findar a tolerância estatal com a violência contra a mulher, incluindo medidas para fortalecer o aparato policial dedicado ao tema e reformar o sistema judicial penal.

Em 31 de outubro de 2002, 19 anos depois da tentativa de homicídio e pouco mais de um ano após a publicação do informe de mérito da CIDH, o ex-marido de Maria da Penha foi preso. Os peticionários e o Estado brasileiro firmaram um termo de compromisso a respeito da forma de implementação das demais recomendações

---

[11]   Ibid., par. 44.

[12]   Ibid., par. 55.

[13]   Ibid., par. 56.

Cap. 13 · IMPACTO DO SISTEMA INTERAMERICANO: CASOS EMBLEMÁTICOS | **241**

realizadas pela Comissão. Fundamentalmente, em 2004, constituiu-se um grupo de trabalho interministerial para propor medidas legislativas de enfrentamento à violência contra a mulher, que contava com a participação não apenas de entidades governamentais, mas também da sociedade civil. Os trabalhos do grupo resultaram em um projeto de lei, encaminhado pelo Executivo ao Congresso Nacional, que incluía enfática referência ao caso perante o SIDH e às recomendações da Comissão. A proposta legislativa foi aprovada pelo Congresso Nacional e sancionada pelo Presidente da República. Adotava-se, assim, a Lei 11.340 de 7 de agosto de 2006, conhecida como *Lei Maria da Penha.*

A Lei Maria da Penha alterou completamente o quadro legislativo aplicável a casos de violência contra a mulher no Brasil. Até então, não havia legislação específica sobre o tema, e atos de violência contra a mulher eram tratados como infração penal de menor potencial ofensivo.[14] De modo contrastante, com a nova lei, o ordenamento brasileiro passou a expressamente caracterizar a violência doméstica como forma de violação a direitos humanos.[15] Para preveni-la, estabeleceu um sistema integrado e multidisciplinar, prevendo um conjunto articulado de ações de todos os entes da federação, além da "integração operacional do Poder Judiciário, do Ministério Público e da Defensoria Pública com as áreas de segurança pública, assistência social, saúde, educação, trabalho e habitação".[16] A lei criou também uma estrutura institucional destinada a responder a casos de violência contra a mulher a partir de uma perspectiva de gênero, considerando as condições e necessidades específicas de mulheres vítimas de violência doméstica. Nesse sentido, destacam-se a previsão de atendimento policial especializado e a criação de Juizados de Violência Doméstica e Familiar contra a Mulher.

Além de sua relação com o caso *Maria da Penha Maia Fernandes vs. Brasil,* a Lei Maria da Penha também incorpora elementos da Convenção sobre a Eliminação de Todas as Formas de Discriminação contra as Mulheres e da Convenção Interamericana para Prevenir, Punir e Erradicar a Violência contra a Mulher. A norma resulta de um processo estratégico de mobilização transnacional e se constitui, assim, como manifestação da inter-relação entre o direito internacional dos direitos humanos e o sistema normativo brasileiro. Com base no caso Maria da Penha, o movimento de mulheres brasileiras realizou uma exitosa articulação transnacional para demandar mudanças legais e criação de política pública. Além de levar o caso à Comissão e defender a posição da vítima no litígio internacional, a sociedade civil soube explorar as potencialidades do caso internamente, pressionando pela

---

[14]   Aplicava-se a Lei 9.099/95.

[15]   Segundo o artigo 6º da Lei 11.340/06: "A violência doméstica e familiar contra a mulher constitui uma das formas de violação dos direitos humanos."

[16]   Lei 11.340/06, artigo 8º.

CURSO DE DIREITOS HUMANOS – SISTEMA INTERAMERICANO • *Piovesan e Cunha Cruz*

implementação das medidas estabelecidas pela CIDH e participando do processo de elaboração, discussão e aprovação da Lei Maria da Penha. Desta forma, a partir da atuação do movimento de mulheres, o caso teve a força catalisadora para transformar estruturalmente a forma como o Estado brasileiro trata a violência doméstica, promovendo avanços de direitos humanos e assegurando o alinhamento a normas internacionais de proteção.

13.3. JURISDIÇÃO CONSULTIVA DA CORTE INTERAMERICANA

A Convenção Americana atribui à Corte Interamericana a tarefa de responder a consultas sobre a interpretação da CADH e outros tratados que protejam direitos humanos nas Américas. As opiniões consultivas esclarecem o sentido dos dispositivos convencionais, gerando implicações práticas para sua aplicação. Portanto, constituem fonte importante para determinar o alcance das obrigações do Estado, podendo transformar condutas estatais na medida em que o Estado busque se adequar à interpretação autorizada da Convenção, evitando posterior responsabilização.

Exemplo de caso desta natureza é a Opinião Consultiva 5/85 sobre o registro profissional obrigatório de jornalistas.[17] A consulta fora realizada pela Costa Rica, que desejava saber se a proteção à liberdade de expressão estabelecida pela Convenção Americana era compatível com a exigência do registro profissional obrigatório como requisito indispensável para o exercício da atividade de jornalista.

Ao analisar a questão, a Corte reconheceu o jornalismo como manifestação essencial do direito à liberdade de expressão, o que o diferencia das demais profissões. Nas palavras da Corte:

> "O jornalismo é a manifestação primária e principal da liberdade de expressão do pensamento e, por essa razão, não pode ser concebido meramente como a prestação de um serviço ao público através da aplicação de alguns conhecimentos ou capacitação adquiridos em uma universidade ou por quem está inscrito em um determinado conselho profissional, como poderia acontecer com outras profissões, pois está vinculado à liberdade de expressão que é inerente a todo ser humano."[18]

Por isso, ainda que razões de ordem pública possam justificar a aplicação de regime de registro profissional a outras profissões, a medida é excessivamente

---

[17]   Corte Interamericana de Direitos Humanos, *O Registro Profissional Obrigatório de Jornalistas,* Parecer Consultivo 5/85, 13 de novembro de 1985.

[18]   Ibid., par. 71.

restritiva quando se trata da profissão de jornalista, posto que nega a pessoas não registradas a possibilidade de exercer um direito protegido pela Convenção Americana.

Além disso, a Corte determinou que potenciais benefícios da exigência poderiam ser atingidos por meios menos restritivos. Por exemplo, alegou-se que a exigência do registro fortalecia a categoria profissional, resultando em maior autonomia para os jornalistas; contudo, a Corte entendeu que a independência no exercício da profissão poderia ser assegurada por outros meios, como a adoção de estatuto protegendo os profissionais frente a possíveis interferências, sem que haja necessidade de excluir jornalistas não registrados do exercício profissional.

Por estes motivos, a Corte determinou que "não é compatível com a Convenção uma lei de registro profissional de jornalistas que impeça o exercício do jornalismo a quem não seja membro do conselho e limite o acesso a este aos formados em um determinado curso universitário".[19] Qualquer lei estabelecendo esta exigência restringe excessivamente a liberdade de expressão, violando tanto o direito de toda pessoa a buscar e difundir informações e ideias por qualquer meio de sua escolha, como o direito da coletividade de receber informação sem interferências.[20]

No Brasil, o Decreto-Lei 972/69, que data da ditadura militar, costumava exigir que jornalistas tivessem curso universitário de jornalismo e se registrassem no Ministério do Trabalho. A União, mediante a ação dos auditores fiscais do trabalho, era competente para fiscalizar o cumprimento desta exigência, podendo aplicar multas àqueles que praticassem a profissão sem o diploma correspondente.

Diante da incompatibilidade do ordenamento brasileiro com a interpretação realizada pela Corte na Opinião Consultiva (OC) 5/85, o Ministério Público ingressou com ação civil pública para questionar a exigência do diploma de jornalismo para o exercício da profissão, a qual se baseava na Constituição Federal e na Convenção Americana sobre Direitos Humanos. Ao analisar o caso, o Supremo Tribunal Federal referiu-se à opinião consultiva da Corte Interamericana sobre o tema, assim como a pronunciamento realizado pela Comissão Interamericana.[21] Com base nestas fontes, a corte entendeu pela inconstitucionalidade da exigência do diploma de jornalismo e do registro profissional no Ministério do Trabalho como condição para o exercício da profissão de jornalista.

---

[19] Ibid., par. 81.

[20] Ibid.

[21] Supremo Tribunal Federal, *Recurso Extraordinário 511.961/SP*, 17 de junho de 2009, relator Ministro Gilmar Mendes.

244 | CURSO DE DIREITOS HUMANOS – SISTEMA INTERAMERICANO • *Piovesan e Cunha Cruz*

Desde então, qualquer pessoa pode exercer o jornalismo no Brasil, ainda que não tenha realizado curso superior na área. O impacto da decisão atinge não somente aqueles que desejem exercer o jornalismo sem o diploma correspondente, mas também a sociedade brasileira como um todo, titular da dimensão coletiva da liberdade de expressão. Verifica-se, portanto, que a opinião emitida pela Corte Interamericana no exercício de sua jurisdição consultiva produziu impacto estrutural sobre o direito brasileiro, alterando as regras aplicáveis ao jornalismo e, portanto, ao debate público no país.

Dito impacto foi canalizado pelo sistema de justiça. Ao examinar o Decreto-Lei 972/69 frente à Convenção Americana tal qual interpretada pelos órgãos do SIDH, o Judiciário realizou controle de convencionalidade sobre a lei interna, resultando na determinação de sua incompatibilidade com o regime de proteção aos direitos humanos. Tendo chegado à mais alta corte do sistema jurídico nacional, o caso é um exemplo positivo do diálogo jurisdicional interamericano em matéria de direitos humanos. Deve-se ressaltar, ainda, o papel chave desempenhando pelo Ministério Público, que iniciou o processo que culminaria na adequação normativa aos parâmetros interamericanos.

13.4. JURISDIÇÃO CONTENCIOSA DA CORTE INTERAMERICANA

Quando determina a responsabilidade internacional do Estado por violação de direitos humanos, a Corte Interamericana estabelece um conjunto de medidas destinadas a reparar a vítima daquele caso específico, assim como a impedir a concretização de violações similares no futuro. Como caso emblemático destes dois tipos de impacto, trata-se do caso Loayza Tamayo vs. Peru, analisado pela Corte em 1997.

Maria Elena Loayza Tamayo foi presa em 1993, após ter sido indicada como colaboradora do grupo *Partido Comunista del Perú – Sendero Luminoso*. Nos dias que seguiram sua detenção, ela permaneceu incomunicável e foi submetida a atos de tortura e outros tratamentos cruéis, inumanos ou degradantes. Loayza Tamayo foi julgada pela justiça militar peruana, que a absolveu do crime de traição à pátria. Contudo, após sua absolvição, a justiça comum a condenou – com base nos mesmos fatos já analisados pelos tribunais militares – a vinte anos de pena privativa de liberdade pelo crime de terrorismo. Os procedimentos internos foram marcados por violações ao devido processo legal e limitações ao direito de defesa, incluindo a atuação de juízes "sem rosto", cuja identidade era desconhecida pela vítima e seus representantes, impedindo a aferição de sua imparcialidade. A Corte determinou que estas circunstâncias violaram os direitos da vítima à liberdade pessoal, à integridade e às garantias judiciais.

Em sua sentença de mérito, antes mesmo de se pronunciar sobre o conjunto de medidas de reparação, a Corte exigiu que o Estado peruano colocasse a vítima

Cap. 13 · IMPACTO DO SISTEMA INTERAMERICANO: CASOS EMBLEMÁTICOS | 245

em liberdade.[22] Apenas um mês depois, o Peru informou a Corte que havia libertado María Elena Loayza Tamayo, em cumprimento à sentença do tribunal interamericano.[23] A vítima compareceu pessoalmente à próxima audiência do caso, possibilitando que a Corte confirmasse sua libertação.

A doutrina documenta que, em geral, medidas de restituição relacionadas a violações do direito ao devido processo legal tendem a ser cumpridas.[24] Em cinco de seus casos, a Corte determinou que o Estado apagasse os antecedentes criminais de pessoas condenadas por meio de processos que não respeitaram as garantias judiciais; os Estados cumpriram a medida em todos os casos.[25] Também foram cumpridas determinações da Corte relacionadas a reversão de condenações e ao cancelamento de penas pecuniárias.[26] Neste contexto, a libertação de Loayza Tamayo é o símbolo máximo do impacto da Corte sobre vítimas de violações ao devido processo legal, superando uma condenação de vinte anos e restituindo à peticionária seu direito à liberdade.

Ao determinar as medidas de reparação do caso Loayza Tamayo, a Corte estabeleceu ainda algumas medidas adicionais. Exigiu que o Estado reincorporasse a vítima à sua posição de docente em universidade pública, cancelasse todos os efeitos das condenações pelo crime de terrorismo e pagasse uma indenização pecuniária pelas violações sofridas. Também determinou que se investigassem os fatos do caso e se sancionassem os responsáveis pelas violações. Por fim, estabeleceu a obrigação do Estado de adequar sua legislação sobre os crimes de traição à pátria e terrorismo à Convenção Americana.

A adequação legislativa deveria incluir quatro elementos. O primeiro deles se referia à tipificação dos crimes de traição e terrorismo, que a sentença da Corte considerou excessivamente vagos. O segundo elemento dizia respeito à garantia do juiz natural, com ênfase para a inconvencionalidade dos "juízes sem rosto" que julgavam o crime de traição à pátria. Ambas as questões foram solucionadas pelo Tribunal Constitucional do Peru, que decretou a inconstitucionalidade do crime de traição à pátria e qualificou a interpretação dos dispositivos sobre o crime de terrorismo. O terceiro ponto exigido pela Corte foi a garantia da possibilidade de interposição de *habeas corpus,* que havia sido negada à Maria Helena Loayza Tamayo. Após os fatos do caso, o Peru aprovou decreto lei protegendo esta garantia.

---

[22] Corte Interamericana de Direitos Humanos, *Loayza Tamayo vs. Peru,* 17 de setembro de 1997, par. 84 e ponto resolutivo 5.

[23] Corte Interamericana de Direitos Humanos, *Loayza Tamayo vs. Peru,* 27 de novembro de 1998, par. 4.

[24] Thomas M. Antkowiak, An Emerging Mandate for International Courts: Victim Centered Remedies and Restorative Justice, *Stanford Journal of International Law,* n. 47, 2011, p. 294.

[25] Ibid.

[26] Ibid.

Por sua vez, o quarto elemento se referia às condições de detenção previstas pela legislação para estes crimes, que determinava o isolamento da pessoa privada de liberdade. Esta previsão legal também foi declarada inconstitucional pelo Tribunal Constitucional, com base tanto na constituição do Peru quanto na Convenção Americana.

Sendo assim, a Corte Interamericana considerou que os Poderes Executivo, Legislativo e Judiciário haviam adotado medidas "para tornar ineficazes as regulamentações internas contrárias à Convenção, por meio de sua anulação, reforma ou nova interpretação".[27] Restaram cumpridas, portanto, as medidas de não repetição estabelecidas pela Corte.

 Questões objetivas

1. O caso Loayza Tamayo vs. Peru discutiu a condenação da vítima a vinte anos de pena privativa de liberdade, com base em um processo marcado por graves violações ao devido processo legal. Assinale a alternativa correta a respeito do destino de María Elena Loayza Tamayo:

   a) A vítima foi indenizada por danos materiais e imateriais, mas o Estado não cumpriu a medida da Corte requerendo sua libertação.

   b) O Estado não cumpriu nenhuma das medidas de reparação estabelecidas pela Corte, de modo que a vítima teve de cumprir a totalidade da pena.

   c) A vítima foi libertada pelo Estado durante as etapas iniciais do caso, mediante acordo de solução amistosa intermediado pela Comissão Interamericana.

   d) A Corte exigiu a libertação da vítima antes mesmo de se pronunciar sobre o conjunto das medidas de reparação; logo após a sentença, o Estado colocou María Elena Loayza Tamayo em liberdade.

2. A Opinião Consultiva 5/85 sobre o registro profissional de jornalistas:

   a) Produziu impacto no Brasil graças à ação do Poder Legislativo, que reformou a legislação doméstica para adequá-la à interpretação da Corte Interamericana sobre o direito à liberdade de expressão.

   b) Não produziu qualquer impacto no Brasil, pois dizia respeito à legislação da Costa Rica.

---

[27] Corte Interamericana de Direitos Humanos, *Loayza Tamayo vs. Peru*, 1 de julho de 2011, par. 34.

c) Produziu impacto no Brasil devido ao Supremo Tribunal Federal, que decretou a inconstitucionalidade da exigência de diploma para exercício da profissão de jornalista com base na Opinião Consultiva 5/85.

d) Não produziu impacto no Brasil, pois o Estado tende a não implementar parâmetros estabelecidos pela Corte Interamericana no exercício de sua competência consultiva.

3. Assinale a alternativa *incorreta* sobre o caso Maria da Penha:

a) O caso é um símbolo importante do impacto transformador das sentenças da Corte Interamericana.

b) A Comissão Interamericana recomendou que o Estado concluísse o processo penal contra o agressor de Maria da Penha; o Estado brasileiro cumpriu a recomendação e pôs fim `impunidade pelas agressões cometidas.

c) A Lei Maria da Penha reconheceu a violência contra a mulher como uma violação de direitos humanos.

d) A Lei Maria da Penha alinha o ordenamento jurídico brasileiro à Convenção sobre a Eliminação de Todas as Formas de Discriminação contra as Mulheres e à Convenção Interamericana para Prevenir, Punir e Erradicar a Violência contra a Mulher

 Questões dissertativas

4. Escolha um dos casos discutidos neste capítulo e discuta a forma pela qual a interação entre atores nacionais e internacionais produziu impactos concretos sobre sociedades nacionais.

5. A atuação do Sistema Interamericano impacta tanto situações específicas vividas por determinadas vítimas de violações aos direitos humanos, quanto as condições estruturais que deram origem a esta violação. Com base nos casos discutidos no capítulo, dê um exemplo de cada tipo de impacto.

6. Além dos casos discutidos neste capítulo, de que outras formas o Sistema Interamericano provocou transformações na América Latina? Responda com base em situações discutidas em capítulos anteriores ou pesquise casos que ilustrem o impacto causado pela Comissão e pela Corte Interamericana.

 Caso prático

Você é deputado federal no Brasil e compõe a Comissão de Relações Exteriores e de Defesa Nacional da Câmara. Durante uma discussão sobre um tratado de direitos humanos, alguns deputados argumentaram que o Brasil não deveria ratificar novas convenções de direito internacional dos direitos humanos pois elas não têm relevância prática e não trazem benefícios para a população.

Considerando o impacto do Sistema Interamericano de Direitos Humanos, prepare uma resposta à colocação deste grupo de deputados.

GABARITO – QUESTÕES OBJETIVAS

PARTE I

Capítulo 1
1-B; 2-C; 3-A

Capítulo 2
1-B; 2-A; 3-D

Capítulo 3
1-C; 2-D; 3-A

Capítulo 4
1-B; 2-B; 3-A

Capítulo 5
1-A; 2-D; 3-A

PARTE II

Capítulo 6
1-C; 2-C; 3-C

Capítulo 7
1-B; 2-D; 2-D

Capítulo 8
1-A; 2-C; 2-A

Capítulo 9
1-D; 2-C; 3-C

Capítulo 10
1-D; 2-C; 3-C

PARTE III

Capítulo 11
1-D; 2-C; 3-B

Capítulo 12
1-C; 2-A; 3-B

Capítulo 13
1-D; 2-C; 3-A

REFERÊNCIAS

ABRAMOVICH, Victor. Una nueva institucionalidad pública: los tratados de derechos humanos en el orden constitucional argentino. In: ABRAMOVICH, Victor; BOVINO, Alberto; COURTIS, Christian. *La aplicación de los tratados de derecho humanos em el ámbito local: la experiencia de una década*. Buenos Aires, Editores del Puerto, 2006.

ALEXY, Robert. *Teoria dos Direitos Fundamentais*. São Paulo, Malheiros, 1985.

ALLOTT, Philip. *Eunomia: new order for a new world*. Oxford, Oxford University Press, 1990.

ALONSO, Angela. *Flores, votos e balas: o movimento abolicionista brasileiro (1868-1888)*. São Paulo, Companhia das Letras, 2015.

ALSTON, Philip; ROBINSON, Mary (ed.), *Human Rights and Development: towards mutual reinforcement*. Oxford, Oxford University Press, 2005.

AMARAL JR., Alberto do. Entre ordem e desordem: o direito internacional em face da multiplicidade de culturas. *Revista de Direito Constitucional e Internacional*, São Paulo, v. 8, 2000.

AMARAL JR., Alberto do; PERRONE-MOISÉS, Claudia (orgs.). *O cinquentenário da Declaração Universal dos Direitos do Homem*. São Paulo, Editora da Universidade de São Paulo, 1999.

AMERASINGHE, Chittharanjan Felix. *Local remedies in international law*. Cambridge, Grotius, 1990.

AMIN AL-MIDANI, Mohammed. Arab Charter on Human Rights, *Boston University International Law Journal*, vol. 24:147, 2007.

AN-NA'IM, Abdullah (ed.). *Human rights in cross-cultural perspectives: a quest for consensus*. Philadelphia, University of Pennsylvania Press, 1992.

AN-NA'IM, Abdullah (ed.). *Towards an Islamic reformation: civil liberties, human rights and international law*. Syracuse/NY, Syracuse University Press.

ANTKOWIAK, Thomas. An Emerging Mandate for International Courts: Victim-Centered Remedies and Restorative Justice, *47 Stanford Journal of International Law*, 2011.

ARENDT, Hannah. *As origens do totalitarismo*. Trad. Roberto Raposo. Rio de Janeiro, 1979.

ARENDT, Hannah. *Eichmann em Jerusalém — um relato sobre a banalidade do mal*. Trad. José Rubens Siqueira. São Paulo, Cia. das Letras, 1999.

BALDI, César Augusto. *Direitos humanos na sociedade cosmopolita*. Rio de Janeiro, Renovar, 2004.

BARCELLOS, Ana Paula de. *A eficácia jurídica dos princípios constitucionais — o princípio da dignidade da pessoa humana*. Rio de Janeiro, Renovar, 2002.

BARROSO, Luís Roberto. *O direito constitucional e a efetividade de suas normas — limites e possibilidades da Constituição brasileira*. 5. ed. Rio de Janeiro, Renovar, 2001.

BARROSO, Luís Roberto. Fundamentos teóricos e filosóficos do novo direito constitucional brasileiro (pós-modernidade, teoria crítica e pós-positivismo). *Revista Forense*, v. 358.

BAUER, Joanne R.; BELL, Daniel A. (eds.). *The East Asian challenge for human rights*. Cambridge, Cambridge University Press, 1999.

BAYEFSKY, Anne F. Making the human treaties work. In: HENKIN, Louis; HARGROVE, John Lawrence (ed.). *Human rights: an agenda for the next century*. Washington (Studies in Transnational Legal Policy, n. 26), 1994.

BAYEFSKY, Anne F. (ed.). *The UN human rights system in the 21st century*. London-Boston, The Hague — Kluwer Law International, 2000.

BEDJAQUI, Mohammed (ed.). *International law: achievements and prospects*, 1991.

BILDER, Richard B. An overview of international human rights law. In: HANNUM, Hurst (ed.). *Guide to international human rights practice*. 2. ed. Philadelphia, University of Pennsylvania Press, 1992.

BLACKBURN, Robert; TAYLOR, John (ed.). *Human rights for the 1990s: legal, political and ethical issues*. London, Mansell Publishing, 1991.

BOBBIO, Norberto. *A era dos direitos*. Trad. Carlos Nelson Coutinho. Rio de Janeiro, Campus, 1992.

BOBBIO, Norberto. *Democracy and dictatorship: the nature and limits of state power*. Trad. Peter Kennealy. Minneapolis, University of Minnesota Press, 1989.

BOBBIO, Norberto. *Liberalismo e democracia*. Trad. Marco Aurélio Nogueira. São Paulo, Brasiliense, 1988.

BOGDANDY, Armin von. *Ius Constitutionale Commune* en América Latina. Aclaración conceptual. In: BOGDANDY, Armin; ANTONIAZZI, Mariela

Morales; FERRER, Eduardo MacGregor. *Ius Constitutionale Commune en América Latina Textos básicos para su comprensión*, Mexico, Instituto de Estudios Constitucionales del Estado de Querétaro, Max Planck Institute for Comparative Public Law and International Law, 2017.

BOGDANDY, Armin von; ANTONIAZZI, Mariela Morales; PIOVESAN, Flávia (coords.). *Direitos humanos, democracia e integração jurídica na América do Sul.* Rio de Janeiro, Lumen Juris, 2010.

BOGDANDY, Armin von; ANTONIAZZI, Mariela Morales; PIOVESAN, Flávia (coords.). *Direitos humanos, democracia e integração jurídica: avançando no diálogo constitucional e regional.* Rio de Janeiro, Lumen Juris, 2011.

BOGDANDY, Armin von; ANTONIAZZI, Mariela Morales; PIOVESAN, Flávia (coords.). *Democracia e integração jurídica: emergência de um novo direito público*, Rio de Janeiro, Elsevier, 2013.

BOGDANDY, Armin von; ANTONIAZZI, Mariela Morales; PIOVESAN, Flávia (coords.). *Ius Constitutionale Commune na América Latina – Marco Conceptual,* vol. I. Curitiba, ed. Juruá, 2016.

BOGDANDY, Armin von; ANTONIAZZI, Mariela Morales; PIOVESAN, Flávia (coords.). *Ius Constitutionale Commune na América Latina – Pluralismo e inclusão,* vol. II. Curitiba, ed. Juruá, 2016.

BOGDANDY, Armin von; ANTONIAZZI, Mariela Morales; PIOVESAN, Flávia (coords.). *Ius Constitutionale Commune na América Latina – Diálogos jurisdicionais e controle de convencionalidade,* vol. III. Curitiba, ed. Juruá, 2016.

BOGDANDY, Armin von; ANTONIAZZI, Mariela Morales; FERRER, Eduardo MacGregor, PIOVESAN, Flávia, SOLEY, Ximena (coord.). *Transformative Constitutionalism in Latin America.* Oxford, Oxford University Press, 2017.

BOGDANDY, Armin von; ANTONIAZZI, Mariela Morales; FERRER, Eduardo MacGregor, PIOVESAN, Flávia, SOLEY, Ximena. Ius Constitutionale Commune en América Latina: un enfoque regional del constitucionalismo transformador. In: BOGDANDY, Armin; ANTONIAZZI, Mariela Morales; FERRER, Eduardo MacGregor. *Ius Constitutionale Commune en América Latina Textos básicos para su comprensión*, Mexico, Instituto de Estudios Constitucionales del Estado de Querétaro, Max Planck Institute for Comparative Public Law and International Law, 2017.

BONAVIDES, Paulo. *Curso de direito constitucional.* 10. ed. São Paulo, Malheiros, 2000.

BOUCAULT, Carlos Eduardo de Abreu; ARAUJO, Nadia de (orgs.). *Os direitos humanos e o direito internacional.* Rio de Janeiro, Renovar, 1999.

BOWETT, D. W. *The law of international institutions.* 4. ed. London, Stevens, 1982.

BUERGENTHAL, Thomas. *International human rights.* Minnesota, West Publishing, 1988.

BUERGENTHAL, Thomas. Medidas provisórias na Corte Interamericana de Direitos Humanos. *Boletim da Sociedade Brasileira de Direito Internacional,* Brasília, v. 45/46, n. 84/86, p. 11-36, dez. 1992/maio 1993.

BUERGENTHAL, Thomas; NORRIS, Robert. *Human rights: the inter-american system.* New York, Oceana Publications, 1982.

BUERGENTHAL, Thomas; NORRIS, Robert; SHELTON, Dinah. *La protección de los derechos humanos en las Américas.* Madrid, IIDH/Civitas, 1990.

BUERGENTHAL, Thomas; SHELTON, Dinah. *Protecting human rights in the Americas — cases and materials.* 4. ed. Strasbourg, International Institute of Human Rights, 1995.

CANÇADO TRINDADE, Antônio Augusto. *A proteção internacional dos direitos humanos: fundamentos jurídicos e instrumentos básicos.* São Paulo, Saraiva, 1991.

CANÇADO TRINDADE, Antônio Augusto. *A proteção dos direitos humanos nos planos nacional e internacional: perspectivas brasileiras* (Seminário de Brasília de 1991). Brasília-San José da Costa Rica, IIDH/F. Naummann-Stiftung, 1992.

CANÇADO TRINDADE, Antônio Augusto. A proteção internacional dos direitos humanos no limiar do novo século e as perspectivas brasileiras. In: *Temas de política externa brasileira II.* 1994. v. 1.

CANÇADO TRINDADE, Antônio Augusto. *The application of the rule of exhauston of local remedies in international law: its rationale in the international protection of individual rights.* Cambridge, Cambridge University Press, 1983.

CANÇADO TRINDADE, Antônio Augusto. A interação entre o direito internacional e o direito interno na proteção dos direitos humanos. *Arquivos do Ministério da Justiça,* Brasília, v. 46, n. 182, p. 27-54, jul./dez. 1993.

CANÇADO TRINDADE, Antônio Augusto. *El agotamiento de los recursos internos en el sistema interamericano de protección de los derechos humanos.* San José, Costa Rica, Instituto Interamericano de Derechos Humanos, 1991.

CANÇADO TRINDADE, Antônio Augusto. *Tratado de direito internacional dos direitos humanos.* Porto Alegre, Sergio A. Fabris Editor, 1997. v. 1 e 2.

CANÇADO TRINDADE, Antônio Augusto. *Direito das organizações internacionais.* 2. ed. Belo Horizonte, Del Rey, 2002.

CANÇADO TRINDADE, Antônio Augusto. Las cláusulas petreas de la protección internacional del ser humano. In: *El sistema interamericano de protección de los derechos humanos en el umbral del siglo XXI — memoria del seminario* (noviembre de 1999). 2. ed. San José de Costa Rica, Corte Interamericana de Derechos Humanos, 2003. t. 1.

CANÇADO TRINDADE, Antônio Augusto (ed.). *A incorporação das normas internacionais de proteção dos direitos humanos no direito brasileiro*. San José da Costa Rica-Brasília, Instituto Interamericano de Direitos Humanos/Comitê Internacional da Cruz Vermelha/Alto Comissariado das Nações Unidas para os Refugiados/Comissão da União Europeia, 1996.

CANÇADO TRINDADE, Antônio Augusto; ROBLES, Manuel E. Ventura. *El futuro de la Corte Interamericana de Derechos Humanos*. 2. ed. atual. e ampl., San José, Costa Rica, Corte Interamericana de Direitos Humanos/ACNUR, 2004.

CANOTILHO, José Joaquim Gomes. *Direito constitucional*. 6. ed. rev. Coimbra, Livr. Almedina, 1993.

CANOTILHO, José Joaquim Gomes. *Direito constitucional e teoria da Constituição*. Coimbra, Livr. Almedina, 1998.

CASSESSE, Antonio. *Human rights in a changing world*. Philadelphia, Temple University Press, 1990.

CASSESSE, Antonio. *International criminal law*. Oxford, Oxford University Press, 2003.

CAVALLARO, James L. Toward fair play: a decade of transformation and resistance in international human rights advocacy in Brazil. *Chicago Journal of Law*, The University of Chicago Law School, v. 3, n. 2, Fall 2002.

CHAYES, Abram; CHAYES, Antonia Handler. *The new sovereignty*. Cambridge, Harvard University Press, 1998.

CLAUDE, Richard Pierre; WESTON, Burns H. (ed.). *Human rights in the world community: issues and action*. Philadelphia, University of Pennsylvania Press, 1989.

COICAUD, Jean-Marc; DOYLE, Michael W.; GARDNER, Anne-Marie. *The globalization of human rights*. Tokyo-New York-Paris, United Nations University Press, 2003.

COICAUD, Jean-Marc; WARNER, Daniel. *Ethics and International affairs: extent & limits*. Tokyo-New York-Paris, United Nations University Press, 2001.

COLIVER, Sandra. International reporting procedures. In: HANNUM, Hurst (ed.). *Guide to international human rights practice*. 2. ed. Philadelphia, University of Pennsylvania Press, 1981.

COMPARATO, Fábio Konder. *Afirmação histórica dos direitos humanos*. São Paulo, Saraiva, 1999.

COMPARATO, Fábio Konder. Fundamento dos direitos humanos. *Cultura dos direitos humanos*. São Paulo, LTr, 1998.

COOK, Rebecca (ed.). *Human rights of women: national and international perspectives*. Philadelphia, University of Pennsylvania Press, 1994.

COOK, Rebecca. Reservations to the Convention on the Elimination of All Forms of Discrimination Against Women, *30 Va. J. Int'l L.* 643, 1990.

COUNCIL OF EUROPE. *Council of Europe: 800 Million Europeans*. Strasbourg, Council of Europe, 2003.

DE BARY, William Theodore. *Asian values and human rights: a Confucion communitarian perspective*. Cambridge, Harvard University Press, 1998.

DHANDA, Amita. Constructing a new Human Rights lexicon: Convention on the Rights of Persons with Disabilities, *Sur: Revista Internacional de Direitos Humanos*, v. 5, n. 8, jun. 2008.

DIJK, P. van; HOOF, G. J. H. van. *Theory and practice of the European Convention on Human Rights*. 3. ed. The Hague-London-Boston, Kluwer Law International, 1998.

DONNELLY, Jack. *Universal human rights in theory and practice*. 2. ed. Ithaca/London, Cornell University Press, 2003.

DONNELLY, Jack. *International human rights*. Boulder, Westview Press, 1998.

DONNELLY, Jack. *Ethics and international affairs*. Japan, United Nations University Press, 2001.

DREZE, Jean; SEN, Amartya. *Hunger and public action*. Oxford, Clarendon Press, 1989.

DUNNE, Tim; WHEELER, Nicholas. *Human rights in global politics*. Cambridge, Cambridge University Press, 2001.

DWORKIN, Ronald. *Taking rights seriously*. Cambridge, Harvard University Press, 1977.

DWORKIN, Ronald. Rights as trumps. In: WALDRON, Jeremy. *Theories of rights*. New York, Oxford University Press, 1984.

EIDE, Asbjorn; KRAUSE, Catarina; ROSAS, Allan. *Economic, social and cultural rights*. Dordrecht-Boston-London, Martinus Nijhoff Publishers, 1995.

ENGSTROM, Par. *A Special Relationship Gone Normal? Argentina and the Inter--American Human Rights System 1979-2013*. In: Pensamiento Propio, Vol. 38, 2013.

EVANS, Malcolm, MURRAY, Rachel (eds.). *The African Charter on Human and Peoples' Rights: the system in practice — 1986-2000*. Cambridge, Cambridge University Press, 2002.

FARMER, Paul. *Pathologies of power*. Berkeley, University of California Press, 2003.

FAWCETT, James E. S. *The application of the European Convention on Human Rights*. Oxford, Clarendon Press, 1987.

FIX-ZAMUDIO, Héctor. La evolución del derecho internacional de los derechos humanos en las Constituciones latino-americanas. *Boletim da Sociedade Brasileira de Direito Internacional*, Brasília, v. 45/46, n. 84/86, dez. 1992/maio 1993.

FIX-ZAMUDIO, Héctor. *Protección jurídica de los derechos humanos*. México, Comisión Nacional de Derechos Humanos, 1991.

FLORES, Joaquín Herrera. *Direitos humanos, interculturalidade e racionalidade de resistência*. Mimeo.

FRASER, Nancy. Redistribución, reconocimiento y participación: hacia un concepto integrado de la justicia. *Informe Mundial sobre la Cultura*, Unesco, 2000-2001.

FRASER, Nancy. *Justice interruptus. Critical reflections on the "Postsocialist" condition*. NY/London, Routledge, 1997.

FRASER, Nancy; HONNETH, Axel. *Redistribution or recognition? A political-philosophical exchange*. London/NY, verso, 2003.

GHANEA, Nazila. From UN Commission on Human Rights to UN Human Rights Council: One Step Forwards or Two Steps Sideways?, *The International and Comparative Law Quarterly*, Vol. 55, No. 3, 2006.

GOMES, Luiz Flávio; PIOVESAN, Flávia. *O sistema interamericano de proteção dos direitos humanos e o direito brasileiro*. São Paulo, RT, 2000.

GOMIEN, Donna. *Short guide to the European Convention on Human Rights*. Strasbourg, Council of Europe, 1991.

GOMIEN, Donna; Harris, D.; ZWAAK, L. *Law and practice of the European Convention on Human Rights and the European Social Charter*. Strasbourg, Council of Europe, 2000.

GORDILLO, Agustín. *Derechos humanos: doctrina, casos y materiales: parte general*. Buenos Aires, Fundación de Derecho Administrativo, 1990.

GRAEFRATH, B. Universal criminal jurisdiction and an International Criminal Court. *European Journal of International Law*, 1990.

GUTMANN, Amy. *Multiculturalism: examining the politics of recognition*. Princenton, Princenton University Press, 1994.

HABERMAS, Jurgen. Nos limites do Estado. *Folha de S.Paulo*, Caderno Mais!, 18 jul. 1999.

HANKEY, Maurice Pascal. *Politics: trials and errors*. Chicago, 1950.

HANNUM, Hurst (org.). *Guide to international human rights practice*. 2. ed. Philadelphia, University of Pennsylvania Press, 1992.

HARRIS, David. *The European Social Charter*. Charlottesville, 1984.

HARRIS, David; LIVINGSTONE, Stephen. *The Inter-American system of human rights*. Oxford, Clarendon Press, 1998.

HARRIS, David; O'BOYLE, Michael; WARBRICK, Chris. *Law of the European Convention on Human Rights*. London-Dublin-Edinburgh, Butterwoths, 1995.

HEGARTY, Angela; LEONARD, Siobhan (org.). *Human rights: an agenda for the 21st century*. London-Sidney, Cavendish, 1999.

HENKIN, Louis (ed.). *The age of rights*. New York, Columbia University Press, 1990.

HENKIN, Louis (ed.). *Constitutionalism, democracy and foreign affairs*. New York, Columbia University, 1990.

HENKIN, Louis (ed.). *The International Bill of Rights: the Covenant on civil and political rights*. New York, Columbia University Press, 1981.

HENKIN, Louis (ed.). *The rights of man today*. New York, Columbia University Press, 1988.

HENKIN, Louis et al. *Human rights*. New York, New York Foundation Press, 1999.

HENKIN, Louis; HARGROVE, John Lawrence (org.). *Human rights: an agenda for the next century*. Washington (Studies in Transnational Legal Policy, n. 26), 1994.

HENKIN, Louis; PUGH, Richard; SCHACHTER, Oscar; SMIT, Hans. *International law: cases and materials*. 3. ed. Minnesota, West Publishing, 1993.

HEYMANN, Philip B. Civil liberties and human rights in the aftermath of September 11. *Harvard Journal of Law & Public Policy*, Spring 2002.

HEYNS, Christof. African human rights law and the European Convention. *South African Journal on Human Rights*, v. 11, part 2, 1995.

HEYNS, Christof (ed.). *Human rights law in Africa*. The Hague, Martinus Nijhoff, 2004.

HEYNS, Christof Heyns; VILJOEN, Frans. An overview of human rights protection in Africa. *South African Journal on Human Rights*, v. 11, part 3, 1999.

HILLEBRECHT, Courtney. The Domestic Mechanisms of Compliance with International Human Rights Law: Case Studies from the Inter-American Human Rights System. In: *Human Rights Quarterly*, vol. 34, n. 4, 2012.

HILF, Meinhard. General problems of relations between constitutional law and international law. In: Starck, Christian (ed.). *Rights, institutions and impact of international law according to the German basic law.* Baden-Baden, 1987.

HONNETH, Axel. *The struggle for recognition: the moral grammar of social conflicts.* Cambridge/Massachussets, MIT Press, 1996.

HUMAN RIGHTS WATCH. *Human Rights Watch World Report 1994: Events of 1993.* New York, 1994.

HUMAN RIGHTS WATCH. *In the name of counter-terrorism: human rights abuses worldwide.* New York, 2003.

HUMPHREY, John P. The implementation of international human rights law. *N.Y.L.S.L. Review*, n. 24, 1978.

HUMPHREY, John P. The international law of human rights in the middle twentieth century. *The present state of international law and other essays.* Deventer, Kluwer, 1973.

HUNTINGTON, Samuel P. *The clash of civilizations and the remaking of the world order.* New York, Touchstone, 1997.

IBANEZ RIVAS, Juana María, Artículo 8. Garantías Judiciales. In: STEINER, Christian; URIBE, Patricia Uribe. *Convención Americana sobre Derechos Humanos Comentada.* Mexico, Suprema Corte de la Nación; Bogotá, Colombia, Fundación Konrad Adenauer, 2014

IKAWA, Daniela. Universalismo, relativismo e direitos humanos. In: RIBEIRO, Maria de Fátima; MAZZUOLI, Valério de Oliveira (coord.). *Direito internacional dos direitos humanos: estudos em homenagem à Professora Flávia Piovesan.* Curitiba, Ed. Juruá, 2004.

JACKSON, Robert Houghwout. *The Nuremberg case.* New York, A. A. Knopf, 1947.

JANIS, Mark; KAY, Richard; BRADLEY, Anthony, *European human rights law — text and materials.* 2. ed. Oxford, Oxford University Press, 2000.

JOYCE, James Avery. *Broken star: the story of the League of Nations (1919-1939).* Swansea, C. Davies, 1978.

KELSEN, Hans. *O problema da justiça.* Trad. João Baptista Machado. São Paulo, Martins Fontes, 1993.

KELSEN, Hans. *Pure theory of law.* Trad. Max Knight. Berkeley, University of California Press, 1978.

KILLANDER, Magnus. Interpretação dos tratados regionais de direitos humanos, *SUR Revista Internacional de Direitos Humanos*, v. 7, n. 13, 2010.

LAFER, Celso. *A reconstrução dos direitos humanos: um diálogo com o pensamento de Hannah Arendt.* São Paulo, Cia. das Letras, 1988.

LAFER, Celso. *Ensaios sobre a liberdade*. São Paulo, Perspectiva, 1980.

LAFER, Celso. Reflexões sobre a inserção do Brasil no contexto internacional. *Contexto Internacional*, Rio de Janeiro, n. 11, jan./ jun. 1990.

LAFER, Celso. Resistência e realizabilidade da tutela dos direitos humanos no plano internacional no limiar do século XXI. In: AMARAL JR., Alberto do; PERRONE-MOISÉS, Claudia (orgs.). *O cinquentenário da Declaração Universal dos Direitos do Homem*. São Paulo, Editora da Universidade de São Paulo, 1999.

LAFER, Celso. *Hannah Arendt: pensamento, persuasão e poder*. 2. ed. São Paulo, Paz e Terra, 2003.

LAFER, Celso. *A internacionalização dos direitos humanos: Constituição, racismo e relações internacionais*. São Paulo, Manole, 2005.

LAFER, Celso. *Direitos humanos: um percurso no Direito do século XXI*. São Paulo, Atlas, 2015.

LAFER, Celso. *Comércio, desarmamento, direitos humanos: reflexões sobre uma experiência diplomática*. São Paulo, Paz e Terra, 1999.

LEARY, Virginia. *International labour conventions and national law: the effectiveness of the automatic incorporation of treaties in national legal systems*. Boston, Martinus Nijhoff, 1982.

LEVITSKY, Steven; ZIBLATT, Daniel. *How democracies die*. New York. Crown, 2018.

LEWIS-ANTHONY, Siân. Treaty-based procedures for making human rights complaints within the UN system. In: *Guide to international human rights practice*, 2. ed. Philadelphia, University of Pennsylvania Press, 1994.

LIMON, Marc; POWER, Hilary. *History of the United Nations Special Procedures Mechanism: Origins, Evolution and Reform*, Universal Rights Group, 2014.

LINDGREN ALVES, José Augusto. Abstencionismo e intervencionismo no sistema de proteção das Nações Unidas aos direitos humanos. *Política Externa*, v. 3, n. 1, jun. 1994.

LINDGREN ALVES, José Augusto. *Os direitos humanos como tema global*. 2. ed. São Paulo, Perspectiva, 2003.

LINDGREN ALVES, José Augusto. Os direitos humanos como tema global. *Boletim da Sociedade Brasileira de Direito Internacional*, Brasília, v. 46, n. 77/78, jan./mar. 1992.

LINDGREN ALVES, José Augusto. O significado político da Conferência de Viena sobre os direitos humanos. *Revista dos Tribunais*, n. 713, mar. 1985.

LINDGREN ALVES, José Augusto. O sistema internacional de proteção dos direitos humanos e o Brasil. *Arquivos do Ministério da Justiça*, Brasília, v. 46, n. 182, jul./dez. 1993.

LINDGREN ALVES, José Augusto. Direitos Humanos: o significado político da Conferência de Viena. *Lua Nova*, n.32, 1994.

LINDGREN ALVES, José Augusto. *A arquitetura internacional dos direitos humanos*. São Paulo, FTD, 1997.

LINDGREN ALVES, José Augusto. *Relações internacionais e temas sociais: a década das conferências*. Brasília, Instituto Brasileiro de Relações Internacionais e Fundação Alexandre de Gusmão, 2001.

MAC-GREGOR, Eduardo Ferrer. Interpretación conforme y control difuso de convencionalidad: el nuevo paradigma para el juez mexicano. In: BOGDANDY, Armim von; PIOVESAN, Flávia; ANTONIAZZI, Mariela Morales. *Estudos avançados de direitos humanos — democracia e integração jurídica*: emergência de um novo direito público. São Paulo, Elsevier, 2013.

LINDGREN ALVES, José Augusto. Social rights in the jurisprudence of the Inter--American Court of Human Rights. In: BINDER, Christina; HOFBAUER, Jane; PIOVESAN, Flávia; UBEDA DE TORRES, Amaya. *Research Handbook on International Law and Social Rights*. Cheltenham, Elgar, 2020.

MAC-GREGOR, Eduardo Ferrer; PELAYO MOLLER, Carlos María, *Preambulo*. In: STEINER, Christian; URIBE, Patricia Uribe. *Convención Americana sobre Derechos Humanos Comentada*. Mexico, Suprema Corte de la Nación; Bogotá, Colombia, Fundación Konrad Adenauer, 2014

MAHONEY, Kathleen E.; MAHONEY, Paul (ed.). *Human rights in the twenty-first century: a global challenge*. Boston, Martinus Nijhoff, 1993.

MAINWARING, Scott; O'DONNELL, Guillermo; VALENZUELA, J. Samuel. *Issues in democratic consolidation: the new south american democracies in comparative perspective*. Notre Dame, University of Notre Dame Press, 1992.

MAMIGONIAN, Beatriz. *Africanos livres: A abolição do tráfico de escravos no Brasil*, São Paulo, Companhia das Letras, 2017.

MARCILIO, Maria Luiza; PUSSOLI, Lafaiete. *Cultura dos direitos humanos*. São Paulo, LTr, 1998.

MARKS, Susan; CLAPHAM, Andrew. The Right to Development, in *International Human Rights Lexicon*. Oxford University Press, 2005.

MARSHALL, T. H. *Cidadania, classe social e "status"*. Rio de Janeiro, Zahar, 1967.

MARTIN, Ian. *The new world order: opportunity or threat for human rights?*. A lecture by the Edward A. Smith Visiting Fellow presented by the Harvard Law School Human Rights Program, 1993.

MAYER, Ann Elizabeth. *Islam and human rights: traditions and politics*. Boulder, Westview, 1999.

MAZZUOLI, Valério de Oliveira. *Curso de Direitos Humanos,* Rio de Janeiro, Forense, 2019.

McDOUGALL, Gay J. Decade for NGO Struggle. In: *Human Rights Brief — 10th Anniversary*, American University Washington College of Law, Center for Human Rights and Humanitarian Law, v. 11, issue 3 (Spring 2004).

MELLO, Celso Antônio Bandeira. *Curso de Direito Administrativo,* São Paulo, Malheiros, 1995.

MELLO, Celso D. de Albuquerque. *Curso de direito internacional público*. 6. ed. Rio de Janeiro, Freitas Bastos, 1979.

MELLO, Celso D. de Albuquerque. *Direito constitucional internacional*. Rio de Janeiro, Renovar, 1994.

MELLO, Celso D. de Albuquerque. O direito constitucional internacional na Constituição de 1988. *Contexto Internacional*, Rio de Janeiro, jul./dez. 1988.

MELLO, Celso D. de Albuquerque. A sociedade internacional: nacionalismo *versus* internacionalismo e a questão dos direitos humanos. *Arquivo do Ministério da Justiça*, Brasília, v. 46, n. 182, jul./dez. 1993.

MELLO, Celso D. de Albuquerque. *Direitos humanos e conflitos armados*. Rio de Janeiro, Renovar, 1996.

MELLO, Celso D. de Albuquerque. O parágrafo 2º do art. 5º da Constituição Federal. In: TORRES, Ricardo Lobo (org.). *Teoria dos direitos fundamentais*. Rio de Janeiro, Renovar, 1999.

MELLO, Celso D. de Albuquerque; TORRES, Ricardo Lobo. *Arquivos de Direitos Humanos,* v. 1. Rio de Janeiro, Renovar, 1999.

MELLO, Celso D. de Albuquerque; TORRES, Ricardo Lobo. *Arquivos de Direitos Humanos,* v. 2. Rio de Janeiro, Renovar, 2000.

MELLO, Celso D. de Albuquerque; TORRES, Ricardo Lobo. *Arquivos de Direitos Humanos,* v. 3. Rio de Janeiro, Renovar, 2001.

MENDEZ, Juan E.; O'DONNELL, Guillermo; PINHEIRO, Paulo Sérgio. *The (un) rule of law and the underprivileged in Latin America*. Notre Dame, University of Notre Dame Press, 1999.

MERON, Theodor. Enhancing the effectiveness of the prohibition of discrimination against women. *American Journal of International Law*, v. 84, 1990.

MERON, Theodor. Ed. *Human rights in international law: legal and policy issues.* Oxford, Clarendon Press, 1984.

MERON, Theodor. *Human rights law-making in the United Nations: a critique of instruments and process.* Oxford, Clarendon Press, 1986.

MERON, Theodor. Rape as a crime under international humanitarian law. *American Journal of International Law*, p. 87, 1993.

MIRANDA, Jorge. *Manual de direito constitucional.* 3. ed. Coimbra, Coimbra Ed., 1991. v. 2.

MIRANDA, Jorge. *Manual de direito constitucional.* Coimbra, Coimbra Ed., 1988. v. 4.

MIREILLE, Delmas-Marty (ed.). *The European Convention for the Protection of Human Rights: international protection "versus" national restrictions.* Dordrecht-Boston-London, Martinus Nijhoff Publishers, 1992.

MOWBRAY, Alastair. *Cases and materials on the European Convention on Human Rights.* London-Edinburgh-Dublin, Butterworths, 2001.

MUGWANYA, G. W. *Human rights in Africa: enhancing human rights through the African regional human rights system.* Ardsley, NY, Transnational Publishers, 2003.

MUTUA, Makau Wa. The Banjul Charter and the african cultural fingerprint: an evaluation of the language of duties. *Virginia Journal of International Law*, v. 35, 1995.

MUTUA, Makau Wa. The Ideology of Human Rights, *36 Va. J. Int'l L.*, 1996.

NAVIA, Rafael N. *Introducción al sistema interamericano de protección a los derechos humanos.* Bogotá, Temis/Instituto Interamericano de Direitos Humanos, 1993.

NMEHIELLE, Vincent. Development of the African Human Rights System in the Last Decade. In: *Human Rights Brief* 11, no. 3, 2004..

O'BOYLE, Michael. Reflections on the effectiveness of the European system for the protection of human rights. In: Anne F. Bayefsky (ed.). *The UN human rights1 system in the 21st century.* The Hafjague-London-Boston, Kluwer Law International, 2000.

O'BRIEN, James. The international tribunal for violations of international humanitarian law in the former Yugoslavia. *American Journal of International Law*, v. 87, 1993.

O'DONNELL, Guillermo; SCHMITTER, Philippe C.; WHITEHEAD, Laurence. *Transitions from authoritarian rule: Latin America.* Baltimore, Johns Hopkins University Press, 1986.

OVEY, Clare; WHITE, Robin. *European Convention on Human Rights*. 3. ed. Oxford, Oxford University Press, 2002.

PARRA VERA, Oscar. Derechos humanos y pobreza en el Sistema Interamericano, *Revista IIDH*, vol.56, 2012.

PARRON, Tâmis Peixoto. *A política da escravidão na era da liberdade: Estados Unidos, Brasil e Cuba*. Tese de Doutorado. Universidade de São Paulo, 2015.

PASQUALUCCI, Jo M. *The practice and procedure of the Inter-American Court on Human Rights*. Cambridge, Cambridge University Press, 2012.

PEREIRA, André Gonçalves; QUADROS, Fausto de. *Manual de direito internacional público*. 3. ed. Coimbra, Livr. Almedina, 1993.

PIMENTEL, Silvia; PIOVESAN, Flávia; PANDJIARJIAN, Valeria. Pós 2001: era dos direitos ou do terror?. *Folha de S. Paulo*, 4 out. 2001.

PINHEIRO, Paulo Sérgio; GUIMARÃES, Samuel Pinheiro (orgs.). *Direitos humanos no século XXI*. Partes I e II. Instituto de Pesquisa de Relações Internacionais e Fundação Alexandre de Gusmão, 1999.

PINILLA, Ignacio Ara. *Las transformaciones de los derechos humanos*. Madrid, Tecnos, 1990.

PINTO, Monica. Derecho internacional de los derechos humanos: breve visión de los mecanismos de protección en el sistema interamericano. In: *Derecho internacional de los derechos humanos*. Montevideo, Comisión Internacional de juristas/Colégio de Abogados del Uruguay, 1993.

PIOVESAN, Flávia. *Direitos humanos e o direito constitucional internacional*. 18. ed. São Paulo, Saraiva, 2018.

PIOVESAN, Flávia. *Temas de direitos humanos*. 11. ed. São Paulo, Saraiva, 2018.

PIOVESAN, Flávia. *Direitos humanos e justiça internacional*. 9. ed. São Paulo, Saraiva, 2019.

PIOVESAN, Flávia. *Proteção judicial contra omissões legislativas: ação direta de inconstitucionalidade por omissão e mandado de injunção*. 2. ed. São Paulo, Revista dos Tribunais, 2003.

PIOVESAN, Flávia. A proteção internacional dos direitos humanos e o direito brasileiro. In: *Os direitos humanos no Brasil*. São Paulo, Universidade de São Paulo/Núcleo de Estudos da Violência e Comissão Teotônio Vilela, 1995.

PIOVESAN, Flávia. Direitos humanos globais, justiça internacional e o Brasil. In: *O cinquentenário da Declaração Universal dos Direitos do Homem*. São Paulo, Editora da Universidade de São Paulo, 1999.

REFERÊNCIAS | 265

PIOVESAN, Flávia. A proteção dos direitos humanos no sistema constitucional brasileiro. *Revista da Procuradoria-Geral do Estado de São Paulo*, n. 51/52, jan./dez. 1999.

PIOVESAN, Flávia. Integração regional e direitos humanos. *Folha de S. Paulo*, 9 fev. 2000.

PIOVESAN, Flávia. O princípio da complementaridade e a soberania. In: O Tribunal Penal Internacional e a Constituição brasileira. *Revista do Centro de Estudos Judiciários da Justiça Federal*, n. 11, Brasília, CJF, maio/ago. 2000.

PIOVESAN, Flávia. O sistema interamericano de promoção e proteção dos direitos humanos: impacto, desafios e perspectivas. *Revista Trimestral de Advocacia Pública*, Instituto Brasileiro de Advocacia Pública, n. 12, ano 6, São Paulo, dez. 2000.

PIOVESAN, Flávia. Direitos humanos, democracia e integração regional: os desafios da globalização. *Revista da Procuradoria-Geral do Estado de São Paulo*, n. 54, dez. 2000.

PIOVESAN, Flávia. O caso Márcia Barbosa e a imunidade parlamentar. In: BENVENUTO LIMA JR., Jayme (org.). *Direitos humanos internacionais: avanços e desafios do século XXI*. Programa dhInternacional, Recife, 2001.

PIOVESAN, Flávia. O impacto dos instrumentos internacionais de proteção dos direitos humanos no direito interno brasileiro. *Anais do I Encontro do Ministério Público da União*, Brasília, 2001.

PIOVESAN, Flávia. Implementation of economic, social and cultural rights: practices and experiences. In: KLEIN, Berma; BASPINEIRO, Adalid Contreras; CARBONARI, Paulo César (eds.). *Dignity and human rights — the implementation of economic, social and cultural rights*. Antwerp-Oxford-New York, Intersentia Transnational Publishers, 2002.

PIOVESAN, Flávia. A força do direito *versus* o direito da força. *Folha de S. Paulo*, 2 maio 2002.

PIOVESAN, Flávia. Sistema internacional de proteção dos direitos humanos: inovações, avanços e desafios contemporâneos. In: D'ANGELIS, Wagner Rocha (coord.). *Direito da integração e direitos humanos no século XXI*. Curitiba, Ed. Juruá, 2002.

PIOVESAN, Flávia. A justicialização do sistema interamericano de proteção dos direitos humanos: impacto, desafios e perspectivas. *Boletim Científico da Escola Superior do Ministério Público da União*, ano 1, n. 4, Brasília, jul./set. 2002.

PIOVESAN, Flávia. A litigância dos direitos humanos no Brasil: desafios e perspectivas no uso dos sistemas nacional e internacional de proteção. In: DORA,

Denise Dourado (org.). *Direito e mudança social*. Rio de Janeiro, Renovar/ Ford Foundation, 2002.

PIOVESAN, Flávia. A jurisdicionalização dos direitos humanos. *Revista da Escola Paulista da Magistratura*, v. 3, n. 2, jun./dez. 2002.

PIOVESAN, Flávia. Direitos humanos e o princípio da dignidade humana. *Revista do Advogado*, Associação dos Advogados de São Paulo, ano 23, n. 70, São Paulo, jul. 2003.

PIOVESAN, Flávia. Direitos sociais, econômicos, culturais e direitos civis e políticos. *Revista Internacional de Direitos Humanos — SUR*, ano 1, n. 1, 1º sem. 2004.

PIOVESAN, Flávia. El derecho internacional de los derechos humanos y el acceso a la justicia en el ámbito interno y en el ámbito internacional. In: *Políticas públicas de derechos humanos en el Mercosur*. Montevideo, Observatório de Políticas Públicas de Derechos Humanos en el Mercosur, 2004.

PIOVESAN, Flávia (coord.). *Direitos humanos, globalização econômica e integração regional: desafios do direito constitucional internacional*. São Paulo, Max Limonad, 2002.

PIOVESAN, Flávia (coord.). *Código de Direito Internacional dos Direitos Humanos anotado*. São Paulo, Dpj, 2008.

PIOVESAN, Flávia; SALLA, Fernando. Tortura no Brasil: pesadelo sem fim?. *Ciência Hoje — SBPC*, v. 30, n. 176, out. 2001.

PIOVESAN, Flávia; FACHIN, Melina; MAZZUOLI, Valério. *Comentários à Convenção Americana sobre Direitos Humanos*, Rio de Janeiro, Forense, 2019.

POGGE, Thomas. *World poverty and human rights*. Cambridge, Polity Press, 2002.

PROCURADORIA-GERAL DO ESTADO DE SÃO PAULO. *Instrumentos internacionais de proteção dos direitos humanos*. São Paulo, Grupo de Trabalho de Direitos Humanos da PGE/SP, 1997.

PROCURADORIA-GERAL DO ESTADO DE SÃO PAULO. *Direitos humanos: construção da liberdade e da igualdade*. São Paulo, Grupo de Trabalho de Direitos Humanos da PGE/SP, 1998.

PROCURADORIA-GERAL DO ESTADO DE SÃO PAULO. *Direitos humanos: legislação e jurisprudência*. São Paulo, Grupo de Trabalho de Direitos Humanos da PGE/SP, 1999. v. 1 e 2.

PROCURADORIA-GERAL DO ESTADO DE SÃO PAULO. *Sistema interamericano de proteção dos direitos humanos: legislação e jurisprudência*. São Paulo, Grupo de Trabalho de Direitos Humanos da PGE/SP, 2001.

PRZEWORSKI, Adam (org.). *Sustainable democracy*. Cambridge, Cambridge University Press, 1995.

RAMIREZ, Sergio García. El Control Judicial Interno de Convencionalidad, *IUS Revista del Instituto de Ciencias Jurídicas de Puebla, México*, 28, 2011.

RAMOS, André de Carvalho. *Direitos humanos em juízo — comentários aos casos contenciosos e consultivos da Corte Interamericana de Direitos Humanos.* São Paulo, Max Limonad, 2001.

RAMOS, André de Carvalho. Responsabilidade Internacional do Estado por Violação de Direitos Humanos, *R. CEJ*, n. 29, 2005.

RAMOS, André de Carvalho. *Teoria Geral dos Direitos Humanos.* São Paulo, Saraiva, 2013.

RAMOS, André de Carvalho. *Curso de Direitos Humanos,* São Paulo, Saraiva, 2016.

RATNER, Steven R.; ABRAMS, Jason S. *Accountability for human rights atrocities in international law: beyond the Nuremberg Legacy.* Oxford-New York, Oxford University Press, 2001.

RAWLS, John. *A theory of justice.* Cambridge, (Mass.), Harvard University Press, 1971.

RIEDEL, Eibe H. Assertion and protection of human rights in international treaties and their impact in the basic law. In: Starck, Christian (ed.). *Rights, institutions and impact of international law according to the German basic law.* Baden-Baden, 1987.

RISSE, Thomas; ROPP, Stephen C.; SIKKINK, Kathryn (ed.). *The power of human rights: international norms and domestic change.* Cambridge, Cambridge University Press, 1999.

RODAS, João Grandino. Tratados internacionais: sua executoriedade no direito interno brasileiro. *Revista do Curso de Direito da Universidade Federal de Uberlândia*, n. 21, dez. 1992.

ROJAS, Claudio Nash. Control de convencionalidad. Precisiones conceptuales y desafíos a la luz de la jurisprudencia de la Corte Interamericana de Derechos Humanos, *Anuario de Derecho Constitucional Latinoamericano*, Año XIX, Bogotá, 2013.

RYSSDAL, Rolv. The enforcement system set up under the European convention on Human Rights. In: *Compliance with judgements of international courts*: symposium in honour of Prof. Henry G. Schermers. Leiden, 1994.

SABÓIA, Gilberto Vergne. Um improvável consenso: a Conferência Mundial de Direitos Humanos e o Brasil. *Política Externa*, São Paulo, v. 2, n. 3, Paz e Terra, dez. 1993.

SABÓIA, Gilberto Vergne. Direitos humanos, evolução institucional brasileira e política externa: perspectivas e desafios. In: Fonseca JÚNIOR, Gelson;

CASTRO, Sergio Henrique Nabuco de (org.), *Temas de política externa brasileira II*. 1994. v. 1.

SACHS, Ignacy. Desenvolvimento, direitos humanos e cidadania. In: *Direitos humanos no século XXI*. Instituto de Pesquisas de Relações Internacionais e Fundação Alexandre de Gusmão, 1998.

SACHS, Ignacy. O desenvolvimento enquanto apropriação dos direitos humanos. *Estudos Avançados,* n. 12 (33), 1998.

SANTIAGO NIÑO, Carlos. *Fundamentos de derecho constitucional: análisis filosófico, jurídico y politológico de la práctica constitucional*. Buenos Aires, Astrea, 1992.

SANTIAGO NIÑO, Carlos. *Introducción al análisis del derecho*. 2. ed. Buenos Aires, Astrea, 1987.

SANTIAGO NIÑO, Carlos. *Ética y derechos humanos: un ensayo de fundamentación*. 2. ed. Buenos Aires, Astrea, 1989.

SANTIAGO NIÑO, Carlos. *The ethics of human rights*. Oxford, Clarendon Press, 1991.

SARLET, Ingo Wolfgang. *Dignidade da pessoa humana e direitos fundamentais na Constituição Federal de 1988*. 3. ed., Porto Alegre, Livraria do Advogado, 2004.

SARLET, Ingo Wolfgang. *A eficácia dos direitos fundamentais*. 2. ed., Porto Alegre, Livraria do Advogado, 2001.

SARMENTO, Daniel; IKAWA, Daniela; PIOVESAN, Flávia. *Direitos humanos, igualdade e diferença*. Rio de Janeiro, Lumen Juris, 2008.

SCHABAS, William. *An introduction to the international criminal court*. Cambridge, Cambridge University Press, 2001.

SCHACHTER, Oscar. *International law in theory and practice*. Boston, Martinus Nijhoff, 1991.

SCHWAB, Peter; POLLIS, Adamantia. *Human Rights: new perspectives, new realities*. Boulder, Lynne Rienner, 2000.

SCHWAB, Peter; POLLIS, Adamantia. *Toward a human rights framework*, Westport, Praeger, 1982.

SCHWAB, Peter; POLLIS, Adamantia. *Human Rights: Cultural and Ideological Perspectives*, Westport, Praeger, 1979.

SCOTT, George. *The rise and fall of the League of Nations*. London, Hutchinson, 1973.

SEN, Amartya. *Development as freedom*. New York, Alfred A. Knopf, 1999.

SEN, Amartya. *Identity and violence: the illusion of destiny*. New York/London, W. W. Norton & Company, 2006.

SEN, Amartya. *The idea of justice*. Cambridge, Harvard University Press, 2009.

SCHEININ, Martin. Economic, Social and Cultural Rights as legal rights. In: EIDE, Asbjørn et al. *Economic, Social and Cultural Rights: a textbook*. Leiden, Brill, 2001.

SHELTON, Dinah L. The inter-american human rights system. In: HANNUM, Hurst (ed.). *Guide to international human rights practice*. 2. ed. Philadelphia, University of Pennsylvania, 1992.

SHELTON, Dinah L. *Remedies in international human rights law*. Oxford-New York, Oxford University Press, 2000.

SHESTACK, Jerome. The jurisprudence of human rights. In: MERON, Theodor (ed.). *Human rights in international law: legal and policy issues*. Oxford, Clarendon Press, 1984.

SIEGHART, Paul. *The international law of human rights*. Oxford, Clarendon Press, 1983.

SIEGHART, Paul. International Human Rights Law: some current problems. In: BLACKBURN, Robert; TAYLOR, John. *Human Rights for the 1990s: legal, political and ethical issues*. Londres, Mansell, 1991.

SIKKINK, Kathryn. Human rights, principled issue-networks, and sovereignty in Latin America. In: *International organizations*. Massachusetts, IO Foundation and the Massachusetts Institute of Technology, 1993.

SIKKINK, Kathryn. Protagonismo da América Latina em Direitos Humanos, *SUR Revista Internacional de Direitos Humanos*, v.22, 2015.

SIKKINK, Kathryn. *Mixed Signals: U.S. Human Rights Policy and Latin America*. Ithaca, Cornell University Press, 2004.

SILVA, José Afonso da. *Curso de direito constitucional positivo*. 18. ed. São Paulo, Revista dos Tribunais, 2000.

SILVA, José Afonso da. A dignidade da pessoa humana como valor supremo da democracia, *R. Dir. Adm.*, Rio de Janeiro, 212, abr./jun. 1998.

SILVA, Virgílio Afonso da. Integração e diálogo constitucional na América do Sul. In: BOGDANDY, Armin von; PIOVESAN, Flávia; ANTONIAZZI, Mariela Morales. *Direitos humanos, democracia e integração jurídica na América do Sul*. Rio de Janeiro, Lumen Juris, 2010.

SIMMA, Bruno; ALSTON, Philip. The sources of human rights law: custom, jus cogens, and general principles. *The Australian Year Book of International Law*, v. 12, Faculty of Law, The Australian National University, 1992.

SIMMONS, Beth. *Mobilizing for Human Rights: International law in domestic politics*, Cambridge, Cambridge University Press, 2009.

SMITH, Rhona K. M. *Textbook on international human rights*. Oxford, Oxford University Press, 2003.

SMITH, Rhona K. M.; ANKER, Christien Van Den (eds.). *The essentials of human rights*. London, Hodder Arnold, 2005.

SOHN, Louis B.; BUERGENTHAL, Thomas. *International protection of human rights*. Indianapolis, Bobbs-Merrill, 1973.

SOUZA SANTOS, Boaventura de. Uma concepção multicultural de direitos humanos. *Revista Lua Nova*, São Paulo, v. 39, 1997.

SOUZA SANTOS, Boaventura de.*Reconhecer para libertar: os caminhos do cosmopolitanismo multicultural*. Rio de Janeiro, Civilização Brasileira, 2003.

SOUZA SANTOS, Boaventura de.*Se Deus fosse ativista de direitos humanos*. 2. ed. São Paulo, Cortez, 2014.

SOUZA SANTOS, Boaventura de; CHAUÍ, Marilena. *Direitos humanos, democracia e desenvolvimento*. São Paulo, Cortez, 2014.

STEINER, Henry J. A gloomy view of enforcement. In: Braibant, Marcou (eds.). *Les droits de l'homme: universalité et renouveau*, 1990.

STEINER, Henry J. Book review: the youth of rights — review of Henkin: the age of rights. *Harvard Law Review*, 1991.

STEINER, Henry J. *Diverse partners: non-governmental organizations in the human rights movement, the report of a retreat of human rights activits*. Co-sponsored by Harvard Law School Human Rights Program and Human Rights Internet, 1991.

STEINER, Henry J.; ALSTON, Philip. *Human rights in context: law, politics, morals*. Oxford-New York, Oxford University Press, 1996; 2. ed. 2000.

STEINER, Henry J.; ALSTON, Philip. *International human rights in context — law, politics and morals*. 2. ed. Oxford, Oxford University Press, 2000.

STEINER, Henry; TRUBEK, David. *Brazil: all power to the generals*. New York, 1971.

STEPAN, Alfred (ed.). *Authoritarian Brazil: origins, policies, and future*. New Haven, Yale University Press, 1973.

STEPAN, Alfred (ed.). *The military in politics: changing patterns in Brazil*. Princeton, Princeton University Press, 1974.

STIGLITZ, Joseph E. *Globalization and its discontents*. New York-London, WW Norton Company, 2003.

STRECK, Lênio Luiz. *Hermenêutica jurídica e(m) crise: uma exploração hermenêutica da construção do direito*. 5. ed. Porto Alegre, Livraria do Advogado, 2004.

SUNDFELD, Carlos Ari; VILHENA VIEIRA, Oscar (coord.). *Direito global*. São Paulo, Max Limonad, 1999.

TAYLOR, Charles et al. *Multiculturalism — examining the politics of recognition*. Princeton, Princeton University Press, 1994.

TAYLOR, Telford. *Nuremberg Trials: war crimes and international law*. New York, Carnegie Endowment for International Peace, 1949.

THOMAZ, Dan. *Social movements and the strategic use of human rights norms: a comparison of East European cases*. 1995.

TOBIN, Jack; GREEN, Jennifer. *Guide to human rights research*. Cambridge, Harvard Law School/Human Rights Program, 1994.

TORRES, Ricardo Lobo (org.). *Teoria dos direitos fundamentais*. Rio de Janeiro, Renovar, 1999.

UNDP. *Human Development Report 2002: Deepening democracy in a fragmented world*. New York/Oxford University Press, 2002.

VASAK, Karel (ed.). *The international dimensions of human rights*. Rev. e trad. Philip Alston. Connecticut, Greenwood Press, 1982. v. 1.

VASAK, Karel (ed.). *For third generation of human rights: the rights to solidarity*. International Institute of Human Rights, 1979.

VENTURA, Miriam; BARSTED, Leila Linhares; IKAWA, Daniela; PIOVESAN, Flávia (org.). *Direitos sexuais e direitos reprodutivos na perspectiva dos direitos humanos*. Rio de Janeiro, Advocacia/UNFPA, 2003.

VILHENA VIEIRA, Oscar. *A Constituição e sua reserva de justiça: um ensaio sobre os limites materiais de reforma*. São Paulo, Malheiros, 1999.

VILHENA VIEIRA, Oscar. A gramática dos direitos humanos. *Revista do ILANUD*, n. 17, São Paulo, 2000.

VILHENA VIEIRA, Oscar. A desigualdade e a subversão do Estado de Direito. In: VILHENA VIEIRA, Oscar; DIMOULIS, Dimitri. *Estado de Direito e o desafio do desenvolvimento*, São Paulo, Saraiva, 2011.

VINCENT, R. J. *Human rights and international relations*. Cambridge, Cambridge University Press, 1986.

YOUNG, Iris. *Justice and the politics of difference*. Princeton, Princeton University Press, 1990.

WALDRON, Jeremy (ed.). *Theories of rights*. Oxford-New York, Oxford University Press, 1984.

WALLACE, Rebecca M. M. *International law: a student introduction*. London, Sweet & Maxwell, 1992.

WALLACE, Rebecca M. M. *International law*. 2. ed. London, Sweet & Maxwell, 1992.

WALTERS, Francis Paul. *A history of the League of Nations*. London, Oxford University Press, 1960.

WEIS, Carlos. *Direitos humanos contemporâneos*. São Paulo, Malheiros, 1999.

WEISSBRODT, David. The contribution of international nongovernmental organizations to the protection of human rights. In: *Human rights in international law: legal and policy issues*. Oxford, Clarendon Press, 1984.

WELCH, Claude E.; LEARY, Virginia (eds.). *Asian perspectives on human rights*. Boulder, Westview Press, 1990.

WOOD, Allen W. (ed. e org.). *Basic writings of Kant*. New York, The Modern Library, 2001.

ZAGREBELSKY, Gustavo. *El derecho dúctil*. Trad. Marina Gascón. 5. ed. Madrid, Ed. Trotta, 2003.